法学研究
CHINESE JOURNAL OF LAW

法学研究 CHINESE JOURNAL OF LAW 专题选辑　陈甦／总主编

权利哲学的
当代展开

CONTEMPORARY DEVELOPMENTS IN
CHINESE PHILOSOPHY OF RIGHT

黄　涛　主编

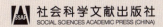
社会科学文献出版社
SOCIAL SCIENCES ACADEMIC PRESS (CHINA)

总　序

　　回顾与反思是使思想成熟的酵母，系统化的回顾与专业性的反思则是促进思想理性化成熟的高效酵母。成熟的过程离不开经常而真诚的回顾与反思，一个人的成长过程是如此，一个学科、一个团体、一本期刊的发展过程也是如此。我们在《法学研究》正式创刊 40 年之际策划《〈法学研究〉专题选辑》，既是旨在引发对有关《法学研究》发展历程及其所反映的法学发展历程的回顾与反思，也是旨在凝聚充满学术真诚的回顾与反思的思想结晶。由是，《〈法学研究〉专题选辑》是使其所刊载的学术成果提炼升华、保值增值的载体，而不只是重述过往、感叹岁月、感叹曾经的学术纪念品。

　　对于曾经的法学过往，哪怕是很近的法学过往，我们能够记忆的并非像我们想象的那样周全、那样清晰、那样深刻，即使我们是其中许多学术事件的亲历者甚至是一些理论成就的创造者。这是一个时空变化迅捷的时代，我们在法学研究的路上走得很匆忙，几乎无暇暂停一下看看我们曾经走过的路，回顾一下那路上曾经的艰辛与快乐、曾经的迷茫与信念、曾经的犹疑与坚定、曾经的放弃与坚持、曾经的困窘与突破，特别是无暇再感悟一下那些"曾经"中的前因后果与内功外力。法学界同仁或许有同样的经验：每每一部著述刚结句付梓，紧接着又有多个学术选题等待开篇起笔，无参考引用目的而只以提升素养为旨去系列阅读既往的法学精品力作，几为夏日里对秋风的奢望。也许这是辉煌高远却又繁重绵续的学术使命造成的，也许这是相当必要却又不尽合理的学术机制造成的，也许这是个人偏好却又是集体相似的学术习惯造成的，无论如何，大量学术作品再阅读的价值还是被淡化乃至忽略了。我们对没有被更充分传播、体现、评价及转化的学术创造与理论贡献，仅仅表达学人的敬意应该是不够的，真正的学术尊重首先在于阅读并且一再阅读映现信念、智慧和勇气的学术作品。《〈法学研究〉专题选辑》试图以学术史研究的方法和再评价的方式，向学界同行表达我们的感悟：阅读甚至反复阅读既有成果本该是学术生活的重要部分。

我曾在另外一本中国当代法学史著作的导论中描述道：中国特色社会主义法治建设之路蜿蜒前行而终至康庄辉煌，中国法学研究之囿亦蔓延蓬勃而于今卓然大观。这种描述显然旨在鼓舞而非理解。我们真正需要的是理解。理解历史才能理解现在，理解现在才能理解未来，只有建立在对历史、现在和未来的理解基础上，在面对临近的未来时，才会有更多的从容和更稳妥的应对，才会有向真理再前进一步的勇气与智慧。要深刻理解中国法学的历史、现在以及未来，有两种关系需要深刻理解与精准把握：一是法学与法治的关系，二是法学成果与其发生机制的关系。法学与法治共存并互动于同一历史过程，法学史既是法律的知识发展史，也构成法治进步史的重要组成部分。关于法、法律、法治的学术研究，既受制于各个具体历史场景中的给定条件，又反映着各个历史场景中的法律实践和法治状况，并在一定程度上启发、拨动、预示着法治的目的、路径与节奏。认真对待中国法学史，尤其是改革开放以来的法学史，梳理各个法治领域法学理论的演进状态，重估各种制度形成时期的学术供给，反思当时制度设计中背景形塑和价值预设的理论解说，可以更真实地对法治演变轨迹及其未来动向作出学术判断，从中也更有把握地绘出中国法学未来的可能图景。对于既有法学成果，人们更多的是采取应用主义的态度，对观点内容的关注甚于对观点形成机制的关注。当然，能够把既有学术观点纳入当下的理论创新论证体系中，已然是对既往学术努力的尊重与发扬，但对于学术创新的生成效益而言，一个学术观点的生成过程与形成机制的启发力远大于那个学术观点内容的启发力，我们应当在学术生产过程中，至少将两者的重要性置于等量齐观的学术坐标体系中。唯其如此，中国法学的发展与创新才会是一个生生不息又一以贯之的理性发展过程，不因己悲而滞，不因物喜而涨，长此以往，信者无疆。

作为国内法学界的重要学术期刊之一，《法学研究》是改革开放以来中国法学在争鸣中发展、中国法治在跌宕中进步的一个历史见证者，也是一个具有主体性、使命感和倡导力的学术过程参与者。《法学研究》于 1978 年试刊，于 1979 年正式创刊。在其 1979 年的发刊词中，向初蒙独立学科意识的法学界和再识思想解放价值的社会各界昭示，在办刊工作中秉持"解放思想、独立思考、百家争鸣、端正学风"的信念，着重于探讨中国法治建设进程中的重大理论和实践问题，致力于反映国内法学研究的最新成果和最高学术水平，热心于发现和举荐从事法学研究工作的学术人才。创刊以来，《法学研究》虽经岁月更替而初心不改，虽有队伍更新而使命不坠，前后 8 任主编、50 名编辑均能恪守"严谨、务实、深入、学术"的办刊风格，把《法学研究》作为自己学术生命的存续载体和学术奉献的展示舞台。或许正因如此，《法学研究》常被誉为"法学界风格最稳健、质量最稳定的期刊"。质而言之，说的是刊，看的是物，而靠的是人。我们相信，《法学研究》及其所刊载的文章以及这些文章的采编过程，应该可以被视为研究中国改革开放以来法学发展、法治进步的一个较佳样本。也正因如此，我们有信心通过《〈法学研究〉专题选辑》，概括反映改革开放以来中国法学发展的思想轨迹以及法学人的心路历程。

本套丛书旨在以《法学研究》为样本，梳理和归整改革开放以来中国法学在一个个重要历史节点上的思想火花与争鸣交织，反思和提炼法学理论在一个个法治建设变奏处启发、拨动及预示的经验效果。丛书将《法学研究》自创刊以来刊发的论文分专题遴选，将有代表性的论文结集出版，故命名为"《法学研究》专题选辑"。考虑到《法学研究》刊发论文数量有限，每个专题都由编者撰写一篇 2 万字左右的"导论"，结合其他期刊论文和专著对该专题上的研究进展予以归纳和提炼。

丛书专题的编者，除了《法学研究》编辑部现有人员外，多是当前活跃在各个法学领域的学术骨干。他们的加入使得我们对这套丛书的编选出版更有信心。

所有专题均由编者申报，每个专题上的论文遴选工作均由编者主要负责。为了尽可能呈现专题论文的代表性和丰富性，同一作者在同一专题中入选论文不超过两篇，在不同专题中均具代表性的论文只放入其中的一个专题。在丛书编选过程中，我们对发表时作者信息不完整的，尽可能予以查询补充；对论文中极个别受时代影响的语言表达，按照出版管理部门的要求进行了细微调整。

　　不知是谁说的，"原先策划的事情与实际完成的事情，最初打算写成的文章与最终实际写出的文章，就跟想象的自己与实际的自己一样，永远走在平行线上"。无论"平行线"的比喻是否夸张，极尽努力的细致准备终归能助力事前的谨慎、事中的勤勉和事后的坦然。

　　我思故我在。愿《法学研究》与中国法学、中国法治同在。

陈　甦

2022 年 9 月 4 日

于沙滩北街 15 号

目录
Contents

导　论

黄　涛

权利是一个历史性的概念，权利概念不是一开始就成为政治法律哲学的关键词的。从人类思想史上看，最先出现的是义务概念，而非权利概念。然而，权利概念一经产生出来，就蕴含了自身的逻辑，为现代人思考法律与政治问题提供了基本的理论前提。当代中国的权利观的发展也经历了一个逻辑上发展的过程，尤其是自1949年新中国成立以来，当代中国的权利观念有一条明显的变化与发展的逻辑线索。[①]

一　走向主体性的时代

在当代中国权利理论研究中，通常会提及"权利本位"学派，这是由时为吉林大学法学院副教授的张文显等人提出来的，是当代中国权利理论研究中影响最大的学说。[②] 其实比权利本位论者略早或者说几乎同时在思考权利问题的，还有西南政法大学的一群从事法学研究的青年教师。一个

---

[*] 黄涛，中山大学哲学系副教授。

[①] 参见黄涛《走向共同体的权利观——近代以来法理学发展的一种考察》，《财经法学》2017年第3期。该文主要观点被《中国社会科学文摘》2017年第9期转载。

[②] 首次明确将权利本位论作为当代中国法学理论研究中的一个流派的内容，参见张文显、于宁《当代中国法哲学研究范式的转换——从阶级斗争范式到权利本位范式》（《中国法学》2001年第1期），这篇文章不仅将权利本位作为一种理论范式加以提倡，而且提出，"权利本位范式为'权利学派'的出现提供了共同的理论背景和理论框架"，"权利本位范式的出现和逐渐成熟，预示或标志着一种法哲学流派的形成或诞生"。2005年，张文显等人再度将权利本位的思想和意义纳入当代中国法学理论的历史中加以考察，参见张文显、姚建宗《权利时代的理论景象》（《法制与社会发展》2005年第5期）。

重要的证据是，文正邦、程燎原、王人博等人在1989年6月出版的一本题为《法学变革论》的书中，明确提出了法学即权利之学的论断。① 这就意味着，权利论在20世纪80年代的兴起并非个别现象。②

此前，法学界盛行的是强调阶级斗争是法律本质的法律学说，而并非根据权利义务关系思考法律问题。但这不是说，"权利"这个词不为人知，而是说，法学是权利之学并未成为时代的主要思潮，"权利"一词在有关法学的分析和研究中并未成为基本或核心范畴。在1978年左右的官方文件、报纸和杂志中，"民主权利"或者"人民当家作主"的概念到处可见，甚至可以看到有关权利与义务的讨论。③ 但在那个时代，在权利义务问题上，始终坚持的是马克思主义的权利与义务相一致的观点。尽管有研究者开始将"法定的权利和义务"作为法学研究的对象，但权利仍然被视为统治阶级利益的法律化表达。④

在中国法理学界，20世纪80年代发生过两次重要讨论。第一次是有关人治与法治的大讨论，第二次是有关法的本质问题的讨论。这两次讨论为20世纪80年代末期权利论的出场作好了观念准备，并且，它们连同20世纪80年代末期有关权利本位的争论一起，营造了20世纪80年代中国法学理论的整体氛围。这是一个现代法治的启蒙时代，在这个时代里，一种以对个体的尊重为核心的现代法治的基本观念在生长。

1981年，群众出版社出版了《法治与人治问题讨论集》，该书收录了1979年初全国法学规划会议以后政法界人士和学者关于人治和法治问题的讨论的31篇文章。这些文章反映了当时法学界对法治概念的理解。这场围

---

① 文正邦、程燎原、王人博等：《法学变革论》，重庆出版社，1989。该书为日本学者所注意，该书出版之后，日本学者就该书撰写了相关书评，并先后出版节译本和全译本，成为日本学者观察当代中国权利理论的重要作品。

② 张文显在一次访谈中也明确说："这个理论的产生是法学在那个时期的必然现象，即使张文显、郑成良、徐显明不发表，也一定会有别人发表。解放思想的最重要的成果一定会出现，这是必然。"参见张文显、郑成良、徐显明《中国法理学：从何处来？到何处去？》，《清华法学》2017年第3期。

③ 参见许启贤《论权利和义务的辩证统一》，《法学研究》1980年第2期。

④ 最早将法定权利作为重要的法律范畴使用的是张光博，他在1981年第4期的《社会科学战线》上发表的《试论法定权利的界限》一文，据说是当代中国法学学者首次在法学研究中强调权利概念的核心意义。但显然，这篇文章并未反映出权利论的基本观念。相关分析参见下文。有关张光博权利思想的总结性评论，参见童之伟《变革时代中国法学圈中的悲情英雄——张光博先生逝世两周年祭》，《法学评论》2010年第2期。

绕法治与人治的大讨论，对我们了解当代中国法学的品质有重要意义。这次讨论对确立法治在当代中国国家治理中的位置也起了重要的宣传作用。法治开始作为一项基本的治理国家的方法被推上前台，从此，法律规范成了焦点，法治的核心要义在于规则的治理，法律规则而非政策以及领导人的意志成为法学研究的对象。

值得注意的是，在这些讨论法治的文章中，并未鲜明提出权利的原则，有关权利的说法出现在"民主权利"的概念中，主要表达为人民参政议政，体现人民当家作主，反对少数人凭借个人意志和意愿参加政治生活。这在根本上是一种权力的观念，也就是说，人民才是国家权力的正当性来源。回顾 20 世纪 80 年代初期有关法治的讨论，可以看到，作为社会主义法治核心的不是权利的概念，而是民主的概念，在 20 世纪 80 年代初期的相关法学理论文献中，有关法治的讨论总是和有关民主的讨论关联在一起。将权利纳入对于法治概念的理解之中，是在 80 年代后期。在出版于 1989 年的《法治论》一书中，权利开始同法治联系起来，该书明确提出"法治就是自然权利、法定权利、主体的现实权利三者依次转化的结果"的论断。①

法的本质究竟是阶级性，还是社会性，这是改革开放初期法学学者思考的一个重要问题。有关法律本质的论述，对生活在 20 世纪 80 年代的法律人来说有着重要意义。一旦脱离了统治阶级意志观，如何认识法的本质呢？既然法不是统治阶级意志的体现，法体现了社会性，那么，如何进一步认识这种社会性呢？破除在法的本质问题上的统治阶级意志观，为新的法律学说开辟了道路，从此，人们观察法律的眼光不再停留在支配法律的统治阶级的意志上面，而是开始转向社会生活本身，从此，法律规则就不再仅是统治阶级意志的表达，而是治理社会生活的规则，它服从于社会生活的需要。因此，应该从社会生活的最基本的参与者出发，也就是从作为权利主体的个人出发，分析和思考法律的问题。将法的本质视为统治阶级意志的体现，在此框架下，无法对个体权利进行讨论，因为既然核心在于统治阶级的意志，那么，权利义务就不过是统治阶级用于分配利益的工具，权利义务因此就只是工具性的，不具有自身价值。只有破除统治阶级

①　王人博、程燎原：《法治论》，山东人民出版社，1989，第 136 页。

意志论的法学本质观，才能走向一种新法学，也就是权利法学。

有关法治和人治的讨论，有关法是不是统治阶级意志的表达的讨论，反映了中国社会在后阶级斗争时代整个政治社会发生的根本变化。政治民主化为法治论的出场提供了政治前提，经济生活中的改革与开放，则为破除统治阶级意志论提供了社会经济生活基础。不仅如此，在活跃的经济生活中，个体性要素得到鼓励与提倡。包产到户和包干到户以及市场原则在一定程度上使此前遭到否定的资产阶级法权的原则获得了正面的意义。

长达30年的反资产阶级法权运动，严重抑制了个体性原则与观念在当代中国社会的生长。在郑成良的《论自由权利——简析自由概念在法理学中的含义》一文中，可以看到现代权利概念赖以为基础的个体化原则在青年法学研究者的研究中出场。尽管为权利本位论提供基础的这种自由概念，在当时还只是一种消极的自由概念。[①] 这种自由概念强调的是行为的合法性，行为在一个确定的法律范围内不受限制，可以自主地安排自己。也就是说，只要行动是在法律允许的范围之内，自由就意味着排除他人包括国家对自己的妨碍。这种属于个体的自由空间在此前是不可想象的。这一排他性的空间的存在，尽管仍然受制于实定法的原则，却意味着个体拥有了相对的自由。

政治生活和社会生活领域的改革与开放固然为权利理论的出场准备了物质和制度基础，但它们如何转化为个体内在的冲动，如何从中诞生出一种对个体自由意志的认知？这种消极的自由概念，在根本上表达了个体想要安顿自身生活的内在冲动，但它并未形成一种系统的、逻辑的思想学说，在很大程度上仅仅是一种情绪，这种情绪通过时代的精神生活，例如各种文学性的创作得到表达。法学领域中对自由概念的吸纳和理解，不能仅从物质和制度基础上来考虑，其在很大程度上来源于时代精神生活的氛围。如今，当我们回顾当代中国权利论兴起的时候，需要追问一个核心问题：20世纪80年代末期青年法学研究者们捕捉到的个体想要安顿自身生

---

① 郑成良：《论自由权利——简析自由概念在法理学中的含义》，《当代法学》1988年第3期。这篇文章中所讨论的自由权利的核心内容相当于以赛亚·伯林提出的"两种自由"概念中的"消极自由"概念。以赛亚·伯林的《自由四论》1986年在台湾地区翻译出版（陈晓林译，联经出版公司），但在大陆地区，直到2003年才出版题为《自由论》的译本（胡传胜译，译林出版社）。

活的内在冲动究竟是从哪里来的？

想要回答这个问题，有必要简单回顾 20 世纪 80 年代的文化与精神生活。20 世纪 80 年代轰轰烈烈的文化和精神生活极大地张扬了个体的自主性和个体的意志自由与选择，并为之提供了一种文化上的辩护，或者说为之提供了精神文化上的想象空间。当代的文化研究者基本上达成了一个共识：20 世纪 80 年代是一个"新启蒙"的时期。所谓"新启蒙"是相对于 20 世纪初期的五四启蒙而言的，在 20 世纪 80 年代的文化语境中，个体性经历了一个艰难的孕育过程。这种个体性是在数次的思想运动中逐步地发展起来的，而不是伴随着经济生活和制度生活的变革自然地形成的，换言之，这种个体性的产生是当代中国知识分子努力的结果。① 20 世纪 80 年代以后兴起的权利论，可以视为个体想要安顿自身的内在冲动在法律理论领域中的表达。这种内在冲动是 20 世纪 80 年代时代精神的体现。在这一时期的思想运动中，个体逐步从集体生活中摆脱出来，个体的自主选择逐步被视为值得歌颂的东西，被视为一种能推动社会发展的东西，尽管此时个体的自主性仍然受到极大制约。在这一时期，李泽厚出版了《批判哲学的批判——康德述评》，哲学界展开了对于主体性的讨论。主体性哲学的出场成为 20 世纪 80 年代中国哲学史上最为重大的事件之一，李泽厚等人的作品中传达的对主体性的关注，同样是 20 世纪 80 年代时代精神的显现。在 80 年代的新启蒙的思潮中，尽管哲学、文学占据主潮，但法学理论并未缺席，时代精神的巨变终于在 20 世纪 80 年代末被年轻的法学研究者们感受到了。在他们看来，新时代的法学的价值就在于将这一时代精神的诉求概念化，并加以制度化。值得注意的是，权利论同文学思考中的先锋小说几乎同时出场，而这一时期先锋文学中表达的正是个体性的感觉。由此看来，权利概念在 80 年代后期正式出场绝非偶然。②

二　权利本位论的兴起

权利与义务作为法学基本范畴的看法，据说最早由张光博提出。张光

① 参见贺桂梅《"新启蒙"知识档案——80 年代中国文化研究》，北京大学出版社，2010。
② 参见张清华《中国当代先锋文学思潮论》（修订版），中国人民大学出版社，2014。

博于 1981 年发表《试论法定权利的界限》一文，这篇文章对权利义务作了如下定义："权利就是国家给予保障的人们实现统治阶级利益的一种合法手段，义务则是国家强制人们服从统治阶级需要的一种手段。"在这篇文章中，也提出了确立法定权利的界限的问题，"法所反映的统治阶级意志的核心问题，就是如何确立法定权利的界限，即从主客观两个方面统一实现的权利所体现的统治阶级利益的适当性"。稍加分析就可以看出，这个有关权利和法定权利的定义，强调的仍然是"统治阶级的利益"。权利仅仅是实现阶级统治的工具。但考虑到"这个法定权利的界限直接表示着缓和社会阶级冲突所容许的程度，决定着统治阶级根本利益得到满足的分量，和被统治阶级接受统治的极限"，则在"法定权利的界限"的提法中也蕴含着要尊重被统治阶级的利益诉求的思想。尽管如此，在这篇文章中，我们还看不到任何作为主体性之表达的权利观念。

在对当代中国权利理论的学术史考察中，有人主张，权利作为法学中的核心概念被强调，作为一个优先于义务的概念首次出场于 1988 年张文显的《改革和发展呼唤着法学更新》一文。① 这篇文章第三部分明确提出"我们的法学应当是权利之学"的观点。② 但其实，早在 1986 年和 1987 年，就有学者公开明确论述了权利在法学中的核心地位，并且突破了法的本质是统治阶级意志的观点，提出"法的最普遍、最基本的属性就是通过强制性的规范化手段和作用来保障人的权利，法的最普遍本质属性是权利意志性"，由此看来，权利论早在 1986 年左右就已经在法学研究者中得到了重视。③

尽管早在 1986 年的时候，就有学者注意到了权利在法学体系中的核心作用，并在 1987 年提出了法的基本理论要从统治阶级意志向权利意志转换，但真正使权利概念产生广泛影响的，是 1988 年的长春会议。1988 年 6 月，在吉林省长春市举办了"全国法学基本范畴研讨会"，在这次会议上，一批思想活跃的中青年法学工作者，在老一辈法学家的支持下，呼吁"法学应是权利之学"。他们强调权利观的变革是实现法学重构的关键，主张

① 张文显：《改革和发展呼唤着法学更新》，《现代法学》1998 年第 5 期。
② 王岩云：《当代中国权利问题研究检视——一个学术史的考察》，法律出版社，2012，第 116—117 页。
③ 文正邦、程燎原、王人博等：《法学变革论》，重庆出版社，1989，第 98 页。

以权利与义务为基本范畴重构法学理论体系，一种称为"权利本位论"的观点开始在全国范围内产生影响。①

在这次会议上，张文显作为权利本位论的代表性学者出场。但他在1988年发表于《当代法学》的《关于权利和义务的思考》一文中，却并未鲜明表达权利本位论的立场。在这篇文章中，他仍然坚持了权利和义务是统治阶级分配利益和负担的方法的观点，也就是说，强调它们是维护统治阶级利益的手段。具体来说，"权利是国家通过法加以规定并体现在法关系中的人们在统治阶级的根本利益或社会普遍利益范围内作出选择，获得利益的一种能动手段。义务是国家规定并体现在社会关系中、人们应该和必须适应权利主张而作出或者抑制一定行为的负担或约束"。② 但在同年发表的《改革和发展呼唤着法学更新》一文中，张文显首次明确地谈到了"我们的法学应当是权利之学"的观点，"在以发展社会主义商品经济为主题的经济体制改革和以发展社会主义民主政治为主题的政治体制改革的推动下……在这种历史条件下，我们的法学应当成为权利之学"。③ 在1988年的长春会议上，他正是坚持了这样的观点。在短时间内他的观点发生如此重大的变化，这不能不给人以仓促的感觉。实际上，张文显有关权利本位论的观点在接下来的一年里才得到比较系统的阐释，这就是他在1990年发表的《从义务本位到权利本位是法的发展规律》④ 和《"权利本位"之语义和意义分析——兼论社会主义法是新型的权利本位法》⑤ 两篇文章。这两篇文章成为今天考察当代中国权利本位论的代表性文献，但考虑到这两篇文章是在1990年才发表，因此，目前能看到的有关权利本位论的最早的系统性论述，应该是1989年郑成良在《政治与法律》第4期上公开发表的《权利本位说》一文，该文第一次系统阐述了"权利本位说"的基本

---

① 这次会议由吉林大学法律系等单位召集，参见郑成良《商品经济、民主政治的发展与法学的重构——法学基本范畴研讨会综述》，《政治与法律》1989年第1期。研讨会上各位学者的核心论点整理，参见下文《商品经济、民主政治的发展与法学的重构——法学基本范畴研讨会纪实》，《当代法学》1988年第3期。
② 张文显：《关于权利和义务的思考》，《当代法学》1988年第3期。
③ 张文显：《改革和发展呼唤着法学更新》，《现代法学》1988年第5期。
④ 张文显：《从义务本位到权利本位是法的发展规律》，《社会科学战线》1990年第3期。
⑤ 张文显：《"权利本位"之语义和意义分析——兼论社会主义法是新型的权利本位法》，《中国法学》1990年第4期。

观点。①

《权利本位说》一文一上来就明确提出一个问题，"对于生活在当代的人们而言，是否可以这样说：一个合乎理想或至少是值得尊重的法律制度，应当使人们平等地享有各种基本权利并平等地受到义务约束；应当公正地捍卫一切正当利益……应当充分地尊重个人的自主选择，以促成一个与人类尊严相适应的自由社会"。这就将权利本位同对美好社会的制度的关切联系在一起，认为权利问题的开端是人们对于美好生活的向往，权利所涉及的根本问题是共同体的生活方式问题。在这篇文章中，郑成良对权利本位进行了如下界定："权利本位是指这样一种信念：只有使每一个人都平等享有神圣不可侵犯的基本权利（人权），才有可能建立一个公正的社会，为了而且仅仅是为了保障和实现这些平等的权利，义务的约束才成为必要；当立法者为人们设定新的义务约束时，他能够加以援引的唯一正当而合法的理由，也仅仅是这将有益于人们已享有或新近享有的平等权利。"

郑成良的《权利本位说》一文揭示了 20 世纪 80 年代权利话语在年青一代法学研究者中引起的心灵激荡。权利本位涉及的是对美好法律制度的关切，在这种法律制度中，人是一个可以自主选择的人，应该尊重人的自我选择，并且，这种自我的选择与多元的利益相关，与世俗生活的幸福相关。文章追溯了文艺复兴以后人们对世俗幸福的追求，主张"个人对世俗幸福的追求，无论其是否抱有高尚的目的和动机，只要未采取非法的形式，都被视为具有法律上的正当性"。在这篇文章中，个体的自主、利益多元化与世俗生活的幸福关联在一起，预示着 20 世纪 90 年代市场经济时代的来临。这三个要素，正是市场赖以发展的要素，也可以说是 20 世纪 50 年代到 70 年代受到否定的资产阶级法权学说的肯定性表达。② 同样的说法可以在张文显于 20 世纪 90 年代发表的两篇具有代表性的权利本位论文中看到，在那里，权利意味着一种主体意识，是一个体现平等主体之间利益关系的概念。

值得注意的是，在 80 年代对权利观念的理解中，并非只表达了个体自主的观念。实际上，个体的自主性并未超越现有法律框架。这个时期有关权利的讨论，仍然限定在法定权利层面，即便在郑成良的《权利本位说》

---

① 郑成良：《权利本位说》，《政治与法律》1989 年第 4 期。

② 参见林喆《权利本位——市场经济发展的必然要求》，《法学研究》1992 年第 6 期。

一文中，在强调了权利表达的对个体的自主权的尊重之后，也作了如下限定："长期以来，由于个人利益的独立地位没有得到应有的肯定，因而，在这种特定社会背景下，权利本位的呼声确实包含着强调保护个人利益的蕴意。但是，它并不是把个人视为唯一的权利主体和利益主体。它所要求的仅仅是，任何权利主体的正当利益，无论是个人利益、团体利益还是公共利益，都必须受到社会的尊重和法律的保护。任何主体以非法形式侵害了其他主体的正当利益，都必须承担起相应的法律责任。"由此可见，80年代的权利本位论，尽管一方面强调个体自主，但另一方面个体的自主又被限制在一定范围之内。这一对个体权利的强调显然是有前提的，这一点在张文显笔下也可以得到印证，在《从义务本位到权利本位是法的发展规律》一文中，他明确说，"'权利本位'所揭示的，是在某个国家的法律规则整体中，即在法定权利和义务的系统中权利的起点、轴心或者重心位置"。

从本质上讲，权利本位论仅仅是一种限定在法律框架之内的权利学说，在这一时期，权利本位论获得了如下对于法律权利的基本认识，就是将权利视为"规定或隐含在法律规范中，实现于法律关系中的，主体以相对自由的作为或不作为的方式获得利益的一种手段"。① 在这个定义中，我们看到，权利仍然被视为一种分配利益的手段。与此同时，这种权利仍然是法定权利，是在法律规范和法律关系的内部讨论的权利。但在这种权利观念中，已经承认了主体可以以相对的自由的方式获得利益，也就是说，赋予了权利主体在法定范围内表达意志、作出选择、从事一定活动的自由。尽管在这里主体的自由还受到限制，但它本身被赋予了积极价值，凸显了主体这一法律关系中最重要的要素。权利中主体要素的凸显，弱化了权利的工具性质，尽管权利此时仍然被理解为统治阶级分配利益的工具，但统治阶级在分配利益的过程中，必须尊重享有一定自由的主体。

权利本位论在法学界产生了巨大反响，并由此引发了一场论争。从1988年开始到1991年前后，围绕权利本位论，出现了两种与之对立的观点。一种是张恒山提出的"义务重心论"。张恒山最早从法律史角度出发，批判权利本位论有关权利优先于义务的主张，主张义务在解释法律现象过

---

① 这一有关权利的定义后来在张文显的《法学基本范畴研究》（中国政法大学出版社，1993）中得到类似表达，并且之后进入了法理学教材体系中，成为当代中国法理学的通说。

程中的优先性。他认为，权利无法回答法的可操作性问题，因为权利自身并不包含强制，因而权利离开了义务便无法实现自身。不同于权利论者想要将义务的根据奠定在权利中的做法，在张恒山看来，义务对于认识整个法律秩序的存在具有优先的或者"先定的"地位。① 尽管义务论的回应者寥寥，但张恒山有关义务重心的观点以其严谨的论证逻辑受到了研究者的重视。并且更重要的是，它也为日后权利理论的进一步发展提供了全新的基础。义务先定论将法律的价值不是定位于自由，而是定位于秩序，这种秩序不是建立在权利基础上，而是建立在良知义务的基础上。更准确地说，权利的存在必须以义务的承担为前提，是义务而非权利为整体法律秩序的存在提供了证明。除非这种义务得到履行，否则权利便无法存在，这就引申出了一种观点，即权利的存在不是奠基于个体，而是依赖于整体秩序的存在，这预示着一种与权利本位论截然不同的权利观。②

　　另一派观点来自传统马克思主义法学阵营，他们坚持马克思有关权利与义务的辩证统一的观点，批评权利本位违背了马克思主义法学的基本原则。他们认为权利与义务不具有最终目的，权利与义务的分配服从于统治阶级利益的需要。不仅如此，他们还坚持认为，在社会主义条件下，个体、社会与国家之间的利益具有根本上的一致性。因此，不管是主张权利本位，还是主张义务重心，都违背了这一原则。他们甚至批判权利本位论可能给当代中国社会带来危险，将权利本位的主张视为一种源自西方的、陈旧的法学理论，认为其并不适合于当代中国。这些观点，严格来说并不具有新意，而只是 20 世纪 80 年代初期盛行的马克思主义法学观的延续。③值得注意的是，在这些批判中，有评论者意识到，任何理论性的命题在现实中都是有针对性的，因此，他们承认权利本位论的积极意义。他们察觉到 20 世纪 80 年代整体的社会发展和精神气质对法学学说的影响，而将权

① 参见张恒山《法的重心何在？——评"权利本位"说》，《政治与法律》1989 年第 1 期；《论法以义务为重心——兼评"权利本位说"》，《中国法学》1990 年第 5 期；《"义务重心"与"权利本位"辨析》，《中外法学》1992 年第 3 期。这些文章后被整合为作者的《义务先定论》（山东人民出版社，1999）一书。

② 有关这一新的权利观的看法，参见张恒山《法理要论》，北京大学出版社，2002。

③ 典型的评论文章，参见王宝林《"权利本位"存疑问题的提出》，《河北法学》1990 年第 1 期；屈野《论法律权利和义务的统一性》，《法学研究》1990 年第 3 期；封日贤《"权利本位论"异议》，《现代法学》1990 年第 5 期；李积桓《"权利本位说"质疑》，《中南政法学院学报》1991 年第 1 期；郭宇昭《析"权利本位"说》，《中国法学》1991 年第 3 期。

利本位论的出现视为一种"情感价值"的反映。这种情感价值，表达了个体追求自主性、独立性的内在冲动，其目的是"摆脱超现实的理想主义道德尺度对个体行为的约束"，走出"一味地强调意识形态的革命纯洁性"的时代。①

从总体上讲，对权利本位论的批评在这个时期并未占据优势。正如对当时的争论进行总结的文章中所说，尽管义务论和权利义务统一论都有自身的逻辑和道理，但权利本位说却传递了一种反驳它的两种学说"没有也无法捕捉到的"理念，一种"与我们的时代息息相关的时代精神"，我们可以将这种精神视为一种民主精神，② 也可以认为，这是一种个体自主的精神。③ 不论采用何种方式来表达这种时代精神，可以肯定的是，一个崭新的个体概念开始出现在 20 世纪 80 年代末期的法学理论之中。④

在 80 年代的法学研究中，正是权利本位论首次从法律规范和法律关系，或者从作为手段的法律中，识别出了一个能以相对自由的方式行动的主体，这个主体可以提出利益主张，有权使自己的主张得到法律保护。与此同时，我们也注意到，权利本位论者为个体权利的辩护，未能摆脱法律的框架。在 80 年代的权利观念中，权利表达的个体自主的价值和实定的国家政治生活和法律生活的原则同时存在。这也造成了权利本位论在论证方面的内在矛盾，"权利本位论在权利来源问题上隐含地采用自然法学的概念，相反，权利概念定义上又明确地坚持分析实证法学的观念。在倡导权利价值时，隐含着权利先于法律的自然法学观念，相反，在对法律、权利作定义解释时，又坚持分析实证法学立场，主张先有法律规定，而后有法律权利"。⑤

在这一时期，西南地区出现了一群以权利为中心思考和建构法学理论的研究者，他们以个体权利为基础，谋求法理学的更新，在 80 年代有关权利和义务的讨论还仅以论文方式进行的时候，他们出版了《法学变革论》。

---

① 参见沈其之《对"权利本位"的法理思考》，《学海》1992 年第 4 期。
② 参见孙笑侠《"权利本位说"的基点、方法与理念——兼评"法本位"论战三方观点与方法》，《中国法学》1991 年第 4 期。
③ 参见葛洪义《法律·权利·权利本位——新时期法学视角的转换及其意义》，《社会科学》1991 年第 3 期。
④ 尽管在论证过程中，权利本位论者否定仅仅是从个体权利的角度来主张自身的观点，但反对者还是从他们的论述中发现了这个个体的形象，参见封曰贤《"权利本位说"质疑——兼评"社会主义法是新型的权利本位法"》，《中国法学》1990 年第 6 期。
⑤ 张恒山：《法理要论》（第 3 版），北京大学出版社，2009，第 461 页。

也许因为地域和通信方面的限制，他们并未积极参与到 80 年代末期权利本位的论战中来，但他们无疑是今天讨论当代中国权利观念史的时候不可忽视的一个学术团体，在那个时期，在这本颇有影响的《法学变革论》中，他们明确提出了"法学即权利之学"的主张，并明确指出：

> "权利本位"的法学观将能为我们打开一条广阔而又富有成效的出路。因为权利是最能把法与现实生活联系起来的范畴。它是在一定生活条件下人们行为的可能性，是个体的主动性、独立性的表现，是人们的行为自由。从法律意识上讲，权利是国家创制规范的客观界限，是国家创制规范时进行分配的客体。法的真谛在于对权利的认可和保护，是解放人、发展社会主义商品经济、发展生产力的重要手段。①

这就明确地将权利界定为个体的权利，将其视为个体主动性、独立性的体现。在这个时期有关权利的本质的论述中，他们的论述是最为深刻的，在《法学变革论》这本具有转折意义的著作中，还明确地提出，"在研究权利范畴时，还应注意到它与个人之间的内在关系。尤其应重视对公民'应有'权利的研究。一般的权利理论应包括对公民'实有'和'应有'权利的系统论述。'实有'权利是法定权利，'应有'权利是公民作为政治社会的平等主体应享有的一切权利，是'实有'权利的前提和基础"。② 对于应有权利的重视，尤其是将其视为实有权利的前提和基础的观点，意味着一个新的时代的到来，意味着权利必将超越实定法的框架限制，成为分析政治法律生活的一个基本概念。

三　权利的个体化时代

1991 年，李步云和郭道晖分别发表《论人权的三种存在形态》③ 和《论权利推定》④ 两篇重要的权利理论文章。这两篇文章首次清晰地界定了

---

① 文正邦、程燎原、王人博等：《法学变革论》，重庆出版社，1989，第 99 页。
② 文正邦、程燎原、王人博等：《法学变革论》，重庆出版社，1989，第 100 页。
③ 李步云：《论人权的三种存在形态》，《法学研究》1991 年第 4 期。
④ 郭道晖：《论权利推定》，《中国社会科学》1991 年第 4 期。

权利的三种形态及其相互之间的关系，尤其是讨论了应有权利如何转化为法定权利的问题。《论人权的三种存在形态》明确了三种权利形态的转换，也就是"从应有权利转化为法定权利，再从法定权利转化为实有权利"，并且明确这三种权利之间，"不是平行关系，而是层次关系"。"权利推定"的概念正是对于应有权利向法定权利转换这一具体逻辑环节的概念化表达。

值得注意的是，应有权利并未随着转化而彻底融入法定权利中，相反，应有权利是法定权利的基础，是一切权利的来源，它不以法定权利的存在为转移。《论人权的三种存在形态》强调，"否认'应有权利'的存在，法定权利就会成为'无源之水'和'无本之木'"。这篇文章的末尾说，法定权利和实有权利，可能无法穷尽在现实中客观存在的"应有权利"，"三者的内容有很大一部分是重叠的。随着人类文明的继续向前发展，它们之间在外延上将一步步接近，彼此重叠的部分将日益扩大，但永远存在着矛盾，应有权利永远大于法定权利；法定权利永远大于实有权利。正是这种矛盾，推动着人权不断地得到实现"。这种矛盾的永恒存在，意味着应有权利应该成为法律学者关注的问题。同样的立场也反映在郭道晖的《论权利推定》一文中，文章用"权利推定"概念对"应有权利"向"法定权利"的转化进行了更具体的描述，认为有关权利的立法"不可能穷尽一切潜在的权利"。在法律确认的明示权利外，还存在法律的"默示权利"、为法律"漏列的权利"、未预测到的"新生权利"等，这些权利都可以通过"权利推定"明示出来并取得法律效力。

有关应有权利的论证是20世纪90年代初期当代中国权利理论中非常值得注意的现象。尽管这个词早在20世纪80年代末期就已产生，但在李步云和郭道晖笔下出现了一种从不同于自然权利学说的角度论证应有权利的尝试，他们主张，权利在法律文件尚未制定之前，就已经以一种"潜在的原始权利的形式"存在于社会生活中。并且认为，这不是西方法学强调的"自然权利"观念。很显然，这一有关应有权利的分析，建立在对马克思主义政治法律学说的研究和理解基础上，是将应有权利视为基本的社会生活事实。尽管他们并未对这种独立于法律秩序存在的，或者作为法定权利之源头的应有权利进行深入分析，但他们对于应有权利高于法定权利，有关权利的立法"不可能穷尽一切潜在的权利"的强调，意味着应有权利开始成为一个独立的法学理论研究范畴。

应有权利的这种独立于或者超越法定权利的地位意味着，在当代中国法学中，表达主体性原则的权利已经超出法定权利的限制，成为一种具有强烈的批判性的"道德权利"。20世纪90年代的中国法学理论研究者，并未将应有权利等同于"自然权利"，而是将其等同于"道德权利"，这也许是为了刻意地同西方的自然权利学说保持距离。在这一时期，应有权利的基础是马克思主义的历史哲学。

将人权视为一种道德权利，也就提出了一种先于法律权利而存在的权利。这种道德权利的学说超出了法律规范的限制，为法定权利提供了反思和批判的标准。相对于80年代末期的讨论来说，这个时期的道德权利完全挣脱了法律制度的框架。权利被视为个体的利益、资格、主张和要求，如此被界定的权利概念，极大地凸显出个体的价值和意义。个体的自由选择，被视为先于实定的政治法律秩序而存在，个体的意义开始越出法律关系和法律规范得到理解。权利是个体性的权利，是一种道德权利，是人作为人应该有的权利。

这个时期讨论的道德权利概念，核心是主体性，尽管主体性的概念在20世纪80年代得到了发挥①，但主体性概念被明确地吸收到法理学的范畴中却是在20世纪90年代。1993年，程燎原和王人博再度合作，撰写了《赢得神圣——权利及其救济通论》一书②，在这本书中，明确地将主体性作为权利的基点，一个个体化的权利时代来临了。

在这个个体化权利的时代，权利等同于人权。对于权利的理论性讨论和对于人权的研究是一而二、二而一的。权利就是指个体的权利，就是指个体的利益、资格、主张、权能和自由。权利的个体化一旦被确立，接下来，与个体相关的一系列内容就成为权利的内容。

---

① 有关主体性的哲学是20世纪80年代中国哲学史中最重要的哲学论题，研究这一论题的主要代表人物是李泽厚，1979年李泽厚出版了关于康德哲学的著作《批判哲学的批判——康德述评》，这本书初步建立了"主体性哲学"，此后在1981年和1985年，又先后发表《康德哲学与建立主体性论纲》和《关于主体性的补充说明》两文。关于李泽厚在主体性哲学方面所作的贡献，参见丁耘《启蒙主体性与三十年思想史——以李泽厚为中心》，《读书》2008年第11期。此外，吉林大学的高清海也在反思传统的哲学教科书的基础上，进行了主体性哲学方面的思考，1988年，出版了《哲学与主体自我意识》（吉林大学出版社）一书。在某种意义上，张文显等人的权利观念的提出也许与吉林大学主体性哲学的氛围有着内在的智识联系。

② 程燎原、王人博：《赢得神圣——权利及其救济通论》，山东人民出版社，1993。

这一时期，由于主体性原则的凸显，个体成为权利的当然主体，这就与 80 年代确立的限定在现有法律框架下的人权观构成了内在矛盾和冲突。在 80 年代的语境中，权利论者在强调个体性的同时，强调在权利体系中，有个体权利、集体权利、社会权利和国家权利，而一旦这种个体性从既有的法律体系中超出，先于具体法律体系而存在，当权利等同于人权也就是个体权利的时候，势必展开一场有关人权主体的争论。1991 年，张文显发表题为《论人权的主体与主体的人权》①的文章，这篇文章指出，"人权主体则是一个限定的概念，主要指个人，普通的社会成员"，在这篇文章中，张文显强调将人权主体限定在个人，把人权界定为个人权利的意义。人权在这里成为一个同集体权利、社会权利与国家权利相对立的范畴。②这正是权利观念在 90 年代初期发展的成果。尽管在后面的争论文章中，张文显否定自己将权利等同于人权，而将人权视为权利体系中的一种，但他明确将集体人权限定在国际法领域中，强调在国内法中要重视个体人权。这无疑表达了个体人权在主权国家时代的重要价值。

在这一时期，权利等同于个体的资格、利益、主张，甚至可以说等同于与个体相关的一切内容。这种概念上的杂糅看起来不好理解，但其实表明了主体性本身的特征。作为主体性的人，可以提出要求，享有一定的资格，有一定的利益的需要，甚至还有情感方面的要求。因此，肖像权和人格权，这些以往闻所未闻的权利开始进入法学研究者的视野。权利的个体化由于个体现实生活的丰富性，由于 20 世纪 90 年代大规模的市场活动，带来了一系列新的权利形态，一些此前不被中国人理解的权利概念出现了，其中最有影响的是人格权的概念，尤其是有关隐私权的观念。隐私权的概念出现在 20 世纪 90 年代绝非偶然，它意味着个体的私人空间也应该受到法律保障，不得随意侵犯，因为私人空间是主体性的重要需求之一。

这一时期开始重视权利救济问题，有关权利的讨论开始同整个司法过

---

① 张文显：《论人权的主体与主体的人权》，《中国法学》1991 年第 5 期。

② 张文显的观点引发了一场争论，在这篇文章发表之后，陆德山在《中国法学》1992 年第 2 期发表了《也谈人权的主体》一文，指责张文显的人权概念中忽视了集体人权，张文显在《人权·权利·集体人权——答陆德山同志》一文中给出了回应（《中国法学》1992 年第 3 期）。随后，1992 年《中国法学》第 5 期刊发了徐显明针对这场争论的评论文章《人权主体之争引出的几个理论问题》。

程关联起来。重视司法过程意味着开始重视程序对权利的重要意义,季卫东发表于 1993 年的《程序比较论》,可以视为 90 年代初期权利理论的重要发展。① 此前,权利仅仅被视为实体性的权利,而从此时开始,程序性权利也是权利体系的重要组成部分。这篇文章带来了权利观念上的极大变化,权利一旦同程序的研究结合,就产生了对程序正义的关注,程序正义的实质是权利主体如何参与整个诉讼过程的问题,因此,有关程序正义的讨论凸显了权利主体的参与性与自治性。权利主体不只是拥有资格、利益和主张的个体,也是积极参与决定自己命运的程序的主体,也就是具有自治能力的主体。主体的这种自治能力,不仅体现在他对自己的财产和需要的决断方面,也体现在他对自己身处其中的共同体生活的决断方面。但在 20 世纪 90 年代有关程序正义的讨论中,相关分析仍然主要限定在部门法,尤其是诉讼法学范畴,而并未被吸纳到对权利理论的一般思考之中。② 此外,20 世纪 90 年代初期的人权外交也在一定程度上助推了权利理论的研究,尤其是有关人权制度和人权法的研究,这一时期,在对于人权的理解方面,提出了有关"生存权"的学说。③ 生存是个体生活的基本前提,生存权应该是一切权利中最根本的一项权利。

从总体上讲,20 世纪 90 年代对于权利的理解趋向于揭示一个独立于一切现有法律规范的权利主体,权利被视为与这个主体有关的一切东西。那么,这个主体究竟是一个怎样的主体? 在 20 世纪 90 年代初期的权利理论中,这个主体并未得到理论上的规定,相反,种种权利概念,倒像是对这个主体的描述,主体的种种欲望和需要都被视为权利,因此,在这个时期,有关权利的界定基本上采取了列举的方式。

从根本上看,20 世纪 90 年代权利理论中的权利主体就是 20 世纪 80 年代末期的权利论中尚未解脱出来的那个个体,不过,此时这个个体得到了解放,可以大张旗鼓地提出有关自我的利益、主张、资格、权能、自由和其他种种需要了。尽管在 20 世纪 90 年代初期的法学论著中,法学学者

---

① 季卫东:《程序比较论》,《比较法研究》1993 年第 1 期。
② 几年之后,日本学者谷口安平的《程序的正义与诉讼》一书才被翻译到中国(王亚新、刘荣军译,中国政法大学出版社,1996)。在这本书中,谷口安平提到了有关程序正义的学说基础在于罗尔斯的《正义论》,此后,在有关程序正义的讨论中,罗尔斯等人的学说开始得到注意和重视。
③ 徐显明:《生存权论》,《中国社会科学》1992 年第 5 期。

们并未对这个主体的形象给予概念规定，但在同时代的文学作品中，却可以看到这个形象，这是一个沉入市场中的个体，他对利益、资格、主张、情感等，都提出了自己的要求。这个主体是矛盾的，一方面放纵自己的欲望，另一方面又特别强调隐私，强调自身的自由。在哲学史上，对这个个体有一种非常深刻的理论描述，在黑格尔的体系中，这是一个拥有抽象欲望的个体，这里的欲望不单是这样或那样的欲望，任何具体的欲望都不足以描述它。从人类政治法律思想史上看，这是抽象主体的欲望，这个主体到现在还没有任何规定性，相反，它是在自己的无限选择中，哪怕是相互矛盾的选择中寻求规定。权利理论的这一个体性的哲学基础，是通过康德、罗尔斯和诺齐克的学说来描述的，这是一个强调自我选择、强调自我决定的个体。

四　权利的利益化及其发展

伴随着90年代商品经济的发展，权利越来越走向实证化。在如火如荼的商品化过程中，利益成为权利主体最基本的追求。如果说，在之前有关权利的界定中，除了利益，还有个人的自由或选择，甚至还有某种情感的需求，比如说对隐私的要求的话，这一时期，利益已经成为表达主体性的唯一要素，一切情感，乃至于亲情，在法律体系中都要转化为利益的尺度进行衡量。这一时期，权利的核心被视为利益的个别化和个别化利益的增长。这显然是在市场经济的发展状况下产生的一种权利观，是一种被市场意识形态笼罩的权利观。这一时期，在中国法学界有一种主导性的看法，就是现代法治和权利同市场经济之间存在内在的必然联系。[①]

权利等同于利益，对于利益的追求被确认为对于权利的追求，这是一个走向利益的权利时代。在20世纪90年代商品经济的发展过程中，那个拥有意志自由、拥有自己的选择权的主体被遗忘了，或者说消融在市场经济的大潮中，变成了一个追求利益的经济人。有关经济人的图像在20世纪

① 参见1994年《法学研究》上先后发表的一系列讨论市场经济与法制关系的文章：文正邦《论现代市场经济是法治经济》，1994年第1期；顾培东《我国市场经济与法制建设几个问题的思考》，1994年第1期；郭宇昭《社会主义市场经济意识与法制建设》，1994年第3期；等等。

90 年代中期以来的法学作品中频繁出现。经济人的主体性消融并湮没在对利益的追求中。人们将在市场经济中提出的种种需要和利益、主张视为权利，忘却了权利主体自身对自主权和自我选择的其他层面的探索。或者说，这种自主权和选择权变成了追求经济利益的各种方式，每个人都可以采用自己认为适当的方式自由地追求经济上的利益，而忽视了自主权和自我选择的其他内容。

权利论在 20 世纪 90 年代发生的这种重大变化最鲜明地体现在苏力的论著中[①]，苏力提供了以利益为核心的权利观的最精致的理论形态。他是 20 世纪 90 年代中期反对法学研究中的"大词法学"的积极倡导者。这种对"大词法学"的反对，意味着与所谓的宏大和抽象的理论探究拉开距离，而更侧重于功能分析和制度分析，在这种法学理论研究的路向之下，强调自主性和意志自由的主体性的权利观自然被视为抽象的无用"大词"而被抛弃在一边，主体的自我选择和意志自由被视为哲学家的语言游戏，被视为意识形态。权利不是别的，而是在个案中、在现实生活中提出的利益诉求和主张。在苏力笔下，秋菊的说法不加分析地被引入法学理论的分析中，他有关秋菊打官司的分析背后蕴含着一种以利益为核心的权利原则。相对于 20 世纪 90 年代初强调的权利主体来说，秋菊的"说法"是具体的、特殊的，因此，不能用普遍性的权利话语来限定它。苏力并未意识到，将秋菊的说法视为一种权利，视为一种有别于普遍性的权利的权利（一种"地方性的"权利），不过是取消了权利主体的结果。将秋菊的说法视为权利，会导致权利的泛化[②]，从此，社会生活中的一切需要、一切诉求，都可以被视为权利，都需要国家制定法给予尊重。这样一种遗忘了主体的权利观，为利益取代权利提供了可能，远离了现代法治想要呵护的那个享有意志自由和选择自由的主体。

[①] 苏力作为权利论的重要作者，长期以来并未受到重视。《法治及其本土资源》一书中的《秋菊的困惑和山杠爷的悲剧》基于本土资源对西方式的权利进行了反思，《〈秋菊打官司〉的官司、邱氏鼠药案和言论自由》集中关注权利冲突问题，《读〈走向权利的时代〉——兼论中国的法律社会学研究的一些问题》对于 90 年代初期的权利思考进行了批判式回应。这些文章可以说相对集中地表达了苏力对于权利问题的独特思考。

[②] 这里所谓的权利的泛化，是指将一切利益的诉求都视为权利诉求。但有关权利泛化的问题在这一时期并不为学者们所注意，而是在 2010 年前后才开始为学者们注意。

　　在苏力笔下，秋菊显然不是一个具有自主性的主体，她受制于乡村共同体的种种规矩，因此，她要的说法不是现代法治提供的权利救济的法理。但值得追问的是，秋菊究竟仍是一个安于传统乡村共同体的乡村女子，还是已经开始向现代的权利主体发生转换？苏力将权利等同于秋菊的诉求，并不在意秋菊是不是 20 世纪 90 年代初期的那个对于自主选择有着强烈意愿的主体。这种看待权利的观念实际上偏离了 20 世纪 90 年代初期的权利观念，这种分歧在他与同时代的权利论者的争论中表现得非常清晰。

　　苏力的根本性追问是："是否自 1978 年以来，中国社会中的权利保护、权利意识和权利保护机制在一切方面都增强了？"① 苏力强调了他在对《秋菊打官司》的评论中展示的立场，认为 20 世纪 90 年代的权利保护机制不一定增强了，他提到了"祖传秘方"、"宫廷秘方"和"传媳妇不传女儿"的规矩等，认为这些都是有效的权利保护机制。但他并未追问，在这些规矩背后是否存在一个能作出自我选择的、有自主性的主体。他对这样的主体不以为然，他将这个主体的预设视为西方话语的暴政，视为应该被排斥出去的"大词"。在讨论权利时，如果忽视权利主体作为有着自由选择和自主性的主体的特征，就会取消权利的理想层面，对于权利的追求便会同对于美好生活的追求脱离关系，从而权利就成为现实生活中生存竞争尤其是利益竞争的一种手段。一旦权利成为现实中的个体的诉求，苏力笔下的秋菊就同传统生活方式联系在一起，他剥离了秋菊生活的语境，剥离了秋菊对现代事物的渴望，因而无法察觉到"秋菊们"在成为现代主体过程中的努力，相反，他将秋菊描述成这种努力的对立面。

　　本土化的权利观是权利观念本身发展的必然逻辑结果，而所谓权利的本土化恰好推动了权利与利益之间的等同。具体来说，权利等同于具体语境中当事人提出的要求，等同于他们的利益主张，等同于所有类似于秋菊式说法的东西。当然，如果用苏力的这种本土化的权利理论分析 20 世纪 90 年代中期中国人的权利主张，那么，这时的人们关注的自然是利益。苏力在倡导本土化的权利观的同时也成为法律经济学在中国的最有影响的倡导者，因此并不令人奇怪，他以一种相较同时代的作者们更加理论化的方

_____

① 苏力：《法治及其本土资源》（第 3 版），北京大学出版社，2015，第 258 页。

式为一种以利益为中心的权利观辩护，相比那些直接地主张权利即利益的观点来说，这种理论无疑更精致，也更隐蔽。

权利一旦与个体的利益和需要等同，就必然走向实证化乃至于技术化。权利不再是人的主体性的表达，不再是个人的意志自由的表达，而等同于现实的利益，等同于利益分配的根本尺度。在苏力笔下，权利的标准被暗自替换。在这种权利观的背后，权利的主体性要素已经消失。一切个体的主张、需要，都可以被称为权利，权利被视为现实生活中的具体需要和主张，而对于这些需要和主张的承担者也就是权利主体的关注反倒被取消了。实际上，人们不再关心权利主体的更为多元性的需要。

当苏力基于这种权利理解批评同时期权利论者的一系列结论时，他的确忽视了权利论背后预设的基本事实和原则。权利主体的财富拥有程度、自组织程度、利益个别化程度、行为自主程度和意识开化程度都影响着权利的实际享有。如果从人们行为自主程度和意识开化程度来看秋菊的话，的确可以说，秋菊再也不是传统乡民社会中的行为受到制约的女性，只要看一看她进城后的表现，便可知道，这位对现代事物充满好奇心的乡村女子，已经开始质疑苏力强加给她的那套乡村秩序。尽管秋菊的说法可以被视为一种本土化的权利，但这个秋菊已经不再是传统乡村共同体中的女性成员。这些都是苏力在对《秋菊打官司》的考察中不曾注意到的。

五　权利的怀疑论

20 世纪 90 年代中期以后的经济社会发展带来了一系列新的权利现象，关于社会权、发展权、福利权、环境权等新型权利的讨论随之展开。2004年，十届全国人大二次会议通过了宪法修正案，财产权、人权以及福利权等进入新的宪法修正案中，这些被学界普遍视为权利实践在 21 世纪之初的瞩目成果。权利名目的增加，新型权利的出现，极大地挑战了传统的权利理论。

在这一时期，20 世纪 90 年代中期盛行的以个体利益为中心的权利理论大行其道，如果说，本土化的权利观在《法治及其本土资源》中仅是昙花一现的话，那么，苏力于 2000 年出版的《送法下乡——中国基层司法制度研究》则更彻底地贯彻了本土化的权利理论。① 相对于《法治及其本土资源》，《送法下乡——中国基层司法制度研究》更加凸显了基层司法过程中的权利并非自由主体的权利。这是《法治及其本土资源》时期思路的进一步延伸，秋菊的困惑最终走向了对基层司法、地方性知识的关切，由此而来的，是逐渐远离现代意义上的法治话语，现代意义上的一系列法律语言都变得内涵模糊，或者说具有了新的含义，而现代的权利话语也变得越来越不重要。

苏力的论述中隐藏起来的立场，在他的追随者桑本谦那里体现得更明显。2008 年桑本谦发表题为《反思中国法学界的"权利话语"——从邱兴华案切入》的论文，在这篇文章中，在揭示权利本位说无力解决邱兴华案中的疑难问题后，桑本谦提出："一种权利是否能够得到保障，并不仅仅取决于法律是否规定、制度是否健全以及公民是否具有足够的权利意识，也不仅仅取决于法学家是否具有'为权利而呼唤'、'为权利而论证'、'为权利而斗争'的恒心和勇气，而更加取决于国家和社会是否具有支撑这种权利的充足资源。"在此基础上，桑本谦针对当代中国的权利话语展开了批评，"'权利话语'的使用者却很少考虑权利保障所需的资源和成本问题"，在他看来，现有的权利主张者存在的问题在于，没有"对于权利保障所需要的资源和成本做出一个大概预算"。②

从权利保障的成本出发反对权利话语本身，是桑本谦此文的基本逻辑，但除非我们将权利话语的本质视为一种利益分配，否则就无法得出这样的结论。而将权利话语视为经济话语，可以用来进行成本核算，这只能

---

① 苏力的《送法下乡——中国基层司法制度研究》（中国政法大学出版社，2000）深化了对乡民们的权利心理的研究，尤其是第六章再度分析了秋菊打官司中的所谓纠纷的真实含义，但在这里仍然没有呈现出他对于权利的系统思考。我们看到，他对纠纷的理解仍然是功能性的，他强调纠纷不是所有权，却忽视了为什么要围绕耕牛的成本展开计算；他没有进一步思考，当纠纷集中在成本计算的问题上，并且通过这种计算就可以解决纠纷的时候，其中就蕴含有现代生活的要素。他甚至没有比较，在这个村子过去解决同类问题的办法是什么，有没有什么变化。这些就使他所谓的权利仅仅成为当事人的需要，而且没有分析这种需要是不是 90 年代的产物，苏力并未将这些当事人的权利主张置于时代的背景中来考察，因此缺乏历史感。对于《送法下乡——中国基层司法制度研究》一书的类似评论，参见赵明、黄涛《"地方性知识观"的法哲学批判——以〈送法下乡〉为分析重点》，《中南林业科技大学学报》（社会科学版）2007 年第 2 期。

② 桑本谦：《反思中国法学界的"权利话语"——从邱兴华案切入》，《山东社会科学》2008 年第 8 期。

是忽视权利主体的结果。当我们将目光紧盯当事人的利益诉求时，权利主体的其他诉求就不那么重要了，权利分析就会被经济学的成本计算取代。而在法律经济学的词汇中，"权利"成为一个空洞而虚幻的词，这一点集中体现在桑本谦上述文章中的一段激烈的批评性文字中，"'权利话语'的看家本领是修辞，而不是论证。它的主要技术就是展示情绪和激发共鸣，而不是提供数据和经验性事实"。

不同于苏力始终将眼光置于本土资源的研究，也不同于桑本谦对权利话语的激进的怀疑，在这一时期，有学者试图从观念史出发重新审视19世纪末20世纪初中国社会的权利观念。2003年，赵明的《近代中国的自然权利观》一书出版，在这本书以及这本书出版前后发表的系列论文中[①]，他重申了权利概念的有效性，认为权利不是单纯的利益获取，而是预设了一个走出人伦道德的世界的全新主体，这个主体具有革命性的力量，他视自己的欲望为正当的，想要在此基础上建构一个全新的政治法律的世界。[②]《近代中国的自然权利观》揭示了权利的背后是一个新世界的承诺。《近代中国的自然权利观》聚焦于五四运动之前，揭示了五四运动的真正动力，那些意识到自身权利的个体，开始对新世界进行探索，这个新世界最终在中华人民共和国这里获得了实定法形式。因此，这一观念史的探索解释了真正的本土化的权利观的兴起，苏力的建立在费孝通观念基础上的对乡土中国的分析，显然无法完全反映现代中国自19世纪晚期开始发生的巨变，"权利"绝非一个空洞的词。

赵明对权利观念是一种建构全新的政治法律生活的原则的确信，恰好与桑本谦对于这一原则的深刻怀疑形成对比，可以视为20世纪90年代苏力和同时代权利论者有关权利理论的争论的继续。这一分歧，使我们不由得思考，权利理论在20世纪80年代以后发生了怎样的转换，它如何从一个凸显主体性的概念，变成了一个仅具有修辞意义的空洞词语。

---

① 赵明：《近代中国的自然权利观》，山东人民出版社，2003；《近代中国的自然权利观："内在视角"的一种新解读》，《清华法治论衡》第2辑，清华大学出版社，2002；《近代中国对"权利"概念的接纳》，《现代法学》2002年第1期；《近代中国自然权利观的历史际遇》，《江西社会科学》2003年第2期。

② 参见赵明《走出人伦道德的世界——近代中国权利文化生长的思想根源》，《湘潭大学社会科学学报》2002年第6期；《走出人伦道德的世界——近代中国权利文化生长的思想根源（续）》，《湘潭大学社会科学学报》2003年第1期。

在桑本谦的权利怀疑论出现之前，有一篇非常有名、表面上看并非谈论权利的论文，这就是苏力于 2005 年发表的《复仇与法律——以〈赵氏孤儿〉为例》一文。① 这篇文章实际上涉及权利理论中的一个重要论题，也就是权利救济问题。所谓权利救济，是指"权利被侵害后对权利的恢复、修复、补偿或对侵权的矫正，它是一项实现权利的权利，争取权利的权利"。② 如果说权利仅仅是主体性在法律中的宣示，那么权利救济事实上涉及主体性的自我维护。权利救济之所以必要，是因为权利自身必须有自我维护和自我实现的能力。从这个意义上讲，权利救济必然是权利理论的组成部分，这就是"没有救济就没有权利"背后表达的有关权利的深层次理解，或者按照黑格尔的话语来说，权利是一个自在自为的概念，它不仅是一种宣示，也有一种可以使自身得到实现的内在力量，权利因此不仅是一种观念，也是这种观念的实现。实际上，当代中国的权利理论研究者一开始就意识到了这个问题，在 1993 年出版的《赢得神圣——权利及其救济通论》中，在讨论权利救济问题的章节中，作者一上来就写道："没有权利就不存在救济，合法权利是救济得以存续的依据；同样，'没有救济就没有权利'。一种无法诉诸法律保护的权利，实际上根本就不是什么法律权利。两面关系合成一个整体，构成了法治社会权利价值的基本要素。"③

在苏力笔下，复仇具有特定的制度意义，他宣称，自己讨论的不是一种野蛮的和不文明的人类行为，而是一种文明的和理性的制度化复仇。他通过对《赵氏孤儿》进行历史社会学分析，展示了复仇制度的兴衰史。对权利研究者来说，这篇文章具有强大的冲击力。这种权利救济方式显然是被现代法治的研究者们拒斥的，在此前的法学理论中，报复因私人性而被认为是随意的、武断的。早在 20 世纪 90 年代的权利理论中，学者们就已经开始针对私力救济作出思考。1989 年，顾培东在《社会冲突与诉讼机制》一书中谈到了私力救济，他说，"当私力救济作为一种普遍性社会现

---

① 苏力：《复仇与法律——以〈赵氏孤儿〉为例》，《法学研究》2005 年第 1 期，此文后来被收入作者在中国法学界比较有影响的另一部著作《法律与文学——以中国传统戏剧为材料》（生活・读书・新知三联书店，2006）中，并作为该书的正文部分的第一章，足见其在作者的同类题材的文章中的地位。
② 贺海仁：《自我救济的权利》，《法学研究》2005 年第 4 期。
③ 程燎原、王人博：《权利论》，广西师范大学出版社，2014，第 362 页。该书为《赢得神圣——权利及其救济通论》（山东人民出版社，1993）的第 3 版。

象从人类文明史中消失后，诉讼便成为遏制和解决社会冲突的主要手段。
这一事实表征着一个极有意义的社会进步：人类不再依靠冲突主体自身的
报复性冲突来矫正冲突的后果，尤其是不再用私人暴力杀戮式的冲突来平
息先前的冲突"。① 20世纪90年代初期出版的《赢得神圣——权利及其救
济通论》中也谈到了私力救济，这本书中说，"早期社会的私力救济，随
着社会的发展渐已式微。在现代社会中，作为私力救济形式的血亲复仇和
同态复仇早已不复存在"。② 在传统的法学理论中，诉讼作为主导性权利救
济机制，被视为私力救济向公力救济过渡的标志。

　　但在《复仇与法律——以〈赵氏孤儿〉为例》中，苏力以一贯的反
主流姿态，为复仇这一典型的在主流的法学理论中被否定的私力救济行
为作了辩护。在他看来，报复不只是一种生物学反应，也有理智因素或
者说文化因素的参与。在《赵氏孤儿》这部戏剧中，在苏力看来，至少
有三个因素导致赵氏孤儿的极端报复行为。一是侵害者屠氏家族的复仇
愿望和能力，考虑到屠氏家族可能对赵氏家族进行复仇，因此赵氏孤儿
为了自身和家人的安全，必须将屠氏家族满门杀绝。二是惩罚必须有力
度，才能产生威胁能力，如果赵氏孤儿的报复不够严重，仅仅惩罚屠岸
贾一个人，这种复仇就没有警示能力。三是制度性的。这种复仇的做法
是当时社会公认的公道做法，因此有正当性，甚至有强制性，也就是说，
赵氏孤儿必须进行满门杀绝的复仇。

　　尽管从表面上看这三个要素的确是文化性的，但在苏力笔下，他对于
复仇这种救济方式的分析却充满了理性时代的风格。实际上，支撑他的分
析的是现代经济学中的博弈论，他在第五部分"制度化的复仇：一种精制
的文化"中谈到了这种博弈论，"无论是社会历史的现实，还是现代的博
弈论研究都表明，如果要确保对方的合作，不搞机会主义，不心存逃脱惩
罚的幻想，在多次博弈的前提下，博弈者的唯一最有效的战术就是针锋相
对，对于任何不合作都予以坚决的惩罚，但不加大惩罚"。基于经济学的
博弈论的分析，复仇甚至变成了制度生活产生的原因。

　　在苏力的分析中，复仇创造了一种共同体的生活方式，在这种建立在复

---

①　顾培东：《社会冲突与诉讼机制》，四川人民出版社，1991（法律出版社，2004年修订
　　版、2016年第3版），参见第二章开头。
②　程燎原、王人博：《权利论》，广西师范大学出版社，2014，第377页。

仇基础上的共同体中，一切制度都被视为复仇的辅助性制度。不仅如此，尽管他强调复仇不是一种纯粹的生物学现象，但他并不否认复仇是一种无法被排除的生物学现象，如此一来，即便复仇制度可能会衰落，但复仇永远不会消失，私力救济的可能性就永远存在。那么，这种永不消失的复仇对权利理论来说意味着什么呢？不管如何强调复仇的社会文化因素，复仇的起点都是一种生物学的反应，这可以被说成一种正义的心理冲动，一种带着正义感的怨恨，它可以促使权利主体关注自身的权利遭受的侵害，但这种正义或带着正义感的怨恨，没有超出个体的心理感受，因此，这种建立在复仇基础上的制度，根基仍然是个体性的。尽管苏力强调复仇的理性的或文明的因素，但离开了这一复仇制度背后的个体性预设，他得出的结论就会显得荒谬。比如说，在一种不是以个体价值或个体的报复本能为前提的社会秩序中，就无法解释报复为何会成为整个社会秩序存在的基础。

私力救济理论的出现与 20 世纪 90 年代以后逐步发展起来的个体化的权利观有内在关联。在这一时期，个体在经过商品社会的洗礼后，成为对自身利益有排他性关注的个体，在个体的内心世界中，对利益的个别化和对个别化利益的增长的关注变成了个体幸福的标准，其甚至愿意以自身性命为代价为这样的利益拼搏一场。这是 20 世纪 90 年代以来的个体观在权利话语中的反映。我们在同一时期的法学研究者徐昕那里可以清晰地看到这一点。①

苏力以中国古典时代的复仇案例为原型，展示农耕社会的制度生活图景，与之不同，徐昕的《论私力救济》一书则从民间收债的故事出发。这是发生在当代商业社会中的一个案例，具体来说，是 20 世纪 90 年代华南经济比较发达的一个地区的民间收债现象。② 这个发生在中国改革开放以来经济最活跃地区的民间收债个案，恰恰是 20 世纪 90 年代以来当代中国权利现象中的一个看起来比较另类，但其实十分普遍的权利现象的缩影。

自 20 世纪 90 年代以来，随着商品经济的进一步发展，权利制度的运

---

① 参见徐昕《论私力救济》，中国政法大学出版社，2005。该书第六章"私人执法"最初以《法律的私人执行》为题发表在《法学研究》2004 年第 1 期。

② 这个地区在徐昕笔下根据社会调查规范作了处理，但据他所述，这个地区处于珠江三角洲，是一个地级市，面积 2465 平方公里，是改革开放 20 多年来中国经济发展最迅猛的地区之一，2003 年度其城市成长竞争力排名全国第九。参见徐昕《论私力救济》，中国政法大学出版社，2005，第 69—70 页。

行出现了诸多问题。新的权利诉求层出不穷，以至于到 2004 年，宪法修正案不得不在根本法的层面将几项基本权利诉求法定化。与此同时，在权利的救济层面，又面临着司法制度无法满足和适应飞速增长的权利诉求的问题。不仅如此，随着经济社会的发展，侵权和权利纠纷的发生也越来越频繁。考虑到诉讼成本，以及在经济社会的发展过程中司法腐败和不公正现象的出现，权利主体开始诉诸公权力之外的力量寻求权利救济。这是 21 世纪初期私力救济被关注的现实原因。从这个角度看，徐昕从民间收债个案出发的对私力救济的研究并非偶然，民间收债案例的实质是在市场社会条件下，权利主体试图采取司法途径之外的方式实现权利救济。

　　21 世纪初期的权利救济呈现出多元化的特点。苏力的《复仇与法律——以〈赵氏孤儿〉为例》中的观点和徐昕的私力救济理论，都不过是多元化救济方式在法理学层面的反映。在那个时期，法学理论研究者已经开始讨论一种被称为非诉讼解决机制的权利救济原理，例如较有影响的有关 ADR 的研究。① 徐昕敏锐察觉到了这种新的权利救济方式对传统民事诉讼提出的挑战，毫无疑问，私力救济是非诉讼的权利救济机制中最另类的一种，甚至可以说，这种权利救济的方式还称不上一种制度。在这种权利救济方式中，权利救济的主体等同于权利的主体，例如在民间收债案例中，权利主体诉诸第三方收债人实现自己的权利，但没有主体的授权或支付相应成本，第三方不会主动介入救济过程之中。② 因此，私力救济的显著特征，在于权利主体自身为权利而斗争的意愿。对此，徐昕本人有着清醒的意识，在对私力救济的概念进行界定的那一章，他区分了私力救济和私了，指出前者强调的是"当事人单方为权利而斗争的维权行动"。③

　　从表面上看，商业社会的私力救济和充满杀戮危险的报复社会中的私

---

① 具有代表性的学者是范愉，她著有《非诉讼纠纷解决机制研究》（中国人民大学出版社，2000）。此后几年间，她编辑、撰写了多部有关 ADR 的研究作品，包括主编的《ADR 原理与实务》（厦门大学出版社，2002）、著作《非诉讼程序（ADR）教程》（21 世纪法学系列教材）（中国人民大学出版社，2002）。

② 尽管私力救济还包括个体借助于他人或公共力量实现的救济，但如果没有权利主体为自身权利而斗争的强烈愿望和支付相应的成本，他人不可能主动帮助他实现权利救济。在徐昕选择用来说明私人救济的合理性的个案中，那位民间收债人帮助实现债权的动机尽管一开始是出于朋友义气，但主要是一种商业需要。因此，他帮助他人实现权利救济的行为显然是出于典型的商业社会的求利动机作出来的。

③ 徐昕：《论私力救济》，广西师范大学出版社，2015，第 90 页。

力救济并不相同。在商业社会，债权人不诉诸法庭，而是借助于商业性的收债人，是因为他能够以相对于诉诸法院成本较小的成本实现收益，因此，对商业社会的个案进行收益和成本的分析就可以对私力救济的动机作出解释。类似地，在一个充满杀戮危险的报复社会，只有强化自己的力量才能在报复活动中取胜，因此，培养门客与士人无疑就是在家族化的力量之外，增强了实施和抵御报复的力量，这是苏力基于古典时代的复仇故事提出的基本分析思路。由此看来，在苏力和徐昕有关私力救济的分析之间有一种内在的同一性。他们的前提都是一个想要实现自身权利的权利主体，这个主体只能依靠自身或其他人，但对这个权利主体而言，他人并非权利的主体，而是帮助他实现权利的他者，对他来说，这是工具化的他者，他为了获得这个作为权利救济工具的他者，需要提供交易成本。因此，在苏力和徐昕有关私力救济分析的背后，体现的仍然是 20 世纪 90 年代后期以来权利观念发展的基本线索。在这里存在着一个想要追求和实现自身利益的个体，他的权利诉求远远超出了公共权力能提供救济的程度，他越来越不信任公共权力，越来越发现自身的孤独。这在某种意义上也是21 世纪初期以来出现的全国性的司法危机背后的深层次的原因。这场危机，引出了这一时期规模最宏大的一次司法改革。

　　这种在个体化权利基础上产生的私力救济观念是成问题的。权利救济本身当然是一种权利，但不能简单地将它视为一种自我救济的权利，也就是说，不能简单地将其视为权利人或权利主体针对权利的自我判断和自我实现的资格和能力。对权利理论来说，重要的是将权利救济视为权利自身的一个要素，视为权利自身自我实现的内在动力。权利如何实现自身，是凭靠作为个体的权利主体实现自身，还是凭靠权利主体之外的他者帮助权利主体实现自身，是值得思考的问题。在苏力和徐昕等人的讨论中，权利主要凭靠权利主体自身的复仇和自身实现权利的冲动实现，没有权利主体自身的这种内在冲动，权利的救济是不可能的。因此，在他们的分析背后，权利能否获得救济，重点在于权利主体，取决于个体实现权利的意愿和冲动，取决于个体是否愿意为权利而斗争。更具体地说，在苏力和徐昕笔下，权利能否获得救济，重点在于权利主体的成本计算，在于他们追求自身的最大利益。尽管苏力强调在赵氏孤儿生活的时代，有一种必须使家仇得到报复的文化，但他从未明确地指出这种文化究竟是什么、从何而来、如何维系和发展，他的整个分析的焦点在于报复的效果，在于成本分析，而不在于在古典时代这种复仇的动机来源。尽管他们都强调可以通过私力救济形成一种无须法律的秩序，但在他们的分析中，权利主体的成本收益的计算成为决定采取何种行为的主要原因。换言之，在他们的分析中，无论是消极的私了，还是积极的为权利而报复，公共的法律制度都不过是手段，而并非目的。这样的私力救济究竟在何种意义上可以形成一个法治社会，令人怀疑。只有在以交易为核心的经济社会、总体上以合作为社会活动中心的商品社会，这样的私力救济才成为可能，换言之，只有在商品社会中，私力救济能够形成一种秩序的观念才能成立。在这个社会，奉行一种以个体利益为中心的权利观。

2005 年，贺海仁发表《自我救济的权利》① 一文，对在苏力和徐昕那里得到辩护的私力救济理论进行了更深刻的反思，极大地拓展了权利救济理论的思考空间，也在一定程度上引出了对于权利理论的更深层次思考。在贺海仁看来，不能简单地将私力救济和公力救济对立起来，因为这一对立忽视了两者之间的历史关联，公力救济正是从私力救济发展而来的，是对于私力救济的一种替代，而不是简单地抛弃私力救济。值得注意的是，苏力和徐昕等人坚持的正是这种对立，并在这种对立中凸显私力救济的价值，在他们那里，私力救济之所以正当，是因为公力救济无法充分取代私力救济，公力救济不仅不充分，而且成本更高，也就是说，他们质疑公力救济替代私力救济的充分性，甚至是可能性。在他们看来，即便在一个公力救济的时代，私力救济也有继续存在的空间，甚至将永远地存在下去。

贺海仁的分析延续了 20 世纪 90 年代初期的中国学者有关权利救济的思考，他认为，公力救济取代私力救济，是因为在私力救济中：（1）个体担任自己的法官；（2）这种救济是根据争诉双方的个性、身份、外貌或者其他个人性的特点来进行的；（3）由此得出的是实质正义，或者说，是权利人自以为的正义。在贺海仁看来，私力救济必须预设一种在事实上受到侵犯的

---

① 贺海仁：《自我救济的权利》，《法学研究》2005 年第 4 期。这篇文章中的主要思想，也就是主张人权的主体性原则，反对原子式的个人主义思潮，反对各种形式的私力救济行动（如私刑、复仇等），提倡具有商谈精神的自力救济（如调解、和谈等）的思想，后来在一系列文章中得到进一步发挥，参见贺海仁《小康社会的权利理论》，社会科学文献出版社，2016。

权利或者人权，否则伴随着复仇而来的生物学意义上的弱肉强食的法则就会在共同体中上演。这就意味着，追求个体权利的主体，必须意识到自己也可能会侵犯他人的权利，而考虑到他人的权利在很大程度上是通过法律确认的，他就必须遵守法律。除非既定的法律是恶法，否则他对公力救济之外的私力救济的行动就只能以审慎的方式进行。很显然，这并非苏力笔下复仇者的想法，也不是徐昕笔下的那个委托他人收债的债权人的想法。

及至如今，法学研究者们并未意识到，21世纪初期私力救济学说的流行，在很大程度上导致了20世纪90年代的权利观的消解。在这里，没有什么主体的自由选择和尊重，相反，私力救济的主体都是一些孤独的个体，这是20世纪90年代个体化的权利观的极端化体现。在这里，权利的实现不是通过诉诸公共权力得到解决，而是凭借个体自身或者个体委托的他者来实现。在苏力和徐昕的笔下，这些人有一定的支持力量和财富，擅长进行利益计算。如此，赵氏孤儿才能潜伏20多年，而民间收债人的背后，是一个能够支付相关费用的市场主体。可以想见的是，在以利益为中心的经济社会中，这种私力救济主要体现为一种利益的交易与计算，体现为权利主体如何采取成本更低的方式实现权利，只要在公共权力之外有实现权利救济的可能性，根据成本计算，权利主体就会转而诉诸这种可能性，这就是私力救济的本质。

然而，私力救济有一种更极端的表达方式，那就是当没有任何实现救济的可能的时候，个体将不惜以生命为代价实现自身利益。这种私力救济的方式注定是可悲的，或者也可以说是悲壮的，这些不惜以生命获取自身利益的主体，缺乏一定的人力或财力支持，否则他们不会首先选择这样的手段。他们之所以采取自焚和自残等极端手段，不是为了杀身成仁，而是为了拿生命来做交易。这样做显然有风险，并且不为现代法治承认，这种不惜以牺牲生命为代价，以期引起社会公众尤其是执政党和行政机关对其权利受到损害的状态加以重视，从而寻求权利救济的方式，可以说是私力救济的极端化表达。

因此，无论私力救济有何积极意义，都必须反思的是，这种个体主义的权利观念将会导致权利主体对共同体生活的极端不信任。在主张私力救济的学者们看来，在共同体的生活中加以宣告的权利，不过是修辞，甚至是遮羞布，更有效的恰恰是权利主体在私力救济过程中付出和获得的利益，成本计算因此压倒了权利宣告背后蕴含的共同体生活的价值和原则，一切都不过是交易而已。在经济社会的飞速发展面前，利益的交易与换算掏空了共同体的伦理价值，必然会带来人们对于德性、对于共同体生活的深刻思索。

六　良知、德性与权利

早在20世纪80年代末期，进行当代中国理论法学研究的学者们就意识到利益是权利的要素之一，例如在郑成良的《权利本位说》中，权利本位的要义之一是对多元化利益的确认。但利益在这个时期绝非界定权利的唯一要素，在20世纪80年代末期乃至90年代初期，权利并不等同于利益，或者说对于权利的界定并非以利益为核心。权利论仍然包含着价值方面的诉求，包含着对个体自主性和意志自由的承认。1994年，张恒山发表了《关于义务与权利的随想》（上、下）。① 在这篇文章中，对权利和义务的看法更明确，在他看来，权利由利益和正当两个基本要素构成。并且，在他看来，界定权利的关键不是利益，而是正当，他写道："权利所确认、保护的是'追求'和'维护'之行为，而不是利益本身。在'维护'这种情况下，权利对利益的直接肯定与保护，只是肯定与保护主体的'维护'行为的手段。""利益与权利没有必然相关性。利益只能是主体的目的指向，主体为追求或维护利益而采取的行为本身才是利益。"很显然，单纯的"我要"或"主张"（claim）无法成为权利，不仅如此，正当也不是仅来源于作为个体的权利主体，不是来源于个体自由选择和意志自由的自然正当，而是来源于社会成员对正当性的认可。正是在此基础上，他针对法律权利给出了如下定义："法律权利是主体为追求或维护利益而进行行为选择并因社会承认为正当而受法律和国家承认并保护的行为自由。"② 权利当然是一种自由，但这种自由是建立在社会承认的基础上的，是经过社会评价而获得正当性的自由。在权利的界定标准中引入了社会承认或社会评价的要素，是90年代权利理论中的一个值得注意的变化，这就明确地超

---

① 张恒山：《关于义务与权利的随想》（上、下），《法学论坛》1994年第8期、第9期。值得注意的是，张恒山这一时期以"北岳"为笔名发表了一系列文章。

② 张恒山：《法律权利的定义》，《法学研究》1995年第3期。署名"北岳"。

越了将利益视为权利的内涵。

不仅如此，将社会评价和社会承认纳入权利内涵之中，也使个体化的权利理论发生了转化。这就意味着，要想理解权利，必须首先理解权利背后预设的被社会承认和评价为正当的东西。那么，社会评价和社会承认的内容究竟是什么呢？在张恒山看来，社会评价和社会承认首先确立的是义务性的规范，在一个社会中，人们首先确立应当做的行为，哪些行为是应当做的，哪些是不应当做的。社会在这些当为性的规范基础上建立起来，而权利规范仅仅是表达正当的东西，是社会成员认为可以许可的东西。只有在义务性规范的基础上，才能确立权利性的规范。对社会评价和社会承认的考察，使张恒山意识到，义务性规范在逻辑上优先于权利性规范，这是张恒山在同权利本位论者的争论中逐步确立的立场，他从早期仅仅从法律规范的可操作性的角度同权利本位论者进行争论的立场，走向了对社会规范的生成机制的观察，并由此确立了他的义务先定论的立场，其基本结论反映在《义务先定论》一书中。①

《义务先定论》一书最值得注意的地方，是对社会评价和社会承认生成机制的分析。社会成员究竟是根据什么形成某种社会评价与承认的？张恒山分别考察了人的自利心、人的理性、人的道德心（良知）在规范生成过程中发挥的作用。他得出的结论是，人的道德心（良知），而不是自利心，甚至也不是对于利益进行功利主义计算的理性，是社会评价与承认的重要来源。

20 世纪 90 年代中期以来的以利益为中心的权利观，不过是 20 世纪 90 年代初期主体性权利观的一个庸俗化版本，在这个版本中，用利益这一权利客体取代了权利主体，主体消失在对利益的追求之中。张恒山对道德心基础上的社会评价与承认是权利根据的揭示，再度将权利主体的问题推到前台，并且揭示了这里的主体不是追求利益的个体。他不是将人对于利益的追求，而是将人的良知，作为主体的根本特征，并试图从这一特征出发

---

① 这一立场在他出版于 1999 年的《义务先定论》（山东人民出版社）一书中得到了清晰表达，这本书是在他的博士学位论文和 20 世纪 90 年代中期以后的一系列思考成果的基础上整合而成的，尤其吸收了他 1995 年前后的系列论文，这些思考主要发表在《法学研究》上。参见《法律权利的定义》，《法学研究》1995 年第 3 期；《法律义务的合理性依据》，《法学研究》1996 年第 5 期；《论人权的道德基础》，《法学研究》1997 年第 6 期。

揭示权利和义务的基础，不仅如此，《义务先定论》一书中所谓的良知也不只是个体的良知，而是一个由"行为人"、"旁观者"、"受动者"组成的社会的良知，在张恒山的良知论中，蕴含着人的社会性和法律规则生成的基础。这就进一步意味着，在张恒山的思考中，权利和义务的主体，不单纯是个体，而是嵌入社会生活中的个体。权利在这里呈现出一个共同生活的面向。张恒山认为，权利论忽视了这个共同生活的基础，而在他看来，共同生活只能由良知基础上的义务规则确立。他正是在此基础上对权利论展开深刻批判的。不过，在《义务先定论》中，这一权利赖以为基础的共同生活的面向，没有得到充分的揭示，尽管在这里已经出现了"三人社会"的设想，在三人社会理论中，他开始试图揭示社会层面的共同承认和评价，他质疑在鲁滨孙的孤岛生活状态中可能产生出法律规则，主张只有在第三方参加进来的三人社会中，才会有法律规则的存在。而这些法律规则在他看来是出自良知，是建立在全体社会成员的良知基础上的。但良知基础上的三人社会究竟是如何形成的，在《义务先定论》中并未得到充分论述。

张恒山有关权利根据的反思，不仅反驳了利益论的狭隘视角，也展示了一种走向共同体的权利时代的可能性，有关良知的学说丰富了对于权利学说中的主体性的认识，在他对于权利论的批判性讨论中，可以看到一个并未脱离社会生活的主体。相对于20世纪80年代的那个想要脱离社会生活但又被现实的社会生活限制的权利主体来说，这个主体开始意识到自己的空虚，开始意识到自己应该懂得过社会生活，对于社会生活有一种内在的需要。

如前所述，20世纪90年代早期的权利观凸显的是一个超越了现有法律规范的权利主体，但这个主体的需要究竟是什么，在这一时期的权利理论中并未进行充分探究。在接下来的权利理论发展中，对利益的追求成为这个主体关心的最重要的事情。但这个主体关心的当然不只是利益，在他的权利观念中，利益不过是主体的一种需要，尽管可能是最主要的需要，但这绝不意味着主体只有对利益的需要。

权利的主体性不只是体现在主体的利益、资格和主张等方面，也包含政治参与，将权利等同于利益是存在问题的，权利不是同利益放在一起，而是同德性放在一起。德性权利概念是对此前权利论的超越。它反映出来的是一种更积极的主体性观念。权利主体不再纯粹是利益的个体，而是既包含个人尊严，也承担社会责任的个体。

然而，政治参与如何被视为一种权利？按照通俗说法，这是一项民主权利，是参政议政的权利，但这种权利在属性上毕竟不同于个体的利益、资格和主张，这种对政治生活的参与不直接地与超越现有法律规范的主体性相关联。如果主体性强调的只是个体的利益和需要，是利益的个别化和个别化利益的增长的话，那么，这一政治参与的需求如何成为主体的内在需要？毕竟，政治参与常常表现为一种负担。

为了将政治参与视为主体性的一部分，必须将德性权利视为主体性的一部分，为了实现这一点，就有必要重新审视 20 世纪 90 年代的主体性，研究者们返回到了儒家伦理中，强调对于人类共同生活的参与也是儒家个体观的一部分。从儒家的教义出发对于自我观的重新界定，意味着找到了一种重新界定权利的资源，这是一种高级的权利，尽管看起来像是一种义务，这种高级的权利，意味着主体不只是追求自身利益的个体，也是一个想要融入共同生活中的个体，这种对于共同体的融入被视为个体的主体性不可缺少的部分，在传统社会中，这被视为一种德性。

德性权利观念极大地扩展了人们对主体性的认识。过去，权利仅仅被视为主体的利益、资格和主张，仅仅被视为与个体有关的事。而在有关德性权利的论述中，主体不再只是个体化的利益主体，而是关切他人福祉的个体，或者说，这里的主体不是个体化的主体，而是进入了社会关系中的主体，人不再是孤独的个体。有关德性权利的讨论从当代学者有关儒家价值观的论述中寻找到了对于主体性的此种看法的支持，这样的德性当然不贬低个人权利的意义，相反，这种德性是个人权利的扩展。一旦主体性从个体的利益方面走出来，参与政治生活就当然地成为人的内在主体性的一种实现，或者说，一种权利。

德性权利的提法大大超出了作为个体的权利主体，尽管德性权利概念能否成立，为什么能成立或者不能成立，以及如果成立，解释力如何和解释的边界在哪里等问题都尚未得到进一步的讨论。如今，当我们回顾 20 世纪 90 年代的权利观念史时，可以明确察觉到，德性权利概念的重要价值在于扩展了对 20 世纪 90 年代权利观念背后潜藏的主体性的认识，扩展后的主体不再只是关切个人利益的个体，而是包含了他者，保持对共同生活关切的个体。

在权利观念发展过程中，20世纪90年代末期出现了一种走向共同体的倾向。个体的生活必须要在共同体中，在同他者的关系中获得满足，权利因此也就不能仅是个体的权利，在个体对于权利的追求中，必须同时预设共同体生活。无论是在权利观念的根基处发现的基于良心的社会评价与承认，还是通过政治参与发现的德性权利观，都意味着权利不能只是个体的权利，权利的核心也不仅仅是利益。这一时期的权利论者倡导良知与德性，对那种将利益作为核心的权利论展开了深刻反思；与此同时，他们倡导的良知和德性，又超出了个体层面，这是一种共同体的良知和参与共同体的德性。尽管在这些权利论者笔下，还没有明确出现有关共同体的论述，但这为接下来有关权利的思考开启了更开放的空间，不是将个体及其对于利益的追求置于权利理论的核心，而是将个体的共同生活纳入权利之中，从而预示着一个走向共同体的权利时代的到来。

七 走向共同体的权利时代

不管我们在权利观念上持怎样的立场，对于权利的怀疑并未在21世纪初期占据主流，当代中国的理论法学研究者并未放弃对权利的思考。这一时期在具体的权利问题方面出现了新的现象：一是权利的社会化，二是权利冲突和权利滥用现象。权利的社会化是伴随福利权和发展权等新型权利出现的新的权利现象，也因此为权利理论研究提出了新的论题。这些权利和此前的权利不同，在20世纪90年代的权利观念中，个体作为权利的主体享有不受国家干预的地位，因此，这个时期的权利更多被视为个体"应有"的权利。"应有的"、"应得的"这些形容词表明，权利是需要争取的，无论是从现代法律思想史上看，还是从当代中国社会发展史来看，这都是一个使个体开始从公共权力的框架中解脱，甚至取得针对公共权力发出要求的地位的漫长过程。然而，福利权和发展权要求公共权力采取积极的姿态促进个体权利。这是中国社会进入新时代之后发生的新情况，伴随着20世纪90年代市场经济的发展出现的国企工人下岗、贫富不均、环境污染等问题，都需要公共权力积极介入。这些权利显然无法根据20世纪

90 年代的权利观来解释。①

新的权利观必须首先重新面对公共权力问题。在 20 世纪 90 年代以权利和义务为核心的法理学讨论中，还没有或者说很少回应有关权力自身的问题，缺乏有关权力自身的探究。在 20 世纪 90 年代的权利观中，权力是作为权利的对立面出现的，是被压制和被否定的概念，权力被视为先天是恶的东西，"绝对的权力导致绝对的腐败"这一最早源自孟德斯鸠的观念，并通过阿克顿明确说出的格言成为权利论者的口头禅。权利与权力相互对立，并且权利的发展要抵御权力的攻击是 20 世纪 90 年代以后最为流行的法学分析模型。但值得注意的是，在 2000 年前后，权力概念开始成为法学研究者严肃讨论的对象，权力并不只是在之前展示给我们的那种单一的、需要被约束的公法形象，社会权力等概念开始出现。②

社会权力的出现，意味着权利的存在不再只局限于私人和国家。社会权力意味着私人尤其是由私人自发形成的非政府组织和民间团体对政治权力和公共领域的参与，在这方面，郭道晖作了深入的思考。2001 年，郭道晖在《法学研究》上发表了《权力的多元化与社会化》一文，明确提出现代国家出现了权力的多元化和社会化趋向，主张"不仅应具有权力的国家意识，还要有权力的社会意识和世界意识"。这是中国法学界较早地从理论上反思非政府组织在当代国家和世界权力结构中的地位的代表性作品。5 年后，郭道晖更明确地主张区别于分散的自然人社会的经济存在或民事主体存在，非政府组织已然成为当代中国社会的核心力量。然而，值得注意的是，这一对于以非政府组织为代表的社会权力的思考，并非直接地建立在对权利的思考之上，这一新型的社会权力的出现，究竟给传统的权利观念带来了怎样的变化，这个问题并未从理论上得到揭示与回应。并不清楚的是，社会权力的概念是否可以用传统的权利观念来解释。在郭道晖的思考中，权利仍然被界定为与权力相冲突和对立的概念。

尽管童之伟并非正统的法理学者，但他的思考在很大程度上回应了 20

---

① 参见邱本《从契约到人权》，《法学研究》1998 年第 6 期。这篇文章从经济生活的内在逻辑出发，反思了契约理论的严重弊端，尤其是在这篇文章的末尾，作者明确提出了从契约自由到国家干预、从个人本位到社会本位的主张。

② 在这一时期权力论开始受到法学学者的关注。参见郭道晖《权力的多元化与社会化》，《法学研究》2001 年第 1 期；漆多俊《论权力》，《法学研究》2001 年第 1 期。

世纪 90 年代以后权利理论遭遇的内在困境。他最早在宪法学的研究中意识到了传统权利和义务理论的不充分性，在他看来，传统权利理论只注意到权利和义务的关系问题，而忽视了权力问题。他质疑 20 世纪 90 年代以后权利与义务为核心的法理学模式，在此基础上提出了一个全新的理论模型，也就是法权理论的模型。

在童之伟这里，法权理论并非严格意义上的源自西方法律学说的概念，而是一个借助于一个特定的（也许是错误的）翻译表达他的特定观察视角的概念。他所说的法权，实际上包含了权利、义务和权力这三个概念。法权理论提出之后，在法理学和宪法学界引起了一些批评，童之伟在 2001 年发表了《法权中心的猜想与证明——兼答刘旺洪教授》一文，[①] 集中表达了他提出法权中心主义的理由。文章清晰地界定了所谓法权的具体含义，"法权是一个反映权利权力统一体的法学范畴，其外延是法律承认和保护的各种'权'（包括自由），其内涵为一定国家或社会的全部合法利益，归根结底是作为各种'权'的物质承担者的全部财产或财富"。尽管童之伟的法权中心主义面临一系列批评——批评者认为，他的法权理论缺乏对于核心概念的解释和理论框架的描述，其结果"让人感到这些提法自身缺乏逻辑周延性和相互协调性"——但仅从问题意识的角度来说，法权中心主义把握到了时代精神的变化，那就是，个体与国家的关系应该成为法学理论关心的话题。童之伟认为，在 20 世纪 90 年代以后的权利义务法理学中，个体与国家处于对立关系中，而在他看来，个体与国家不应该对立，这篇文章一上来就批判了个体与国家的二元对立，提出个体与国家在整体物质利益上有着根本一致性。

然而，童之伟的法权中心主义并未给个体与国家的关系提供清晰的理论证明，它只是揭示了权力本身的意义，说明个体与共同体之间的关系并非对立。在他看来，协调两者关系的是一项经济学的原则，即财富总量的最大化。当财富的总量最大的时候，无论是个体，还是共同体本身，都获得满足。如此看来，童之伟的分析最终落入利益论的窠臼之中，他必然要借助于经济学，因此，最终个体与国家之间的和解是建立在经济学基础上的。在这个理论中，权利仅仅是利益，是一种与整体的生活相互一致的利

---

① 童之伟：《法权中心的猜想与证明——兼答刘旺洪教授》，《中国法学》2001 年第 6 期。

益，权利的主体消失不见了。在法权中心主义的视野中，不存在个体权利。法权中心主义并没有说明个体会如何服从这种整体利益的分配，也没有说明个体如何参与这种整体利益分配的决定，个体完全消融到了社会整体利益的分配之中。

在主体性基础上重新思考共同体的尝试，出现在张恒山的笔下。张恒山不是在利益的基础上寻求个体与整体利益的和解，而是在他理解的社会契约理论的基础上，解释个体与整体利益的一致。2002 年，张恒山的《法理要论》出版，[①]《法理要论》几乎涉及当代中国法理学中的所有基本论题，比如法律规则、法律价值、正义、权利和义务、所有权、法律责任和制裁等，并对这些基本论题进行了独特思考。值得注意的是，该书第四章提出了有关"三人社会"的理论主张，在张恒山看来，这是讨论全部法理学问题的基础。

《法理要论》中有关三人社会的论述建立在张恒山对古典自然法理论中契约论的理解基础上，他批评在利益基础上界定权利和义务的做法，认为在此基础上不能论证清楚权利和义务的基础，也无法解释个体对整体法律秩序的服从。在他的笔下，我们看到了当代中国法学理论研究者首次基于自身理论的需要而自觉运用近代早期的自然法理论。张恒山认为，自然法学中的契约论不能被抛弃，但他同时也反思了古典自然法理论未能深入研究理性和人的行为的驱动机制的缺陷。他认为古典自然法理论将法律规则的形成完全归结为人们的理性，完全撇开道德良心的作用，因而存在为偏离正义的法律规则辩护的危险。

张恒山批判的理性，实质上是一种计算式理性，他对于计算式理性的批判也可以视为对 90 年代盛行的以利益为中心的权利观的尖锐批判。这种计算式的理性并未带来权利的发达，没有改善现实中的权利状态，相反，在张恒山看来，它应该对 90 年代以后社会生活中的道德滑坡等现象承担责任。他转而诉诸良知，诉诸自然法，这就意味着，法律规则应该在利益论之外寻找根据。他在《义务先定论》中提出法律规则的根据是社会评价和社会承认，并且这一社会评价和社会承认是在三人社会模式的基础上得到

---

① 　张恒山：《法理要论》，北京大学出版社，2002（2002 年第 1 版，2006 年第 2 版，2009 年第 3 版）。

考察的。相对于《义务先定论》，《法理要论》中对三人社会理论进行了更充分的论述，首先，它针对三人社会模式为什么要存在给出了说明，而在20世纪90年代张恒山的思考中还没有看到这样的说明。三人社会理论拒绝从原子式的个体出发分析和理解法律现象，它是人类共同体的最初形态。人类共同体的成立依赖于义务性规则，因此，张恒山在此基础上主张义务先于权利，深刻揭示了权利对共同体的依赖性。

只有在共同体的基础上，权利的主张才不空洞；只有在共同生活中，权利才能获得坚实的基础。张恒山对三人社会理论的阐发，为新的权利理论奠定了基础。他主张权利论应建立在这一义务论的基础上。新的权利理论必须服从于共同体的需要，而三人社会理论提供了一种对共同体的论证方式，这种建立在良知基础上的共同体的设想，极大地突破了20世纪80年代以后的权利义务法理学的框架，相对于童之伟的建立在财富总量的最大化基础上的个体与共同体的一致性论证，张恒山的论证不是从利益论的基础出发，而是从参与社会生活的个体的基于良心的自愿选择出发。共同体生活是个体自愿选择的生活，个体主动选择接受共同体中受到承认的义务规则的规训，因此，他接受的规则就已经包含了他对于共同体生活的出于良心的内在认可。

20世纪80年代末期以后的权利论仅仅考虑到个体的主体性需要，而并未清晰地意识到主体是生活在共同体中的主体，更没有清晰地意识到，对这一主体而言，应该有一种怎样的生活方式。三人社会理论为新的权利义务理论的探究提供了基础。三人社会理论揭示了权利主体实际上是共同生活中的主体，主体的权利需要因此就受制于共同生活中的社会评价，受制于共同生活的价值。一旦意识到权利的主体是共同生活中的主体，对于权利冲突、权利滥用等问题的解决也就提供了启发性方案。

在这一时期，权利冲突问题得到了法学研究者的极大重视。刘作翔在20世纪90年代后期从法律文化研究逐步转向以案例为中心的权利冲突理论研究。从法律文化的研究向权利冲突研究的转变，是这一时期法学研究从价值层面转向功能层面的典型例子，权利理论不再停留在对主体性价值的彰显层面，个体作为主体已经进入20世纪90年代轰轰烈烈的社会经济生活，在其中尽情拼搏了。

在一定程度上，以个体为核心的权利观成为权利冲突和权利滥用的源头。2006 年法国法学家若斯兰的《权利相对论》一书由中国法制出版社再版，① 在这本书中，若斯兰指责权利的绝对主义，在若斯兰看来，权利的绝对主义倡导一种极端的个人主义，目的在于排除一切政治、法律、经济和社会的束缚，承认个体有超越法律和社会契约的先天权利。这种观点认为人格是神圣的、不可侵犯的，但若斯兰认为，这种权利是一种无法被容忍的设想，因为它将个人在社会中孤立起来。尽管在 2000 年左右中国法学界还没有出现系统的有关权利冲突和滥用的理论，但若斯兰有关权利相对性的理论和对于权利滥用问题的思考，在某种意义上回应了时代的变迁。权利冲突也好，权利滥用也罢，其实都与权利主体问题息息相关，从表面上看，权利冲突体现为对于权利客体的争夺，但其实涉及的是权利主体之间的相互关系，对于生活在共同体中的权利主体来说，他们应当服从于共同体确立的规则，根据规则享有在这个共同体中的各自份额。只有将个体置于共同体之中，权利的冲突才能真正找到标准。

在进入 21 世纪的第二个十年之后，若斯兰的理论终于在法学研究者中得到了回应。刘作翔在 2014 年出版的有关权利冲突理论的总结性研究中，提出了一种"权利的限度理论"。他意识到，任何一种权利，都存在运用和行使的限度问题，他在表达这个限度的过程中，凸显了个体的关系属性，他说："假如你是一个人身处荒岛，那你可以随心所欲，因为你没有影响到任何其他人。但是，人类的生存状态、生活状态不是如此，即使有极个别的人单独生活在荒岛上，但对于人类的大多数来说是生活在人群之中的，是生活在人与人的关系体系、关系网络中的。人是一种'类'存在物，用马克思的话来说，人是社会关系的总和，这是马克思对人的本质的高度抽象和概括。离开社会关系，人便不复为人。"② 这就突破了 20 世纪90 年代以后以个体为主体的权利观念。权利概念只能是一个关系性的观念，权利是一个关系范畴，"只有在人与人之间的关系中，权利概念才有意义，才可以得以解释"。权利冲突的解决因此获得了一个较为坚实的理

---

① 〔法〕路易·若斯兰：《权利相对论》，王伯琦译，中国法制出版社，2006。同年，美国学者格伦顿反思权利绝对化的作品《权利话语——穷途末路的政治言辞》（周威译，北京大学出版社，2006）一书也被翻译为中文出版。

② 刘作翔：《权利冲突：案例、理论与解决机制》，社会科学文献出版社，2014，第 185—186 页。

论基础，"作为关系范畴的权利并不意味着可以随心所欲，权利如同任何其他事物一样，也是有其限度的"。正是在这一关系性的权利概念基础上，权利冲突的解决才变得可以理解。① 而在 20 世纪 80 年代以后盛行的以个体为核心的权利观的基础上，无法解决权利冲突和权利滥用问题。每一个人，只要他的需要没有干涉其他人，就享有法律上的权利，就有权获得法律的保障，这种权利观是一种丧失了共同体的权利观，这种丧失了共同体的权利观是 20 世纪 80 年代以后权利法理学内在的问题。②

在此不妨回到贺海仁的《自我救济的权利》一文，在他提出的"自力救济"观念的背后不再是个体式权利观，而是要在权利主体之间确立解决冲突的规则。更明确地说，是要基于共同的意志形成共同的规则，以实现共同的正义。"共同的"意味着权利的救济不能仅依赖于权利主体，而要依赖于权利主体生活在其中的共同的生活世界，这也就意味着，权利的实现依赖的是一种共同体的生活。这种共同体是权利主体建立起来的，权利主体只有在共同体之中才能发出权利要求，当其权利遭到损害之时，他也只能从这个共同体中寻找救济的办法。不管共同体提出的解决方案是否为既有的法律认可，受到损害的权利总是可以从这个共同体中找到恢复的方案。实际上，自力救济的观念预设的是一种全新的权利观念。

自力救济的观念超越了私力救济和公力救济的二元划分，也吸收了私力救济的要素，使私力救济中凸显的权利主体的力量得到了进一步发挥。在权利救济学说中，不能仅依赖于以司法救济为中心的权利救济制度，权利主体也应参与到权利救济的过程中。这是权利理论发展的必然结果。传统的权利理论不重视权利救济问题，忽视了权利救济事实上涉及权利自身的动力和生长机制。完整的权利理论应该对权利自身的生长作出说明，应该自身就有这样的一种机制，而不必依赖于外在的机制。从这个意义上

---

① 值得注意的是，相同的强调也出现在邱本的《从契约到人权》（《法学研究》1998 年第 6 期）一文中，邱本在这篇文章中明确写道，"我认为，人作为'类存在物'，具有'类本质'、'类意识'，要过'类生活'，尽管在历史上和现实中有所缺失但从未泯灭过，它们实际上是人的一种本性。这是人权得以产生和存在的自然基础，如果人不是'类存在物'，没有'类本质'、'类意识'，不过'类生活'，那么就不会有人权"。在这里人权的基础被置于人的类存在的本质中。

② 这一时期才开始出现有关权利泛化和权利绝对化等问题的反思，参见陈林林的《反思中国法治进程中的权利泛化》和汪太贤的《权利泛化与现代人的权利生存》，两篇文章均载于《法学研究》2014 年第 1 期。

讲，权利救济学说是权利理论的内在要素之一，在贺海仁笔下，这是权利的主体性和权利的完美性的要素。贺海仁对当下权利救济学说的思考中有一种强烈的黑格尔式的要素，在他看来，自力救济是私力救济和公力救济的合题。自力救济理论的设想体现了 21 世纪以来中国权利理论学者的思维水准，这就是逐渐开始将西方学说中的一些要素纳入对当代中国自身的权利理论的反思与构建中来。

可惜的是，贺海仁没有将自力救济的观念继续发展下去，没有意识到这一观念对于权利学说本身的影响。他仅仅强调了权利主体拥有一种自我救济的权利，而这种权利并没有被完全转让，这就意味着，公力救济不是独断的，它不过是自力救济的一种不充分的体现，这并不意味着公力救济本身不正当，只是说以诉讼为主导的公力救济并不是排他性的。贺海仁的这篇文章有非常厚重的时代意识，他意识到在 20 世纪 90 年代后期以后经济社会发展过程中，司法有蜕变为工具理性的危险，并且意识到，人们对公力救济有一种依赖，因此，这一自力救济理论就"冲出公力救济的铁牢，为权利救济的未来"提供了新的出路。这也就意味着，在公力救济不充分或有瑕疵的地方，自力救济可以发挥类似公力救济的功能，也就是说，它可以弥补和取代私力救济，而不需要像苏力和徐昕等人主张的那样，重新返回到私力救济中。

自力救济的学说因此可以视为一种自然法意义上的权利救济学说。在贺海仁的文章中，自力救济可以在没有法官、没有司法的地方塑造一个"法治社会"，这个没有司法的法治社会，不是主张消灭司法，使权利的救济完全回归到个体自身，更不是主张无政府主义，拒绝公共权力在权利救济中的作用，而是意味着司法救济作为最后的救济手段，仅对那些涉及公法领域的救济和重大的问题进行裁判，没有司法的法治社会主张司法救济在更多的场景中做一个"默默无闻的旁观者，而不是显赫的、活跃于日常生活的裁判者"[1]。这就意味着，权利自身有塑造秩序的功能，在没有司法救济作为手段的地方，在法定的救济通道不存在或者被关闭的地方，权利有实现自身的功能。尽管在贺海仁笔下，这种实现自身的功能还仅仅体现为对以司法救济为核心的公力救济的补充，但从他倡导的自力救济的权利

---

[1] 贺海仁：《自我救济的权利》，《法学研究》2005 年第 4 期。

学说出发，可以看到这一理论前景：权利主体在实现权利的过程中，即便不借助外在因素，也有能力形成一个共同体。而在此前的权利场景中，权利主体只能借助于利益博弈才能形成一种合作的共同体。

问题在于，这种自我救济的权利如何生长出来？它对传统的权利理论有何挑战？在这篇文章的末尾，贺海仁谈到了自我救济的权利在中国发展的理论资源。他再度回到他在讨论自我救济的权利的开端谈到的权利的主体性和权利的完美性，在这里，权利的主体开始与传统中国的民本论的资源结合起来。贺海仁明确意识到，权利的主体首先是一个人，是一个有着自我选择和尊严的人，这个人可以自由决定和行使自己的权利。但仅仅有这样一个人是不够的，这个人还需推己及人，还需考虑到他者。在这里权利主体同人民的概念结合，产生出了一个崭新的"民权"概念。

对于民权的思考不再视权利主体为单纯个体，而是视权利主体为处在共同体中的个体。民权意味着权利开始将共同体纳入自身的结构之中，这个被纳入权利内部的共同体，也就是被纳入权利话语中的民本话语，摆脱了传统的权利观单纯着眼于个人的利益、资格、主张，进入对于体现出权利的价值追求的良好共同体秩序的思考中。这就是有关正义的社会结构的思考。权利救济的问题并非单个主体如何实现自身权利的问题，因此不是简单地属于诉讼的问题，而是涉及正义的社会结构的问题。在正义的社会中，权利的救济不依赖于权利主体的私人救济，也不单纯地依赖于法定的救济，在这个社会中，权利的救济依赖于权利主体之间的相互承认，在这个社会，源自社会结构的不公正是不存在的，在这里权利受到侵犯，更多的是因为自然灾害，或者说出于个体之间偶然性的有意或无意的加害。在这个共同体中，人人都得到平等对待，可以实现自我管理。这是个体的权利得到相互承认的社会。在这里，权利是一个关系性的概念，是一个"人与人之间相互关系的实践性概念"，权利的实现，必须要进入具体的共同体生活中，不能割裂个人与社会、自我与传统的关系。如此就超越了个体性的权利概念，而进入权利的共同体结构中。

民权哲学想要将人民转换为平等的、自治的权利主体，这就意味着要将传统意义上的人民改造为一个权利共同体，在这个共同体中，每个人都是权利主体，但同时又结合成为一个有内在联系的共同体。民权哲学试图将传统的民本论发展成为现代意义上的民权论，将传统文明影响下的人民发展为权利共同体中的个体。但它并未告诉我们，民权论在整个权利理论体系中究竟有何地位。尽管在民权哲学的构想中，思考权利的结构感和整体感大大增强了，有关权利的分析不再是霍菲尔德意义上的对权利的内部结构的把握，而是将权利纳入社会经济结构中，或者说，将社会经济结构纳入权利的思考中，使之成为整体。

这样的构想恰好与 20 世纪 80 年代末期郑成良在《权利本位说》中提出的由权利支配的法律秩序的构想相对照。在这里，个体之间的相互友爱、共同体的归属感，个体对于共同体的参与等要素得到了体现。不仅是个性的张扬，不仅是个体的自由选择，自治不仅意味着个体性的生活方式，也意味着一种新的共同生活秩序，在这种秩序中，个体与他者之间有更密切的关系。他者的生活世界，是每一个自由选择的自我关切的对象，只有在和他者的共同生活中，权利才能得到实现。这是一个道德的结构，也是一个法律的结构。只是可惜的是，这一构想不是建立在权利的基础上，似乎权利仅仅提供了基本的动力和原则，而不能提供目的和方向，在民权哲学的设想中，权利必须以正义为前提，如果没有资源的公平分配，权利就没有意义，没有分配的正义，就没有有效的权利。由此看来，要使每个人成为权利主体，进行自我选择，但这还不充分，因为这一选择有可能是不正义的。正义的原则必须优先。只有在正义原则的统摄之下，权利共同体才是一种"坚固、合理而又和谐的制度结构"。

然而，这就意味着，权利本身不具有建构道德共同体的充分力量，它必须借助正义原则的指引，正义在这里优先于权利。不仅如此，采用正义的原则克减某些权利，也意味着权利自身缺乏正义性，权利自身不具有自我制约的能力，这也就意味着，权利自身不具有塑造共同体的能力。假如权利自身不具有塑造共同体的能力，就很难从权利的自我救济出发，塑造没有司法的法治社会。这可以说是民权哲学面临的内在问题。如果权利本身不具有这样的能力，如何确保在民权基础上形成理想的制度结构？根据民权哲学，国民应该是权利主体，但仅仅享有行动的自由还不是权利主体，权利主体如果想要生活在享有最高福祉的共同体之中的话，还需秉持内心的高贵，成为道德上的仁义之人，成为经济上的富足的人，成为政治上的自主的人，但这些东西如何进入权利哲学的内部呢？它们不是权利自身的要素，因此，权利哲学想要实现这样的一种共同体，还需其他要素的辅助。这些要素究竟到何处去寻找？权利自身是否有可能具备这样的要素？这些问题是有关民权哲学的反思带给我们的启示。

进入 21 世纪以来，在中国思想界，政治哲学开始兴起，尤其是施特劳斯和施米特的著作和思想在法学界青年一代研究者中开始传播和产生影响。以施特劳斯为代表的政治哲学家倡导对现代共同体生活的美德加以反思，尤其是倡导古典政治哲学的研究，认为"倘若不是与古希腊哲人深思过的古典政治美德作一番比较，预先就肯定现代的政治美德，对于当今政治生活来说恰恰是危险的"，① 在此基础上，他们主张回到"前现代"的思想世界，尤其重视对古代希腊、罗马和中世纪政治法律思想文献的翻译和阐释，这无疑为当代法理学的发展提供了全新的思想资源，并在西方现代法理学的研究视野之外、法治现代化的背景之外，开拓了古代政治思想的研究领地，极大地加深了当代法理学有关人类法治思想之内在结构、历史发展、价值目的的更精准的理解。施特劳斯主张，要回到古典的政治思想中，从柏拉图式的政治哲学中寻找一种优良的政治结构，在这种政治结构中，个体不再是政治运动的核心，政治生活方式应该是围绕德性建构起来的一种共同生活。这一向古典政治哲学的复归，使人们的注意力集中到了政治德性、公民身份、共同体等问题上来。

在当代法理学的研究领域中，这一政治哲学领域产生的新的思想动向对年青一代的学者们产生了吸引力，引起了他们的兴趣。尽管迄今为止法学界直接吸收和回应政治哲学研究的成果并不多见，但强世功 2005 年发表的《迈向立法者的法理学——法律移植背景下对当代法理学的反思》② 一文或许可以视为政治哲学视角进入当代中国法学理论尤其是权利理论之中的代表性尝试。这篇文章对 20 世纪 80 年代末期以后发展至 21 世纪初的权利法理学进行了反思和批判，认为这种权利法理学背后是"一种没有国家的法律观，或者说是一种没有政治的法律观"，一方面，这种法律观"仅采取方法论上的个人主义来理解政治秩序，从而将国家还原为个人"，以至于国家成为理论思考中无足轻重的要素；"另一方面它在道德价值上，

---

① 刘小枫：《中译本说明》，载〔美〕施特劳斯、〔法〕科耶夫《论僭政——色诺芬〈希耶罗〉义疏》，何地译，华夏出版社，2006。

② 强世功：《迈向立法者的法理学——法律移植背景下对当代法理学的反思》，《中国社会科学》2005 年第 1 期。

彻底抽空了国家的伦理意含"。如此一来，"法律通过复杂的程序技术征服了国家，国家变成了没有意志的一组法律关系，甚至国家就是法律关系的总和"。①

《迈向立法者的法理学——法律移植背景下对当代法理学的反思》一文明显受到了 2000 年前后中国思想界兴起的施米特和施特劳斯政治哲学的影响。施特劳斯对启蒙理性的反思，以及他的《自然权利与历史》在学界的流传，开始使人们意识到自由主义政治学说可能存在的问题。在施特劳斯的笔下，启蒙以来宣传的原子主义式的自由观，其基础是人的欲望的一次大规模扩张，这种扩张背后有一种破坏性的革命冲动。启蒙理性的这种内在的破坏性冲动因此与它在表面上想要通过计算式理性达成的规范性构成了内在冲突。这是自由主义的政治法律学说面临的深刻的内在矛盾，正是在此基础上，施米特在《政治的概念》一书中将自由主义的政治学说视为一种非政治的政治学说，主张应在政治概念的理解中，恢复民族的实质性伦理因素，这就是他那著名的通过政治决断表达出来的政治学说。尽管这一学说因其同纳粹的关系而臭名昭著，但他关于自由主义政治学说内部的矛盾和问题的深刻见解，直接引发了法学界内部的研究方式的转型，其中最典型的是 2000 年以来逐渐兴起的政治宪法学研究。

强世功的《迈向立法者的法理学——法律移植背景下对当代法理学的反思》一文，可以说直接将施米特对现代政治思想的观察运用到了对于当代中国权利理论的反思中。强世功明确提出要在"法理学中重新找回国家"，也就是采取一种"现实历史的和政治的方法论视角，把国家作为法理学思考的出发点"。② 这篇文章在某种意义上引领了强世功后来的研究，尽管在这同一篇文章中，他在前面呼吁的"先于法律而存在的具有文明伦理意含的政治共同体"，"具有伦理上的意义"和"基于人们对共同文化伦理传统的信仰建构起来的"国家，与文章后面对于国家利益的讲述存在明显的自相矛盾。很显然，仅仅从现实的国家利益出发，无法建构具有文明伦理意义的政治共同体。

---

① 参见强世功《迈向立法者的法理学——法律移植背景下对当代法理学的反思》，《中国社会科学》2005 年第 1 期。

② 参见强世功《迈向立法者的法理学——法律移植背景下对当代法理学的反思》，《中国社会科学》2005 年第 1 期。

　　强世功的走向国家的权利观，是 20 世纪 90 年代末期以后权利理论在逻辑上的深化。他对权利法理学的批判清晰地呈现了当代中国权利理论中共同体缺失的问题。这并非单一的学术现象，尽管在此方向上迄今尚未出现有影响力的作者。在这一时期，相关的西方权利理论的研究开始为中国学者所注意。其中比较重要的是如下三个方面的权利学说。一是儒家人权学说，以安靖如等人对儒家文明的讨论为典型，他们将儒家的价值同现代西方的权利理论联系起来，探究儒家的人权学说。① 二是西方在 20 世纪 80 年代以后兴起的社群主义对权利的思考。三是在第二种学说的基础上产生的一种不以个体权利为中心的权利学说，一种着眼于关系或者说共同体的权利学说。② 在这些学说基础上，法学理论研究者们进行了更深入的思考，尤其是基于哈贝马斯的交往理性的研究，提出了一些不同于以往的权利理论的观察结论，那就是认为传统的聚焦于单一主体的权利观应该转变成为主体间性的或交互主体性的权利观，这样一来，就改变了传统权利的本体结构，在这里，个体不再是作为单纯的个体，而是作为交互的个体，成为权利的基础，也因此，对于这种权利而言，共同体就不是从权利外部去寻找，而是蕴含在权利自身的结构之内，从而可以解决权利与正义的社会结构之间的关系问题。进一步来说，这里的正义，不是从权利外部借来的，而是蕴含在权利概念之内的，从而就从权利哲学的内部恢复了共同体的因素。③ 在此基础上，青年法学研究者开始深入思考权利问题。④ 严海良明确反思将个体作为主体的权利理论存在的问题，在他的笔下，权利主体成为关系性的主体，这明显是在哈贝马斯的交往伦理学的基础上发挥出来的权利观念。⑤ 与之类似，彭诚信在对当代西方权利学说的评述基础上，结合

① 参见〔美〕安靖如《人权与中国思想——一种跨文化的探索》，黄金荣、黄斌译，中国人民大学出版社，2012；〔美〕狄百瑞《亚洲价值与人权——儒家社群主义的视角》，尹钛译，社会科学文献出版社，2012；梁涛主编《美德与权利——跨文化视域下的儒学与人权》，中国社会科学出版社，2016。

② 参见熊万鹏《人权的哲学基础》第二章"社群主义人权思想"，商务印书馆，2013。

③ 高鸿钧：《权利源于主体间商谈——哈贝马斯的权利理论解析》，《清华法学》2008 年第 2 期。

④ 参见《权利的法律与道德根基》（《法学研究》2009 年第 4 期）、《作为方法的权利和权利的方法》（《法学研究》2014 年第 1 期）两篇笔谈。这两篇笔谈可以大概反映出 2005 年以后当代中国法学界在权利问题方面的问题意识和视角变化。

⑤ 严海良：《人权论证范式的变革——从主体性到关系性》，社会科学文献出版社，2008。

国内有关程序正义理论的讨论，在新近出版的《现代权利理论研究》一书中明确提出了一种"程序性的权利理论"，从参与主体、利益评价程序、权利生成程序、权利内容与层次、义务与责任等方面尝试性地提出了权利建构设计及理念。很显然，这种程序性的权利理论强调的是权利的核心应该是通过程序建构起来的成员间的认同，而正是基于这种认同，权利内部开始产生出一种共同体要素。[①]

当代权利理论面临着理论构建最深切的问题，那就是如何在权利理论自身的结构之内，吸纳和容纳共同体的要素。20 世纪 90 年代以来权利理论的基础是作为个体的主体性，如今倘若要将共同体的要素纳入权利理论之中，势必要对这个作为个体的权利主体的形象进行重塑，这个主体因此就不能是一个单纯的个体，而是一个在共同体中相互依赖的个体。也因此，描述这个权利主体的基本概念，例如自由、理性等，就必须吸收共同体的要素，哈贝马斯商谈理论的交互主体性当然可以为我们思考这类问题提供借鉴，但它只是开端，这方面还需要更深刻的思考，还需借助更多的思想资源。而要将这些资源加以消化，形成中国学者自身的思考，就需要我们进一步去追溯这些概念的传统，去思考当前的社会变革，从而塑造和建构新的概念。

另外，共同体不仅存在于思维的结构中，不仅是概念的要素，也对应着现实的发展。进入 21 世纪以来，现实中共同体的存在样态，在国内层面，非政府组织，也就是民间性的自愿的共同体——社会组织，逐步得到发展，人们开始意识到并且承认，这些社会组织是现代政治社会生活中的重要力量。[②] 与此同时，一种超越国家的共同体理论也在兴起和发展。在最近十年间，当代中国权利理论的研究中出现了一种新趋势，一部分国际法学者开始进入对权利理论的思考之中。[③] 人类生活的共同体，不是以国家为完成形态，在国家之上还有一个属于全人类的共同体。因此，随着对人类共同体的更深刻认识，对人权的理解也发生了变化。全球化时代的权利观念，意味着这种权利要超越国界。人权和主权之间的关系问题自 20 世

---

① 彭诚信：《现代权利理论研究》，法律出版社，2017。
② 参见马长山《从国家构建到共建共享的法治转向——基于社会组织与法治建设之间关系的考察》，《法学研究》2017 年第 3 期。
③ 何志鹏：《权利基本理论：反思与构建》，北京大学出版社，2012。

纪 90 年代以来就是权利理论研究中的重要问题，对于人权究竟是国界之内的权利还是一种超越国界的权利，长期以来都存在争议。尽管一个主权国家的人权状况不应受到其他国家的干涉，人权应该是有国家的，但超越国界的权利又很难说是虚幻的。全球化时代的权利观取决于全球化时代共同体的品质。如果说，全球化时代的共同体更多的是一种经济的而非政治的共同体，是一种道德的而非法律的共同体，那么，全球化时代的权利就更是经济权利、道德权利，而不是政治权利和法律权利。权利的全球化问题，伴随着对于人类命运共同体的发展与塑造的努力出现，至今仍未得到圆满解决。[1]

结　语

当代中国权利理论在逻辑上转向对于共同体的关注，在某种程度上回归到了 20 世纪 80 年代末期权利理论研究者对于权利的思考。在那个时代，权利研究并未限定在个体与共同体的任何一端，一方面权利本位论者揭示了个体自由应该得到尊重的观点，另一方面个体的自由必须限定在实定法的框架之下，在他们的观点中，不仅可以看到个体自主与独立的要求，也可以看到共同生活的价值，在那里，个体和共同体同时存在，尽管在那时，个体与共同体的存在体现为一方对另一方的支配。但当个体经历过从共同体中的超越之后，当个体在自身的生活中摸索了一番之后，共同体的价值再度成为权利理论必须直面的问题。或者我们可以说，在当代的权利理论中，共同体成为权利理论不得不内在地对待的问题，我们不得不承认共同体是个体内在生活和价值追求的一部分，尽管我们对于存在于权利理论内部的共同体形象究竟是什么存在争议。20 世纪 80 年代以来的当代中国权利观念的逻辑发展启示我们，在权利哲学体系中，个体和共同体是相

---

[1]　这个问题集中体现在有关欧盟的法理中，欧盟究竟是一个经济同盟，还是一个文化同盟，抑或是一个政治的和法律的联盟，这个问题在近年来引发了不少讨论，尤其是围绕着英国脱欧的问题，以及德国等国家最近面临的难民问题的讨论，使权利的全球化问题成为一个重要的现实政治问题。与此同时，在这个问题上，当代中国的政治家们也在贡献自己的智慧，"人类命运共同体"概念反映了一种超越政治分歧，从文化和观念上构建全球共同体的努力。

互依赖的存在，是在对方之中的存在。我们今天追求的真正意义上的权利生活，正是这两者既在自身之中，又在他者之内的存在。只有这样的权利生活，才能真正带给我们美好的生活，也只有这样的权利生活，才能真正体现出马克思在《论犹太人问题》中表达出来的权利原则。

上编　权利与人权

人权理论的产生和历史发展*

徐 炳**

摘　要：随着人类文明的发展，人权思想已经发展成为全人类的共同信仰，成了全人类共同高举的旗帜。人权推动人类文明的发展，体现着人类文明，是人类文明发展的成果和标志。个人的人权包括人身权、人的政治权利和自由以及经济、社会和文化权利。它是人作为人应当享有的权利，不同于公民在现实生活中享有权利的公民权概念。人权在现实的法律上具有鲜明的阶级性，也有明显的超阶级性，不可强调一方面而忽视另一方面。我们必须正确认识我国人权现状，通过完善法制改善人权保障的状况。

关键词：人权、公民权、超阶级性

一　引言

人权是每个人须臾不可离开的权利，理所当然，它是全人类共同关切的最基本的问题。人权理论虽然是资产阶级首先提出来的，但是，这个命题本身超越了阶级差别，超越了民族、种族界限，超越了国家疆界，因此，人权一经提出就成了全人类的共同口号，成了全人类要求生存、发

---

　*　本文原载于《法学研究》1989 年第 3 期。
　**　徐炳，发文时任职于中国社会科学院法学研究所，现已退休。

展、进步的共同旗帜。

过去，我们在极左思想的影响下对人权问题的认识发生了很大偏差。一方面，基于新中国的诞生极大地改善了中国的人权这一事实，我们不切实际地认为，三座大山推倒了，人民当家作主了，中国就不再存在人权问题了；另一方面，基于人权口号是资产阶级首先提出的事实，我们不加分析地认为，人权是资产阶级口号，它与无产阶级革命的思想格格不入。这种认识导致我们完全否定了人权。在这种极左思想的笼罩下，人权口号成了禁区，无人敢于问津，而蹂躏人权的事则屡有发生。到了"文革"，对人权的践踏则发展到骇人听闻的地步！这不能不引起人们对人权的重新思考。粉碎"四人帮"后，有些人重新提出了保障人权的口号。在这些人中当然有不少人对人权并无深刻、全面的认识，甚至有严重错误、模糊的认识。令人遗憾的是，当时的官方舆论对此没有进行必要的引导，而是对人权口号当头棒喝，把人权口号斥为资产阶级的，不是无产阶级的。时至今日，我们的思想界、法学界、政治学界仍然对人权问题躲躲闪闪、羞羞答答，不敢理直气壮地讨论人权问题，甚至有谈人权而色变之状。我认为，人权是全人类共同的旗帜，自然也是属于中国人民的旗帜。这面旗帜在历史上引导人类由野蛮走向文明，由初级文明走向高级文明，由专制走向民主，由人治走向法治。我们现在和将来都应当继续高举人权旗帜，走向人类美好的未来。

二　人权已发展成为全人类共同高举的旗帜

今天我们重谈人权问题，有必要对人权的历史发展作一回顾和总结。

（一）人权由朦胧的意识发展成了不容置疑的理论

"人权"（human rights）这个词早在公元前 5 世纪古希腊悲剧作家索福克勒斯的作品里就出现了。全世界各地自进入阶级社会之后，几乎都提出过一些体现人权的口号和主张。例如，古罗马奴隶角斗士斯巴达克就喊出过"为自己的自由而斗争"的口号，我国农民起义军也喊出过"等贵贱，均贫富"的口号。在古代历史条件下，人类对自己还没有充分的认识，被压迫人民还不可能把自己的权利要求概括为人权，那时只能具有一些有关人权的朦胧意识。

人权思想的理论最初孕育于自然法理论之中。自然法思想依附于神学，它强调人服从自然法、服从上帝的安排。因此，虽然自然法在欧洲经历了十多个世纪的发展，却始终没有越出神学领域，也就始终未能提出现代意义上的人权。而现代意义上的人权思想自格劳秀斯始，经胡克、霍布斯、弥尔顿等人的发展，由洛克、卢梭而臻至完善。他们直截了当地宣称：人在自然状态中是自由、平等的，自然赋人以人权，人权与生俱来，不可剥夺，不可让渡，甚至不可放弃！启蒙思想家把人权奉为神圣不可侵犯的权利，视为人所固有的天然权利，甚至连上帝也不能剥夺人的权利！这种人权思想在当时实为石破天惊，令人耳目一新。它既有说服力，又具号召力。欧洲人权思想的发展与欧洲、美洲当时的一系列运动（自文艺复兴运动始，历经宗教改革运动、英国的光荣革命、启蒙运动，直至后来的北美独立战争和法国大革命）融合在一起。人权思想启迪群众运动，群众运动发展和传播人权思想。经过几代人的努力，人权思想已在欧洲、北美牢牢扎根，以至 1776 年杰弗逊起草《独立宣言》时认为，人权已是不言而喻的了，已是不可否认、不需要继续论证的真理。

（二）人权由一种理论发展成了政治宣言

18 世纪 70 年代，启蒙运动席卷整个欧洲，北美人民受到极大鼓舞，打响了具有历史意义的独立战争。而这场伟大战争的旗帜还是人权。1776年大陆会议通过的《独立宣言》宣称："我们认为这些真理是不言而喻的：人人生而平等，他们都从他们的'造物主'那边被赋予了某些不可转让的权利，其中包括生命权、自由权和追求幸福的权利。为了保障这些权利，所以才在人们中间成立政府。而政府的正当权力，则得自被统治者的同意。如果遇有任何一种形式的政府变成损害这些目的的，那么，人民就有权利来改变它或废除它，以建立新的政府。"这个宣言精辟地概括了资产阶级的人权思想和理论，资产阶级根据它提出了自己的政治主张。值得深思的是，北美人民并未就独立讲独立，而是从人权的高度要求独立，用人权书写独立的旗帜，把人权直接作为独立战争的政治宣言，作为号召人民的口号，从而使独立战争更具正义性，更能唤起人民的赞同。这是人类历史上的第一个人权宣言，其表明资产阶级已经把自己的政治主张概括为人权。生命、财产、自由、平等、博爱、民主、共和国无不是人权的表现和要求。人权的口号既简洁又鲜明，既有概括力又有生命力。《独立宣言》标志着人权已由一种理论、一种思想上升成一个普遍的政治宣言，成为资产阶级革命的基本口号。

（三）人权由政治宣言发展成了法律

欧洲的人权运动启发并鼓舞了北美的独立战争。独立战争又反过来推动了欧洲人权运动的发展。《独立宣言》风靡欧洲。潘恩阐述人权思想的小册子在欧洲家喻户晓，脍炙人口，进一步加深了人们对人权的信念、理解和渴求，最终导致了法国大革命的爆发。革命胜利后，法国国民议会立即着手起草了《人权与公民权宣言》，该宣言于 1789 年 8 月 26 日经过激烈辩论后获得通过。美国的《独立宣言》是一篇政治宣言，具有政治纲领的效力。《人权与公民权宣言》作为已经取得国家机器的国民议会的文件具有至高无上的法律权威，实际上是一个宪法性宣言。它提出的原则成为后来各国制宪的准绳。

（四）人权运动由少数国家发展到世界各国

以美国和法国为代表的人权运动带动了全世界的人权发展。欧洲各国首先效仿，开始了各自的资产阶级革命，推翻旧的封建王朝，确立新的资产阶级秩序。资产阶级革命胜利后亦仿效美国和法国，制定宪法，规定人权。各殖民地国家则以北美为榜样，纷纷要求独立，脱离宗主国的统治，并在各自的国家开展宪制运动，规定各自的人权。亚非拉各国都在觉醒，掀起了宪制运动，要么通过革命，要么通过改良、妥协确定各自的宪制和人权。

沉睡了几千年的中国再也不能置身于世界大潮流之外了！早期的变法维新派人物也在中国冒着"非圣人，乱祖制"的大逆罪名，倡导人权，宣传欧美的自由、民主、平等。孙中山领导的资产阶级民主革命把中国人权运动推到了一个新高峰。他利用人权深刻批判了清政府的专制。邹容在他的《革命军》一书中更是大声疾呼："杀尽专制之君主，以复我天赋之人权。"辛亥革命胜利后，孙中山领导的临时政府立即颁布法令，宣告："人人平等，人权神圣。"

（五）人权由资产阶级的口号直接转变成了无产阶级革命的口号

正当资产阶级登上历史舞台，实现他们的人权的时候，无产阶级迅速觉悟。无产阶级发现资产阶级所讲的人权不过是资产阶级的特权，自己仍处在无权的地位，因此抓住资产阶级人权的把柄，要求资产阶级兑现人权。在无产阶级革命运动中，无产阶级同样利用人权作为号召人民革命的旗帜。马克思一方面热情讴歌欧美的人权运动，指出它的历史进步性，称《独立宣言》为人类"第一个人权宣言"，同时指出资产阶级的人权本质及其虚伪性，要求资产阶级真正保障人权；另一面也直接利用人权口号推动工人运动的发展，马克思起草的《国际工人协会临时章程》提出："一个人有责任不仅为自己本人，而且为每一个履行自己义务的人要求人权和公民权。"

（六）人权已从国内法准则发展成为国际法准则

只有具体的人，没有抽象的人。人权问题首先是人所在国的问题，是个国内法的问题。然而，当今社会，跨越国界的商业交流、文化交流、政治交往越来越多，一国的大街上挤满了外国人，这在今日已是司空见惯之事。这就很自然地使人权越出国界，成为国际法上的一个重要问题。早在1660年波兰与瑞典签署的和平条约就已经注意到通过双方条约保护人权问题，例如条约规定保护迁居到瑞典的波兰人的宗教信仰、自由、财产等各种权利。第一次世界大战使人们进一步认识到通过国际法保护人权的重要性。在第二次世界大战中，德、日、意法西斯分子对别国人民进行惨无人道的屠杀，引起了全世界人民的愤慨，也引起了全世界人民对人权的关注。1942年中、苏、美、英等26个国家联合发表了《联合国家宣言》，提出，这些国家"深信完全战胜它们的敌国对于保卫生命、自由、独立和宗教自由并在本国和其他国家内保障人权和正义是非常必要的"。《联合国宪章》也开宗明义，"重申基本人权，人格尊严与价值，以及男女与大小各国平等权利之信念"。1948年，联合国通过了著名的《世界人权宣言》，宣布"人人有资格享受本宣言所载的一切权利和自由，不分种族、肤色、性别、语言、宗教、政治或其他见解、国籍或社会出身、财产、出生或其他身份等任何区别"。为了使宣言的原则法律化，把宣言变为具有法律效力的国际法准则，联合国又于 1966 年通过了《经济、社会、文化权利国际公约》和《公民权利和政治权利国际公约》。联合国还就人权的特别问题制定了一系列公约。联合国把人权从世界宣言变成了各国应当共同遵守的国际法准则，无疑对世界人权的保护和发展起到了非常积极的作用。我国政府一直积极参与联合国为保护和发展人权所作的各种努力，我国先后加入了 7 个联合国有关保护人权的公约。

综上所述，随着人类文明的发展，人权思想越来越深入人心，现已成为全人类的共同信仰，成了全人类共同高举的旗帜。任何国家和个人，不论其内心如何看待和对待人权，他至少在口头上不得不承认人权，否则就会受到全人类的共同唾弃。

三　人权是人类文明发展的成果和标志

人类是从动物界发展起来的，但最后脱离了动物界。人类区别于动物界的根本标志在于人类摆脱了动物界的野蛮状态，进入了文明状态。人类越是发展，与动物界之间的鸿沟则越深。反过来说，在人类社会发展的初期，文明尚不发达，人与动物界的分野也就不很明显，人类明显地带有动物界的野蛮痕迹。在原始社会初期，人为了充饥，不惜相互格斗，弱肉强食。

随着人类文明的发展，人身上的动物界的野蛮痕迹逐步消失，人的文明细胞逐步增多。在长期的人类社会生活中，人们终于产生了一种同类感，即人把具有生物属性的人当作自己的同类来看待和对待。只要他是人，别人就把他视为人，并用人的方式来对待他，而不论他是什么人，不论他是亲人还是仇人，本族人还是异邦人，与己相同肤色的人还是不同肤色的人，与自己操同一种语言的人还是不同语言的人。人终于有了基于"类"的同类感，终于有了同类相怜的人心。这种人心正是人权的根基。人道主义、人权思想都发源于这种人心。这种人心的发展是人类文明重大进步的表现和标志。如果从生理上说，人类永远脱离不了动物界，但是人心则是动物界所没有的。

虽然今天仍有战争，仍有人杀人的现象，还有人野蛮地摧毁人的现象，但是，今天杀人的目的、摧毁人的目的已经不是用他人之肉充饥。这本身是由于人类物质生活方面的进步带来的精神文明进步。今天人们普遍以食人血肉为恶心之事，为人类所不齿的绝对不能接受的罪恶。殊不知，这是人类何等重大的进步啊！在原始社会末期，人类就大致做到了这一点。

人类文明的发展并未就此满足，并未在此停步。人类文明在持续发展。但是，人类进入第一个阶级社会——奴隶社会以后，仍然存在一种人为的罪恶——人奴役人！奴隶制被视为合理的。并且，这种野蛮的奴隶制一直延续到 19 世纪末 20 世纪初。奴隶被任意打骂、处死、买卖。奴隶主除了不食奴隶，似乎完全把奴隶视为动物。但是，人类文明的不断发展与奴隶制越来越不相容。人类终于下决心要割除这个寄生在人类文明肌体上的毒瘤。人权思想的发展本身就意味着要消灭奴隶制。当杰弗逊起草第一个人权宣言时，他就明显地意识到奴隶的人权问题，就要求解放奴隶，消除奴隶制。但当时他的这种人权思想还不能为多数人接受，人权思想尚未强大到消灭奴隶制的地步。然而，仅在其后不到一百年，北美就爆发了旨在消灭奴隶制的南北战争。以林肯为代表的反奴隶制派，显然受到了人权思想的启发。林肯本人成了当时杰出的人权领袖，并为消灭奴隶制献出了生命。南北战争本身说明人类文明不能再容忍奴隶制了。人权则是南北战争的旗帜。它表现了人类文明，也标志着人类文明。随着人权运动在全世界的发展，世界上终于出现了 1926 年、1953 年和 1956 年旨在彻底禁止奴隶制的公约。现在，人类可以骄傲地说，奴隶制已不复存在了。这是人类文明的又一重大进步，而这一进步的实现又是以人权思想为动力的。

奴隶制作为一种法律制度虽然被消灭了，但是奴隶制产生的思想基础并没有根除。南北战争虽然解放了奴隶，法律上虽然宣布了奴隶制的死亡，但是，明显的种族歧视却又仍然合法地存在了一个多世纪。黑人为了争得自己的平等权利，消灭对黑人的种种歧视，高举人权旗帜进行不懈的斗争。1963 年 8 月 28 日，这一天是林肯签署解放黑奴宣言一百周年纪念日，黑人人权运动领袖马丁·路德·金率领 20 万人——白人、黑人进军华盛顿，聚集在林肯纪念堂，发表了著名的林肯纪念堂讲演。他讲演的主旋律仍是"人权"。他重申全人类的共同信念："我们认为人人生而平等的真理不言而喻。"人权浪潮的又一次掀起最终导致了 1964 年美国《民权法案》的诞生。基于肤色的法律不平等终于被扫进了美国的历史垃圾堆。这又是人类文明的伟大进步。这个进步的标志又是人权。1965 年联合国通过了《消除一切形式种族歧视国际公约》，要求在全世界禁止种族歧视。但是，当今世界，种族歧视仍相当普遍，这需要全人类继续高举人权旗帜，共同努力奋斗，消灭人类的这种违反人权的现象，为发展人类文明而斗争。

酷刑是人类进入文明社会以后产生的另一个毒瘤。它是在阶级仇恨、民族仇恨、私怨基础上产生的一种野蛮行为。酷刑与奴隶制一样是人类文明的怪胎，是人类发明的野蛮行为。这些野蛮行为还公然写在奴隶社会、封建社会的法律上，被统治阶级合法化了。例如，许多封建法典上都规定有诸如凌迟、鞭笞、残害人体器官等各种肉体酷刑。这也是与人权思想格格不入的。资产阶级人权先驱们一开始就猛烈抨击这些惨无人道的酷刑。18 世纪著名的意大利法学家贝卡利亚就根据人权思想愤怒地谴责酷刑和刑讯逼供制度，要求对刑法作系统的人道主义改革。资产阶级登上历史舞台取得国家政权后，基本上从法律上废除了酷刑。废止酷刑已成为各国法律公认的准则。联合国相继通过了好几个公约，明文规定对任何人都不得"加以酷刑，施以残忍的、不人道的或侮辱人格的待遇或刑罚"。1955 年联合国预防犯罪及罪犯待遇大会通过了《囚犯待遇最低限度标准规则》，禁止体罚，禁止采用一切残忍、不人道或有辱人格的刑罚。1979 年联合国还通过了《执法人员行为守则》，以规范执法人员对人犯和罪犯的行为。取消残酷刑罚已成为法律文明的一个重要标志。

战争中的野蛮行为是寄生在人类文明躯体上的另一个毒瘤。处于战争状态下的交战双方由于极度的仇恨情绪和获取军事情报的需要，往往对战俘采取极端野蛮的行为。人权先驱者格劳秀斯早就从人权的角度谴责过战争中的野蛮行为。他呼吁在战争中对战俘实行人道主义，并要求将此作为国际法准则。他的思想对国际社会产生了重大影响。19 世纪中叶，瑞士人民目睹战争中人权遭受践踏的惨状，自发地组织了红十字会，对战争中的伤病员和受难者进行治疗、医护、抢救。1864 年他们在日内瓦召开国际会议，并通过了公约，把战时人道主义首次变成了国际法准则。其后联合国通过的许多宣言和公约，都一再重申了在战争中实行人道主义的国际法准则。

总而言之，人类文明的发展与人权的发展是密不可分的。人权推动人类文明的发展，人权体现人类文明。用人的方法对待人是人类发展的必然要求，是人类文明发展的必然结果。资产阶级鼓吹博爱、四海之内皆兄弟的人权思想，要求人们爱人类，这个口号无疑是进步的。当然资产阶级的这个口号有其虚伪性，那是另一回事。我们决不能因为这个口号没有为资产阶级彻底实行而否定这个口号本身。我们应当抓住这个口号要求他们彻底实行人权、博爱原则。无产阶级比资产阶级站得更高，看得更远，胸怀更宽广，认识到只有彻底解放全人类，无产阶级才能最终解放自己。无产阶级以解放全人类为己任。只有当全人类所有人的人权都真正得到了保障，无产阶级的任务才算完成。也只有在那时，我们才可以说，人类已经完全脱离了野蛮状态。现在我们离这一目标还相当遥远，人权旗帜还必须继续高举。

四　人权与公民权

人权的理论和实践历经三百多年的发展，现在，人权已是一个内容十分丰富的概念。为了确切地把握人权，我们首先分析一下人权的内容及其确切含义。人权一开始是从单个的个人——自然人提出来的。它起初是指作为人的个人权利。这种个人的人权大致可以分为三大内容。

（一）人身权

人身权是做人的最基本权利。人身权首要的是与人的肉体存在相联系的权利，这就是生命权。任何人都自出生之时起就享有生命权，不得剥夺（经法律审判定为死罪者除外）。与人身相联系的健康权又是一项基本人权，即任何人的肉体不受侵害，违法犯罪者受法律处罚时亦不受身体刑（肉刑）之处罚。身体刑违反人权，法律应当禁止。人身自由权亦是与肉体人身密不可分的权利。即非经法定程序，任何人不受逮捕、监禁，不受拘束。在保护人身权方面，刑法规定了一系列重要原则，例如：法无明文规定不为罪的原则，刑法不溯及既往的原则，无罪推定的原则，刑罚法定原则，被告有辩护权和得到律师帮助的权利原则，人犯与罪犯相区别原则，不得强迫人犯供罪、认罪原则，在一国内任何人不得因同一罪而受两次以上处罚的原则，儿童和少年不适用死刑的原则，等等。其他如：非经本人同意不受人体医学实验的原则，禁止奴隶制原则，禁止奴役人原则，禁止强迫劳动原则（因犯罪而被强制劳动除外），等等。人身权还包括与人的品格和精神相联系的权利。这首先就是人格权，即人的人格尊严不受侵犯的权利。其次是人的身份权、姓名权、肖像权、名誉权、荣誉权、婚姻自主权等。为了保障人身权，产生了人的安全权，即不受非法打扰的权利，以及通信自由权、私生活秘密权、住宅免受侵犯权等。

（二）人的政治权利和自由

人的政治权利是人的另一项重要的基本权利。它主要指参政权，选举权和被选举权，言论自由权，出版自由权，集会自由权，结社自由权，游行、示威的自由权，宗教信仰自由权，从事科学文化活动的自由权，对公共事务和国家事务的了解权，男女平等权以及广义的在法律面前人人平等的权利等。

（三）经济、社会和文化权利

经济、社会和文化权利是人权的第三个方面的基本权利。这主要是指：个人财产权，就业权，享受劳保福利的权利，同工同酬的权利，受教育的权利，休息的权利，参加工会的权利，在伤、残、病、老时获得社会帮助的权利，等等。

上述三种权利是基于个人的人权，是传统观念上的人权，当然也在现代社会中得到了发展。第二次世界大战以后，从个人权利延伸出集体人权，这种集体人权是相对于个人人权而言的，是指某一类人的权利，即某一类人作为一个集合的整体所享有的权利。这主要是指：妇女的权利，儿童的权利，老年人的权利，残疾人的权利，母亲的权利（怀孕和产后受到社会照顾的权利），无国籍者的权利，难民的权利，非婚生子女的权利，未婚母亲的权利，少数民族的权利，等等。

人权由个人人权发展到集体人权，嗣后又发展到民族权。这是第三世界人民努力的结果。第三世界认为，人权固然重要，但是没有民族和国家的生存和发展，人权就要落空。因此，要承认和保护人权，首先必须承认和保护人所赖以存在的那个民族和国家的生存权和发展权。这样，第三世界便提出把民族自决权和发展权作为人权的基本内容用国际公约的形式予以确定和规范。1966 年通过的两个人权公约都体现了民族自决权和发展权。这就使人权获得了新的生命力，使它成为保护弱小民族的主权，反对帝国主义、殖民主义掠夺的武器。人权由此成为个人人权、集体人权、民族权的三位一体的完整权利。

人权发展还有另一个重要变化。起初人权强调其固有性和不可侵犯性。因为在封建社会，侵犯人权的现象比比皆是，人权得不到保护，所以人权要求首先集中在它的不受侵犯性上，强调的是免除对人权的外来侵犯。然而，随着社会的发展，人们逐步意识到，人权的实现需要一定的社会条件，特别是物质保障条件。许多权利只强调它的不可侵犯性并不等于就能实现它，特别是社会、经济、文化方面的权利。试问：连饭都吃不上的人哪能谈到享受人的健康权呢？为了真正实现人权，人民提出了要求国家和社会创造必要的条件，以便使人民享受到法律规定的权利。人们把人权努力上的这种变化称为由消极人权转为积极人权的变化，由被动转为主动的变化。

以上我们论述了人权的内容及其发展变化。人权与公民权之间到底是什么关系呢？当今世界是以国家为本位的世界，国家是世界的基本组成单位。任何人都要受到国界的制约，真正意义上的世界公民尚不存在。在疆界林立的世界上，人首先必须是某一国家的人，取得某一国籍，成为某一国的公民（无国籍人和难民是特殊事件中产生的，在此不论）。抽象的人转为具体的人如中国人、美国人、日本人、朝鲜人。人权本身首先是个法律概念，是由法律规定和保护的权利。人权法首先指的是国内法，即某一国内法所规定和保护的人权。国际上虽然有许多关于保护人权的国际公约，但是这些公约需要各国具体执行。国际法上规定的人权需要公约的参加国用国内立法的形式予以确认，否则就会落空。国内立法规定的人权具体表现为公民权。现代各文明国家都用宪法和法律的形式规定了各自的公民权。各国的公民权就是各国公民所能享受到的人权。人权表现为公民权，公民权是人权的存在形式。

但是，人权并不完全等同于公民权。人权是指人作为人所应当享受的权利，公民权是指一个具体的人——公民在现实生活中所能享受到的权利。人权具有理想主义的色彩。公民权是实现人权理想的具体手段，是人权的具体化、法律化、现实化。人权是制定公民权的唯一依据，公民权应当以实现人权为唯一目标，应当以人权为其价值取向。背离人权原则规定公民权必然走向反动。例如人权平等原则是人权的一个基本原则。但是以法律形式公然规定种族歧视，规定不平等的公民权，这就是对人权的反动。

理想与现实往往有一定差距。带有理想色彩的人权与现实的公民权之间也有一定差距。我们在前面所阐述的人权内容是根据《世界人权宣言》和其他国际人权公约所规定的人权共同标准概括而成的，它体现了人类对人权的共识。但是，如果说在国际上有公认的人权标准，国内法上的公民权则因国而异，各有差别。首先是阶级差别。掌握国家机器的统治阶级总是要优先规定和保护本阶级的公民权，并且以剥夺、限制被统治阶级的公民权为代价实现统治阶级的公民权。人权应当是平等的，但现实的公民权却程度不同地存在着阶级不平等现象。其次，公民权受到社会经济文化发展水平的制约。人所应当享受的某些人权往往因为客观条件不具备而享受不到。一个国家只能根据其具体的国情规定其公民权，这就必然使公民权与人权标准发生差异。如果不顾社会经济文化的发展水平，把人权照抄成公民权，那么，这种公民权必然要落空，成为一堆废纸。例如，迁徙自由是一项重要的人权，但是我国现阶段尚不具备实现这一人权的条件。1954年宪法规定了这一权利，结果并没有能在现实中兑现。当然，我们不能因为一时没有条件实现这一人权而否定这一权利本身。相反，我们应当承认它，并且积极创造条件去实现它。

在如何对待外国人或无国籍人的问题上，人权与公民权也必然显示出差别。本国公民权只适用于本国公民，而不能当然适用于外国人，因此对其就需要越出公民权的框子，直接适用人权原则。现在，各国公民之间的互访越来越频繁，这个问题也越来越突出。国与国之间的战争实行人道主义，不虐待俘虏，也不是对俘虏适用公民权，而是直接根据人权原则对待之。可见人权和公民权这两个概念既有联系，又有区别；既不能相互替代，也不应相互对立。这两个概念必须并存。

五　人权的阶级性与超阶级性

世界上各个不同的阶级、政党、国家或个人对人权的理解不尽相同，他们讲人权的目的也不尽相同，各自的人权观上可能有各自的不同阶级烙印。但就人权本身而言，它是一个超阶级的概念。这里所讲的人是抽象的人，是指一切人，是指摒弃了阶级、种族、肤色、语言、宗教、财产状况、受教育程度以至国籍等各方面的差别，仅具有人的生理特征的人。换言之，这里所说的"人"是生物学上和社会学上不带阶级性的人。

人权就它的本义而言就是指承认上述定义上的人的权利。资产阶级早期的革命家、思想家不论他们的主观动机如何，不论他们有无故意欺骗的目的，至少在纸面上他们讲得很明白：人权是一切人所享有的权利。人权与生俱来，而不是任何人、任何国家、任何政府或法律赋予人的。有的甚至声称，人权也不是上帝给予的，人权就是基于人的资格而享有的权利，纯粹是一种天然权利，是人所固有的权利。正是基于这一点，他们声称，人权是不可剥夺的，因为不是人给予的东西就不能为人所剥夺，甚至上帝也不能剥夺人权。也是基于这一点，他们声称，人权也不是人所能放弃的，因为不是他自己取得的东西就不能放弃；人权是不可让渡的，因为不是他自己取得的东西他就无权转让给别人。人权依附于人格。

从早期资产阶级思想家开始鼓吹人权始至今已有三百多年了，人权的理论和实践都有了很大发展。今天几乎所有文明国家的法律都规定（至少在纸面上都规定）人的权利始于生终于亡，人的权利平等，在法律面前人人平等，人格尊严不可侵犯，非经法定程序不得逮捕、监禁任何人等人的基本权利。也就是说早期资产阶级要求的那些人权在各国都得到了承认和实现（至少是口头上得到承认），都在各国的法律中得到了体现。我国法律也不例外，尤其是在经过了"文革"的惨痛教训以后，我国的宪法和法律庄严地规定了各项人权的基本准则。1982 年宪法规定："凡具有中华人民共和国国籍的人都是中华人民共和国公民。"1980 年制定的我国国籍法规定："父母双方或一方为中国公民，本人出生在中国，具有中国国籍。"这表明，中国公民资格的取得主要基于中国血统和在中国出生的事实。中国血统的婴儿自出生之时起就当然享有中国国籍，取得中国公民资格，而不论他们阶级的属性和政治表现。我国民法通则亦规定，"公民从出生之时起到死亡时止，具有民事权利能力"，"公民的民事权利能力一律平等"。我国宪法还规定："公民的人格尊严不受侵犯。"这些规定中所指的公民和人，显然是超阶级的概念。换言之，即便他是阶级敌人，我们也要承认他的中国国籍，承认他作为中华人民共和国公民的资格，承认他与其他公民平等的民事权利，保护他的人格尊严。

至于在战争中对战俘实行人道主义更是基于超阶级的人权准则。战俘很可能就是发动非正义战争的罪魁，很可能就是杀人如麻的刽子手，但是只要他们缴械投降了，或在战争中被生俘了，就必须给其以人道主义的人权待遇。战争有两种——国内战争和国家之间的战争。国家之间的战争中的战俘所享受的人权待遇则完全不是基于公民权的公民待遇，纯属超阶级、超国度的人权保护。这种人权更没有阶级性可言。

对人犯和罪犯实行人道主义也是各文明国家的法律原则，它也反映着各国法律文明和总体社会文明的水平。经过"文革"破坏后，我国法律一再重申法律的人道主义原则。即便是一个罪大恶极的阶级敌人，一个不杀不足以平民愤、罪该判死刑的人，我们也要保护他的人格尊严，在行刑前给予基本的人道待遇，而不得任意打骂虐待。即便处死，也只能采用法定的处死方法。有些国家规定用绞刑，有的国家采用电刑，我国采用枪决。这样做同样是基于尊重人权的考虑。对于罪不该杀的罪犯则更应保护他们的基本人权。

从以上分析可见，人权的超阶级性是很明显的。否认人权的超阶级性，一味强调人权的阶级性，主张只给人民以人权，不给敌人以人权，就会导致完全否定人权的谬误，就会导致践踏人权的后果。自阶级出现以来，就产生了阶级压迫和阶级差别。人就不再是抽象的人，而是从属于某个阶级的人。阶级差别、阶级之间的不平等和对立必然要给人权留下深刻的阶级烙印。资产阶级早先饱受封建压迫之苦，大喊特喊人权，一旦他们掌握了国家机器，他们首先关心的是自己的权利，法律上规定的人权很多是体现资产阶级特权的人权。他们即便在纸面上规定了人人平等的权利，但是，由于他们掌握着国家机器，掌握着生产资料，事实上只有他们才能充分享受那些权利。连资产阶级自己也承认，权利平等只是一种口号，一种理想，一种永远追求不到的目标。对于人权的阶级本质，马克思、恩格斯、列宁、毛泽东等伟大导师早已揭露无遗，可以说在中国是不言自喻的。笔者无新意可论。

概而言之，人权在现实的法律上有鲜明的阶级性，也有明显的超阶级性，不可强调一方面而忽视另一方面。当前我们主要要防止的仍是"左视眼"，即"文革"遗留下来的"左"倾观念。我国是一个具有封建专制传统的国度。专制的一大特点就是漠视人权，草菅人命。如果用"左"倾思想一煽，沉渣随时泛起，蹂躏人权的事件就会五花八门，层出不穷。"文革"就是一个最典型的教训。

痛定思痛，我们必须重新认识人权，纠正人权仅仅是资产阶级的口号，而不是无产阶级的口号的错误观点。不能因为人权首先是资产阶级提出来的口号和概念就拒绝。试问资产阶级提出了多少新概念、新口号？难道我们都要拒绝吗？我们也不能因为资产阶级在人权问题上有虚伪的一面，就同时抹杀资产阶级人权运动真实性的一面，不能否定资产阶级人权运动的伟大历史进步意义。我们一开始就已说明，人权是人类文明发展的成果，而不能把它完全归功于资产阶级。我们同样不应当因为马克思、列宁、毛泽东批判过资产阶级的人权理论和实践，就把人权本身也否定掉，相反，我们应当肯定人权，提出我们的正确的人权观。其实，马克思本人并没有完全否定人权，他说，人权是权利最一般的表现形式。人的一切权利都可以概括为人权。人权是对权利最通俗的称谓，现已成为约定俗成的术语。人权应当成为人类一切活动的出发点和归宿。

我们也必须正确认识我国人权现状。在国际上，我国一贯尊重人权，积极参与联合国促进和保障人权的各项活动。在抗美援朝、对越自卫反击战以及中印边境自卫反击战中，我们都充分尊重人权，实行战时人道主义。对外国来访者、常住我国的外国人如外国投资者，我们都切实保障了他们在我国的人权。为了保障国际难民的人权，我国也作出了大量工作，作出了巨大贡献。这些都为国际社会所公认和称赞。

在国内，我国的人权不断得以改善。我国现行宪法和法律规定的公民权已基本达到了联合国人权共同标准。我国人民享受着 1949 年前无法比拟的人权。党的十一届三中全会以来，我国的公民权有了新的重大发展。例如，公民的人格尊严不可侵犯就是 1982 年宪法首次规定的一项基本公民权。但是，我们不能不正视下述事实：法律规定与现实生活严重脱节，宪法和法律规定的一些公民权利仍停留在纸面上，公民未真正充分享受。漠视人权的封建传统相当顽固，践踏人权的事仍然经常发生，有的相当骇人听闻。1989 年 2 月《人民日报》披露，有个农民因为怀疑另一个农民偷其马，就不分青红皂白、不容分说地用刀把被怀疑者杀死，而在杀之前居然取得了在场 40 多名大人、小孩的一致赞同。有些干部有意或无意地利用职权或滥用职权侵犯人权的现象亦时有发生。辽宁三名律师被非法关押四年之久就是一例。我们还应当清醒地认识到，这类侵犯人权的现象绝非一年两载就能绝迹。我们本着实事求是的态度承认我国存在的人权问题，有益无害。其实任何国家，不论它的政府多么开明，法制多么完善，侵犯人权的事总不可避免地时有发生，否则就没有必要谈人权了。鉴于历史的原因，我国人民对人权思想相当陌生，需要开展广泛、深入、持久的人权思想启蒙运动，使我国人民自觉地与全世界人民一起共同高高举起人权的旗帜。

论人权的三种存在形态[*]

李步云[**]

摘　要：人权是人按其本性应当享有的权利。在现代，人权的内容十分广泛和丰富，从不同角度可以作多种分类。从人权的实现和存在形态角度，可以把人权分为应有权利、法定权利、实有权利。从应有权利转化为法定权利，再从法定权利转化为实有权利，这是人权在社会生活中得到实现的基本形式。人权三种形态之间不是平行关系，而是层次关系。应有权利永远大于法定权利，法定权利永远大于实有权利。正是这种矛盾，推动着人权不断得到实现。

关键词：人权、应有权利、法定权利、实有权利

人权是人按其本性应当享有的权利。简单说，就是"人的权利"。在现代，人权的内容十分广泛和丰富。它可以从不同角度作多种分类。例如，从人权内容的不同性质看，可以分为人身权利、政治权利、经济权利、文化教育权利、社会权利等；从人权的不同主体看，可以分为个人权利、集体权利、民族权利；从人权的不同保障方式看，可以分为国内人权与国际人权。这些都是现在人们经常使用的分类方法。此外，笔者认为，我们还可以从人权的实现和存在形态这个角度进行区分，把它分为应有权利、法定权利、实有权利。本文试图就此问题作一论述。

---

[*]　本文原载于《法学研究》1991 年第 4 期。

[**]　李步云，发文时任职于中国社会科学院法学研究所，现已退休。

一

为了说明这个问题，首先需要搞清楚人权这一概念的外延。笔者以为，不少同志对这一概念，包括人权的主体和客体，在理解上偏于狭窄。

有的同志说："什么是人权？简言之，人权就是人民的权利，或叫公民的基本权利。在资本主义国家里，人权，一般是公民基本权利的通称，即公民的基本权利也可以叫作人权。"[1] "'人权'概念无论是在被发明出来的时候，还是现代的使用中，都不指涉和涵盖公民的全部权利，而仅指涉那些'基本的和普遍的权利'，或者说'屈指可数的主要的权利'。"[2] 人权，"指人身自由和其他民主权利"。[3] 笔者认为，把人权的内容仅仅理解为"公民的基本权利"是不妥当的。尽管人权的内容是伴随着人类社会的物质文明与精神文明发展水平的不断提高而逐步扩展与丰富的，人权的概念在历史上处于不断发展变化之中，现在人们对人权内容的理解也还有差异，但在现今的国际社会中，认为人权就是指"人的权利"，包括人的一切权利，已经越来越成为一种共识。到目前为止，国际上已经制定了60多个有关人权保障的文件，其内容十分广泛，几乎无所不包，而不仅仅限于基本人权。就一国范围来说，基本人权一般是通过宪法规定的"公民基本权利"来表现其内容的。基本人权与非基本人权，公民的基本权利与公民的非基本权利，其界限既是绝对的、确定的，又是相对的、不确定的。所谓公民的基本权利，是相对于公民的非基本权利而言的。公民的基本权利主要由宪法规定，而公民的非基本权利则由普通法律来予以确认。从逻辑上说，公民的非基本权利自然也应当是人权的内容。从所涉及的范围看，基本人权如生存权、自由权、平等权只是人权的一小部分，而非基本人权的内容则要广阔得多。保护公民的基本权利固然重要，但不能认为公民的非基本权利就不重要，就可以被排除在人权概念之外。残疾人的某些特殊权利，对健康人不适用；消费者的权利，生产者不能享有；罪犯的某

---

① 乔伟：《论人权》，《文史哲》1989年第6期。
② 张光博：《坚持马克思主义的人权观》，《中国法学》1990年第4期。
③ 《法学词典》编辑委员会编《法学词典》（增订版），上海辞书出版社，1984，第8页。

些特殊权利，对一般公民不适用。这些都是公民的非基本权利，但这些无疑都是重要的，都应属于人权的范畴。在民事的、刑事的与行政的法律关系以及诉讼法律关系中，当事人与关系人的各种权利，有的是自由、平等、安全等基本人权的引申、展开与具体化，但有的则不是，如律师的权利、监护人的权利，如此等等，内容十分广泛，这些也无疑应属于人权的范畴。如果我们把公民的非基本权利排除在人权概念之外，这在理论上是不正确的，在实践上是有害的。

当然，把人权区分为基本人权与非基本人权是十分必要的。无论是在一国范围内还是在国际社会里，我们首先需要强调并着重予以保障的是基本人权，这是一个问题；而人权这一概念应当包括基本人权与非基本人权在内，则是另一个问题。在许多国际文件与人权约法中，经常使用"基本人权"这一概念，其目的与作用也是强调保障基本人权的重大意义，但它并不意味着人权就仅仅指"基本人权"。

有的同志提出：人权就是公民权。在我国，持这种观点的人相当多。笔者认为，这在逻辑上和事实上都是不能成立的。所谓公民，通常是指具有一个国家的国籍，根据该国宪法、法律享受权利、担负义务的自然人。国籍的取得，要有一定条件；国籍也可以丧失，包括自愿丧失与非自愿丧失。因此，几乎任何国家都可能有非公民生活与工作在那里。如果"人权就是公民权"，那就意味着这些人与人权无关，不应享有人权。由于各种政治原因，一个国家的公民出逃，作为难民而留居在别的国家，这种情况非常之多。近年来，仅越南、阿富汗、伊拉克的难民人数，都以百万计。现在世界上还有许多并非难民的无国籍人，他们不是任何一个国家的公民。如果"人权就是公民权"，那么这些难民和无国籍人，就与人权无关；他们的应有权利在居住国就难以受到保护。自1951年以来，有关国际组织已经制定不少公约、宣言、议定书等，如《关于难民地位的公约》（1951）、《关于无国籍人地位的公约》（1954）、《减少无国籍状态公约》（1961）、《关于难民地位的议定书》（1966）、《非居住国公民个人人权宣言》（1985）等，来保障难民与无国籍人等的应有权利。国际社会普遍认为，这些都是世界人权约法的重要组成部分。

自马克思主义出现以来，尤其是苏联十月社会主义革命以后，人权概念与人权制度已由重视保障个人人权，发展到重视保障集体人权，如阶级的或阶层的权利，少数民族的或种族的权利，妇女和儿童的权利，残疾人的权利，消费者的权利，等等。这些都是"群体"的权利，不是个体的权利。而公民则是一个个体概念。显然，"人权就是公民权"的定义，是概括不了这类重要权利的。

再从国际范围来看。第二次世界大战以后，一大批新独立的第三世界国家反对殖民主义掠夺与剥削，要求民族独立、发展民族经济的斗争日益高涨，因而产生了民族自决权、发展权、和平权、环境权等权利要求。从此，人权的概念与制度由国内法领域进入了国际法领域。这类重要人权已得到国际社会的公认，并且国际社会制定有一系列国际公约保障这类权利。今天，社会主义和第三世界国家反殖、反霸的内容已经成为我们这个时代的主流。显然，公民权这一国内法的具有个体特征的概念，是包含不了国际范围内民族与民族之间、国与国之间、地区与地区之间的权利关系的。

大家都知道，人权与公民权这两个概念，在资本主义国家的经典文献和马克思主义经典作家的著作中是有区别的。例如，法国 1789 年制定的《人权宣言》，其全名就是《人权与公民权宣言》。马克思曾提出："一个人有责任不仅为自己本人，而且为每一个履行自己义务的人要求人权和公民权。"① 马克思认为，人权的一部分是政治权利，它们属于公民权利的范畴；而人权则是"权利的最一般形式"。

以上我们从两个方面分析了人权的概念，其权利主体不能局限于"公民"，其权利客体不能局限于"基本权利"。如果采用人权就是"人的权利"这一定义，就能比较恰当地概括出它的全部内容，比较合理地表述这一概念的外延以至它的内涵。这里的"人"是指一切人，不仅指公民，而且包括非公民；不仅指个人，也包含人的群体，即国内的集体与国际的民族集体。这里的"权利"是指人的一切权利，不仅指基本权利，而且包括非基本权利。人权这一概念在理论上、逻辑上必须严谨。这样，在人权保障的实践中才不致带来各种消极的影响。同时，人权就是"人的权利"这一定义，原则上不涉及人权的本质、制度与政策，能同国际社会的共同看法相协调，也可以在国际交往中避免不必要的障碍和困难。

---

① 《马克思恩格斯全集》第 16 卷，人民出版社，1964，第 16 页。

二

有一些同志在自己的著作中提出，人权就是"人的权利"，"是人作为人享有或应该享有的权利"；① "人权即作为一个人所应该享有的权利"。② 但是，持这种观点的同志，有的认为这里所说的"权利"仅仅是指法定权利；有的则没有提出和分析、论证"应有权利"这一概念或者有意回避了它。究竟在现实的社会生活中有没有"应有权利"？它具有什么样的性质和状态？它同西方所谓的"自然权利"又有什么区别？笔者在下面试图对此作一探究。

从本来的意义上讲，人权就是指人的这种"应有权利"。法律规定的权利不过是人们运用法律这一工具使人的"应有权利"法律化、制度化，使其实现能得到最有效的保障。因此，法定权利是法制化了的人权。法定权利同"应有权利"相比，虽然是一种更为具体、明确、肯定的规范化的人权，但不能说它同"应有权利"是一回事，不能说在法定权利之外不存在"应有权利"。由于受主观与客观的种种条件的限制，在任何国家，法律的制定都需要一个过程。而且由于各种因素的影响与制约，立法者是否愿意运用法律手段去确认与规范人的"应有权利"以及这种权利能否得到合理的与充分的保障，也是不确定的。只有存在人的"应有权利"，才能产生应不应当以及如何去保障它的问题。否认"应有权利"的存在，法定权利就会成为"无源之水"和"无本之木"。

事实上，"应有权利"的存在，并不以也不应当以法定权利的存在与否为转移。举两个例子就能充分说明这一点。世界上第一部成文宪法——美国宪法颁布于 1787 年。当时由于存在不同意见，宪法中没有任何保障人权的具体条款。只是到 1791 年，经过杰弗逊等民主主义者竭力争取，才通过第二修正案即人权法案，明确规定公民可以享有的一些基本人权。能不能说，美国人民在 1791 年之前，不应享有该修正案所列举并予以保障的那些基本人权呢？！当然不能。我国现行宪法颁布于 1982 年。这部宪法的第

---

① 董云虎、刘武萍编著《世界人权约法总览》，四川人民出版社，1990，第 75 页。
② 何华辉：《比较宪法学》，武汉大学出版社，1988，第 60 页。

38 条规定："中华人民共和国公民的人格尊严不受侵犯。禁止用任何方法对公民进行侮辱、诽谤和诬告陷害。"这种规定在我国是第一次。能不能说，我国人民在这部宪法颁布之前不应当享有人格尊严不受侵犯的权利呢?! 当然不能。运用法律这一社会关系调整器来确认与保障人的"应有权利"要有一个过程，这在任何国家都是必然的。不过，有的过程是合理的，而有的过程则是不合理的。如果认为人权仅仅是指法律规定的权利，不存在人的应有权利问题，那不等于承认那些专制主义国家蔑视人权、拒绝运用法律手段去确认与保障人权是正常的、合理的吗?!

人的"应有权利"在法律没有予以确认和保障之前，在现实社会生活中是客观存在的。权利义务关系实质上是一种社会关系。法律上的权利义务存在于法律关系（包括抽象法律关系与具体法律关系）之中。法律关系以法律的存在为前提，是一种具有自身特点的特殊的社会关系。人的"应有权利"以及与之相伴随的义务，一部分或大部分被法律化、制度化以后，转变成了法定的权利与义务。而另一部分则存在于现实生活的各种社会关系之中。它们是不难看出与理解的。例如，自 1949 年 2 月中共中央发布《关于废除国民党的六法全书与确定解放区的司法原则的指示》以后，旧的法统就在我国大陆中断了。1950 年 4 月制定与颁布了新中国的第一部婚姻法。尽管这部法律制定得十分迅速，但仍然在一个短时期内，我国的婚姻家庭关系中的权利与义务没有法律给予确认与保障。然而，在那时的婚姻家庭关系中，夫妻之间与父母子女之间，还是存在着某种权利与义务的关系。在千千万万个家庭中，父母在这样那样地行使教育子女和监护未成年子女的权利；而子女则在这样那样地履行赡养父母等义务。

人的"应有权利"在法律没有给予确认和保障的情况下，受着以下一些社会力量与因素的不同形式与不同程度的承认与保护：一是各种社会组织，包括政党与社会团体的纲领与章程；二是各种形式的乡规民约；三是社会的习俗、习惯与传统；四是人们思想中的伦理道德观念和社会政治意识。虽然所有这些社会力量与社会因素对人的"应有权利"的承认与保护，不如国家的法律对"应有权利"的确认与保障那样具体、明确，那样具有普遍性和规范化的特点，没有国家强制力予以支持，但这种承认与保护是人们看得见与感觉得到的，它证明人的"应有权利"在社会现实生活中、在现实的社会关系和社会交往中客观存在，并不是什么虚无缥缈的东西。

有人认为，权利是个法律概念，也仅仅适用于法律领域，并由此而否定或怀疑人的"应有权利"这个概念的科学性。这种看法是不正确的。权利与义务是内容极为广泛的概念。其种类不仅包括国家法律上的权利与义务，也包括政党、社会团体、企事业组织等规章上的权利与义务，还包括道德、宗教规范中的权利与义务。法律上的权利与义务同各种社会组织规章中的权利与义务的区别，仅仅是具体内容、适用范围、实施方式的不同而已。它们都具有权利与义务共同的形式特征。人的"应有权利"以及与之伴随而存在的义务，一部分通过法律原则和条文以及社会组织规章的原则与条款得到具体反映；一部分则通过人们的伦理道德、社会政治观念以及传统、习惯、习俗等的认可与支持而在现实生活中的社会关系和社会交往中表现出来。例如，在某个国家的某个历史时期，在法律和社会组织规章中没有规定人的人格尊严不受侵犯，但人格权——包括人的人身不受凌辱、名誉不受诋毁、荣誉不受玷污、姓名不受亵渎、肖像不受侮辱等——虽然会经常遭受破坏与践踏，但在现实的社会关系与社会交往中还是能够多少有所反映和表现，能够多少受到社会上一部分人的承认和尊重。

我们所讲的人的"应有权利"同西方天赋人权论所讲的"自然权利"虽然在形式上有些类似，但是在一系列根本问题上存在着原则区别。天赋人权论以人权反对神权和君权，具有重大的历史进步意义；它的理论基础之一——"自然权利"说也包含有某些合理的因素，即提出了"应然"与"实然"的概念，猜想到了在法定权利之先有某种人应当享有的权利的存在。但是，整个天赋人权论连同它的理论基础"自然权利"说，是建立在历史唯心论的基础上的。具体分析，其区别主要表现在以下几个原则问题上。

一是权利的本源。"自然权利"说认为，在国家出现之前，人处于一种"自然状态"中，那时人与人的关系由"自然法"调整，"自然权利"是自然法所赋予和固有的。随着国家的产生出现了人定法，它必须受"自然法"的支配。自然法与自然权利是人与生俱来的。它的本源是"自然"，是人的"理性"，是人性。他们所讲的人性，即人的本性，是一种脱离社会的抽象的人性，实际上是只讲人的自然属性，而不讲人的社会属性。这种理论虽然包含有某些合理的成分在内，但从总体上讲是唯心的，而其历史观则完全是唯心的。

与此种理论截然不同，我们所讲的"应有权利"，其产生与本源有两个方面，即内因与外因。内因是指人的本性或本质，它包含人的自然属性与社会属性。人的本性或本质是人的自然属性与社会属性的统一。这是人的"应有权利"产生与发展的内在根据。外因则是指人类社会物质文明与精神文明的发展水平。它是人的"应有权利"由低级向高级发展的外部条件。马克思曾经指出，人的本质"是一切社会关系的总和"。他的这一论断是对人的本质学说的历史性贡献。这一观点的提出使人的本质的理论开始建立在真正科学的基础上。人人都要求生存、要求发展、要求理性，要求过幸福的生活，这是由人的生理的和心理的自然属性所决定的，是人的一种本能。马克思主义经典作家也曾深刻地论证过，自由与平等都是基于人的本性而存在的。权利的基础是利益。人们之间的权利义务关系，本质上是一种利益关系。马克思说："人们奋斗所争取的一切，都同他们的利益有关。"① 人始终把人权作为自己追求的根本目标，归根结底是为了满足自身的各种需要和利益。这是人权发展的永不枯竭的动力。但是，单纯的利益与愿望构不成权利，因为人不是孤立地生活在世界上的。人与人之间，群体与群体之间，个人、群体与社会之间，存在着各种性质不同的错综复杂的社会关系。其中财产关系与经济关系是主要的、基本的关系。整个人类社会是在生产力与生产关系、生产关系与上层建筑的矛盾运动中向前发展的。一定的生产力与生产关系构成一定的社会生产方式。而人类社会一定历史阶段的人与人之间各种社会关系的性质与状况，是由该社会的生产方式所决定的。人与人之间社会关系作为人的"应有权利"的本源，即人权产生与发展的内在根据，具体表现在三个方面。（1）社会关系的存在是人权存在的前提。如果人是完全孤立存在的，那就不需要有权利与义务这种形式去调整人与人之间的各种利益矛盾与冲突。（2）在人类社会一定历史阶段（如奴隶社会、封建社会、资本主义社会），人们之间各种社会关系的性质与状况，决定着人权的性质与状况。（3）人权与人权意识是相互依存和相互作用的。人们在各种社会关系中所处的不同地位，决定着人们的人权意识。而这种人权意识又反作用于人权与人权制度。由此可

---

① 《马克思恩格斯全集》第 1 卷，人民出版社，1956，第 82 页。

见，马克思主义关于人的本质的学说与整个历史唯物主义原理，使关于人权本源的理论真正建立在科学的基础上。只有它能够正确地全面地完整地说明人权的产生及其发展规律。

二是权利的状态。在天赋人权论看来，自然法与自然权利存在于人们的思想意识中。康德就把这种自然权利叫作道德权利。他们认为在现实社会生活中存在的只是人定法与法定权利。因此，对于人们来说，这种自然权利始终具有一种很神秘的性质。我们所讲的人的"应有权利"与此截然不同，它存在于现实的社会关系与社会交往中。在这里，我们必须把"人权"同人权意识严格区别开来。人的"应有权利"在没有法律化制度化之前，虽然有时处于某种不确定的状态，虽然它的存在与状况受一定的道德观念的影响与制约，但它存在于现实社会生活中，这种"权利"同人权意识相对而言，它属于"社会存在"这个范畴，其存在并不以人们的意志为转移。

三是权利的性质。在天赋人权论看来，自然权利是一种纯抽象的东西。它对一切人都有效，对任何人都一视同仁。因此，它也就没有什么阶级性。即使有的人（如资产阶级的某些学者）承认在阶级社会中，阶级划分及其矛盾冲突是一个客观存在，但由于自然权利具有抽象的性质，它仍然超脱于这种阶级矛盾和对立而不具有阶级性。我们所讲的人的"应有权利"，在现实生活中是具体的，是存在于各种经济关系、政治关系、文化关系以及其他社会关系中的一个个具体的权利。"应有权利"这个概念，是许多具体权利的抽象，假若不存在现实生活中各种各样的具体的"权利"，这种抽象也就成了没有内容的抽象，本身就失去了根据和意义。在阶级社会里，权利的具体性必然导致权利的阶级性。应有权利在被法律确认后变为法定权利，固然具有阶级性（因为"法是统治阶级意志的体现"），但这种应有权利在没有被法律予以确认和保障的情况下，也仍然具有阶级性。因为，一个人能够实际享有多少权利，是由他在各种社会关系中所处的不同地位决定的；同时，应有权利的享有又受人们观念的影响与制约。由于人们所处的阶级地位不同，对于某项权利，有的人认为"应当"享有，而另一些人则可能认为"不应当"享有。

四是权利的演变。在天赋人权论看来，自然权利是不变的，过去是什么样子，现在和今后仍然是什么样子。既然自然权利产生于人的"自然属

性"，是"理性"的体现，同时它又是纯抽象的东西，因此认为自然权利
具有不变性是合乎逻辑的。我们所讲的"应有权利"与此不同。它是永远
不断发展变化的。一方面，它的性质与状况，是由一定历史时期的社会关
系的性质与状况所决定的；另一方面，它的实现程度又受整个社会的物质
文明与精神文明（包括文化教育设施、科学文化艺术成果以及人们的道德
水准等）的发展水平所影响和制约。

三

人权得到最全面最切实的保障，是现代法治社会的一个根本目标，
也是它的基本标志之一。现在，法律日益成为人类社会中最普遍、最权
威也最富有成效的社会调整手段。法网几乎已经触及社会生活的一切方
面；人们行为的选择，无不处在法律的调节和支配之下。在资本主义国
家，资产阶级历来十分重视运用法律手段来保障资产阶级人权。马克思主
义经典作家同样重视运用法律来确认与保障人的应有权利。马克思说过：
"法典就是人民自由的圣经。"[1] 列宁也曾指出："宪法就是一张写着人民权
利的纸。"[2]

为什么人们会如此重视运用法律手段来保障人权，即把人的"应有权
利"转化为"法定权利"呢？基本的原因是，法律既具有重大的工具性价
值，同时又具有独特的伦理性价值。作为一种工具，法律具有国家意志
性、行为规范性、普遍有效性和强制执行性等基本特性。法律的社会功能
就是来源于这些基本特征。人的"应有权利"被法律确认而成为"法定权
利"以后，这种权利就会变得十分明确而具体，就会上升成为国家意志，
就对一个国家的全体居民具有普遍约束力，国家就将运用强制力量来保障
其实现。法律对人权的这种保障作用，是所有社会组织规章、乡规民约以
及伦理道德等手段所无法比拟的。不仅如此，法律本身就是公平与正义的
体现，它的本性就要求所有人在它面前一律平等。尽管在阶级对立的社会
里法律事实上做不到这一点，但它的这种独特的伦理价值，在千百年的中

---

① 《马克思恩格斯全集》第 1 卷，人民出版社，1956，第 71 页。
② 《列宁全集》第 9 卷，人民出版社，1959，第 448 页。

外历史上为维护人的基本价值和尊严发挥了并将继续发挥巨大的作用。正是基于这两个方面的原因，在人类文明的发展已经达到如此高度的现今时代，我们甚至可以说，哪里没有法律，哪里就没有人权；哪里的法律遭到践踏，哪里的人权就会化为乌有。

当然，我们不应主张法律万能。事实上，人权问题并不单纯是一个法律问题。尽管把"应有权利"转化成法定权利意义十分重大，但终究不能把法律看成保障人权的唯一手段。我们提出并论证"应有权利"这一概念，目的之一，就在于阐明除了法律这个手段，还有其他一些社会力量和社会因素对保障人的应有权利也有一定作用。如果否认应有权利这一概念，在"法定权利"与"人权"之间画等号，势必把人权问题仅仅看成一个法律问题。

提出"实有权利"这一概念也不是没有意义的。所谓"实有权利"，是指人们实际能够享有的权利。在一个国家，法律对人的应有权利作出完备规定，并不等于说这个国家的人权状况就很好了。在法定权利与实有权利之间，往往有很大的距离。现今时代，在法律中对人权的内容作出全面的规定，并不怎么困难；但要使法定权利得到全面的切实的实现，就不是一件容易的事情。一个国家的人权状况如何，在很大程度上取决于这一点。

一般说来，在一个国家，妨碍法定权利变为实有权利的因素主要有四个方面。（1）法治观念与人权意识。这主要是指国家的各级领导人员的法治观念与人权意识的状况如何。在那些历史上缺乏民主与法治传统的国家，这一点往往成为主要障碍。（2）国家政治民主化的发展程度。一个国家制定有比较完备的法律，不等于就是实行法治。法治的基本标志是法律具有至高无上的权威。而法治国家只能建立在民主政治的基础上。（3）商品经济的发展状况。马克思曾经精辟地分析与论证过，自由与平等的观念同商品经济有着不可分离的联系。在社会主义制度下，有计划的商品经济的发展，将为人权意识的普及与提高奠定可靠的经济基础。（4）社会经济与文化的发展水平。诸如劳动权、休息权、受教育权等的充分享有，都直接同这方面的条件有关。

从应有权利转化为法定权利，再从法定权利转化为实有权利，这是人权在社会生活中得到实现的基本形式。但是，这并非唯一形式。因为在人权的实现过程中还有其他社会因素在起作用。这三者之间不是平行关系，而是层次关系，三者的内容有很大一部分是重叠的。随着人类文明的继续向前发展，它们之间在外延上将一步步接近，彼此重叠的部分将日益扩大，但永远存在矛盾，应有权利永远大于法定权利，法定权利永远大于实有权利。正是这种矛盾，推动着人权不断地得到实现。

从契约到人权*

邱　本**

摘　要："从身份到契约"是一场伟大的社会变革，但是契约的意义是历史性的。随着人类社会的发展，从契约到人权成为必然的趋势。具体表现为，从契约自由到国家干预，从优胜劣汰到优胜劣存，从个人本位到社会本位，从公平、效益的偏重到公平、利益的平衡、统一，私法公法化，从第二代人权到第三代人权，等等。

关键词：人权、身份、契约、类存在物

一百多年前，梅因曾精辟地指出："所有进步社会的运动，到此处为止，是一个'从身分到契约'的运动。"① 但社会是不断发展进步的，那么，"此处"以后，进步社会的运动又如何呢？我认为，可以概括为"从契约到人权"。

一　从身份到契约的意义及其弊端

在社会发展的某个历史时期，发生了一场伟大的社会变革，即由身份命定变革为契约自治，梅因把它经典性地概括为"从身份到契约"的运

＊ 本文原载于《法学研究》1998 年第 6 期。

＊＊ 邱本，发文时为中国社会科学院研究生院博士研究生，现为温州大学法学院教授。

① 〔英〕梅因：《古代法》，沈景一译，商务印书馆，1959，第 97 页。

动。他说："关于我们所处的时代，能一见而立即同意接受的一般命题是这样一个说法，即我们今日的社会和以前历代社会之间所存在的主要不同之点，乃在于契约在社会中所占范围的大小。"① "从身份到契约"意味着身份一统天下让位于契约支配社会，契约普遍地存在于各种社会关系之中，以至"我们决不会毫不经心地不理会到：在无数的事例中，旧的法律是在人出生时就不可改变地确定了一个人的社会地位，现代法律则允许他用协议的方法来为其自己创设社会地位"。② 梅因认为，"承认过去和现在之间存在这种差别，是最著名的现代思想的实质"。③

"从身份到契约"是一场伟大的社会变革，在这场伟大的社会变革中，契约起着巨大的推动作用。

契约是对身份的有力否定。身份的本质在于：以出身定名分，人们的出身是决定人们权利（力）义务的根本依据；以先天定后天，人的出身是一切的一切中至关重要的东西，后天的努力无关紧要，它否定人们的后天努力，推崇宿命论；以天命夺意志，把不以人的意志为转移的天命视为主宰，一切东西都是命中注定的，人的自由意志无足轻重，它束缚人的自由意志；以差别反平等，讲究身份是为了寻找差别、固定差别、反对平等。身份的上述本质决定了身份必然成为社会发展进步的阻碍力量。而契约的本质在于：以协议定权义，人们的权利义务不是由身份决定的，而是由人们之间契约达成的协议决定的；立足现在着眼未来，先天是后天的基础，但后天改变先天，它鼓励人们的后天努力，推崇进取的人生观；以意思自治为圭臬，自己是自身的主宰，一个人的一切都是由其自身造成的；以平等为基础，契约是主体平等、权义平等，没有平等就没有契约。契约的上述本质决定了契约与身份是对立的，契约打破身份，契约是社会发展进步的促进力量。

契约与自由相关，契约与自由同义。没有契约就没有自由，契约"'使自由有了内容，得到了解释。'对契约的权利不是被看作自由的一个方面，而是被看作自由的精髓，被看成永恒的和绝对的。除非在最严格的

① 〔英〕梅因：《古代法》，沈景一译，商务印书馆，1959，第172页。
② 〔英〕梅因：《古代法》，沈景一译，商务印书馆，1959，第172页。
③ 〔英〕梅因：《古代法》，沈景一译，商务印书馆，1959，第172页。

限度之内，否则，对这样权利不能有任何损害"。① 自由是契约的内容和生命，契约是自由的体现和实现，"正是通过契约人们才能获得自由"。② 契约弘扬自由，打碎束缚人们的桎梏，让人们尽可能自由地行动。

契约是人们的意思自治，"正是通过契约，个人才能够获得最充分的机会去发挥他的才干和使用他的财产。契约是扩大个人在资源利用方面自行处理权范围的主要法律手段"。③ 契约是对个人主义和自力更生的强调，它要求人们自己照料自己，承担自己自由选择的后果，契约为人与人之间的关系提供了恰当的模式，为人们自由地进行交易提供了保障。契约的这些性质契合了商品经济、市场经济的本质要求，促进了商品经济、市场经济的发展。

契约最根本内容之一就是个人与政府的关系，也即两者权限的界定。"契约自由在那些企图尽量地缩小国家作用的人的信条中成了一项主要条款。在他们看来，政府唯一的合法职能是使由私人契约创设的义务得到强制的履行。"④ 自由缔约权被视为一种个人天赋的自然权利，任何有正常理解力的成年人都应享有，"法律的存在不仅是为了保证自由缔约权不受其他人的侵害，更重要的是保证不受来自社会的侵犯。不管这个国家在其他领域能够干些什么，它不能对缔约的能力加以限制，因为这种能力是自然本身所赋予的"。⑤ 契约是对权力的一种制衡，契约具有民主政治的功能，促进了民主政治的发展。

契约是推动社会发展进步的工具，是文明之母，这正如美国最高法院在 1787 年所说的："契约标志着社会在实现文明和繁荣方面获得的进展。"⑥ 布鲁克斯·亚当斯断言："美国的文明建立在契约自由的理论之上。"⑦ 美国律师协会 1896 年的当选主席宣布："每一个曾经从野蛮国家过

---

① 〔美〕伯纳德·施瓦茨：《美国法律史》，王军等译，中国政法大学出版社，1989，第 124 页。
② W. G. Miller, *Lectures in the Philosophy of Law*，参见 Kessler and Gilmore, *Contracts*, 2nd, ed. , Little, Brown and Company, 1970, pp. 3 - 4。
③ 〔美〕伯纳德·施瓦茨：《美国法律史》，王军等译，中国政法大学出版社，1989，第 22 页。
④ 〔美〕伯纳德·施瓦茨：《美国法律史》，王军等译，中国政法大学出版社，1989，第 123 页。
⑤ 〔美〕伯纳德·施瓦茨：《美国法律史》，王军等译，中国政法大学出版社，1989，第 125 页。
⑥ 转引自〔美〕伯纳德·施瓦茨《美国法律史》，王军等译，中国政法大学出版社，1989，第 126 页。
⑦ 转引自〔美〕伯纳德·施瓦茨《美国法律史》，王军等译，中国政法大学出版社，1989，第 126 页。

渡到开化国家的民族的司法史无不以有关身份的法律为其开端,以契约解释的法律为其归宿。"① 社会正朝着通过自由缔约而实现个人自治的方向发展,这已被视为人类的福音,"对抽象的契约自由的任何限制都是一种倒退,因而是专横的、不合理的"。②

从"身份到契约"这场伟大的社会变革运动经历了几个世纪,在 17 世纪、18 世纪这场运动的进展是缓慢的,在 19 世纪这场运动发展到了顶峰,③赫斯特总结美国历史上 1800 年至 1875 年是"契约的年代",④ 弗里德曼认为"19 世纪是契约法的黄金时代"。⑤ 至此,人类脱离了身份社会,步入了契约社会。契约代表着社会发展进步的方向,契约成为新时代的主宰。

但我们在看到上述契约的伟大意义时,必须同时看到契约的意义是历史性的,契约是一分为二的,在不同的社会历史条件下,契约的弊端日益在各个方面暴露出来。

在经济上,契约反映并加强了市场自由竞争,但激烈的市场自由竞争必然导致优胜劣汰,结果生产日益集中,形成经济垄断。随着自由企业体制的衰竭和垄断的形成,"契约的意义发生了急剧的改变",⑥ 契约不平等、契约无自由,契约已经异化了。经济强者与经济弱者之间不可能有平等自由的契约,而只能由经济强者单方面订立标准合同,并以要么接受要么拒绝的方式提交给经济弱者,经济弱者处于经济强者的支配之下,契约自由蜕变成了经济强者支配经济弱者的自由,因此,"对那些为了换取不足以维持生计的报酬而出卖血汗的人谈契约自由,完全是一种尖刻的讽刺"。⑦

在政治上,人们往往认为以契约为理念所构建的契约政体是最理想的民主政体,但实质上契约理念与现实的民主政体是相冲突的。如果我们考

---

① 转引自〔美〕伯纳德·施瓦茨《美国法律史》,王军等译,中国政法大学出版社,1989,第 126 页。

② 〔美〕伯纳德·施瓦茨:《美国法律史》,王军等译,中国政法大学出版社,1989,第 126 页。

③ Famsworth, *On Contracts* (1), Little, Brown and Company, 1990, p. 24.

④ Hurst, *Law and Condition of Freedom in the Nineteenth United States*, 参见 Famsworth, *On Contracts* (1), Little, Brown and Company, 1990, p. 24.

⑤ Friedman, *History of American Law*, 参见 Famsworth, *On Contracts* (1), Little, Brown and Company, 1990, p. 24.

⑥ Kessler, *Contracts of Adhesion*, 参见 Famsworth, *On Contracts* (1), Little, Brown and Company, 1990, p. 25.

⑦ 〔美〕伯纳德·施瓦茨:《美国法律史》,王军等译,中国政法大学出版社,1989,第 199 页。

察一下民主政体的思想渊源，不难发现民主政体都产生于城邦，因为只有小国寡民才能真正实现本来意义上的民主政体。但现实中的绝大多数国家并非小国寡民，更不是城邦国家，因此把这种源于城邦的民主政体思想推广到大国众民的国家并实行之，必然存在巨大的困难，甚至是不可能的。这一点在卢梭那本影响世界各国政体的《社会契约论》里同样存在。在卢梭看来，契约权是每个公民天赋的权利，是其主权的核心内容，也是实现其主权的根本方式，因此，对于每个公民来说，契约权就是其主权，而主权是"不可转让的"、"不可分割的"、"不可代表的"，因此按照卢梭的契约理念所设想的理想的民主政体只能是直接民主制，他坚决反对代表民主制，认为"代表的观念是近代的产物；它起源于封建政府，起源于那种使人类屈辱并使'人'这个名称丧失尊严的、既罪恶而又荒谬的政府制度"。① 卢梭是一个理想主义者，他的设想在现实世界中是行不通的，所以连他自己都不得不承认社会契约论的试验地应如科西嘉岛②，甚至认为："就民主制这个名词的严格意义而言，真正的民主制从来就不曾有过，而且永远也不会有。"③ 对此，黑格尔也曾指出："近人很喜欢把国家看作一切人与一切人的契约。他们说，一切人与君主也订立契约，而君主又与臣民订立契约。这种见解乃是由于人们仅仅肤浅地想到不同意志的统一这一点而来。"④ 契约所要求的直接民主制必然成为一种乌托邦的东西，它最多只能演绎出一种代表民主制，这种代表民主制，在卢梭看来，"不管怎么样，只要一个民族举出了自己的代表，他们就不再是自由的了；他们就不复存在了"。⑤ 的确，人们举出的代表往往难以忠于他们，由代表们控制的国家，其本质特征，"是和人民大众分离的公共权力"，是一种"从社会中产生但又自居于社会之上并且日益同社会脱离的力量"。⑥ 这种代表民主制不能总是代表公意，并常常冒天下之大不韪。在人类历史上，"民主政体选出了林肯、丘吉尔和肯尼迪，也选出了希特勒、墨索里尼和庇隆"。可见，契约并不能彻底渗透到政治领域，契约并不能实现真正的民主政治。

---

① 〔法〕卢梭：《社会契约论》，何兆武译，商务印书馆，1980，第 125 页。
② 〔法〕卢梭：《社会契约论》，何兆武译，商务印书馆，1980，第 69 页。
③ 〔法〕卢梭：《社会契约论》，何兆武译，商务印书馆，1980，第 88 页。
④ 〔德〕黑格尔：《法哲学原理》，范扬、张企泰译，商务印书馆，1982，第 82 页。
⑤ 〔法〕卢梭：《社会契约论》，何兆武译，商务印书馆，1980，第 128 页。
⑥ 《马克思恩格斯全集》第 21 卷，人民出版社，1965，第 135、194 页。

在价值观念上，契约体现的是一种个人主义、"丛林法则"，信奉自由竞争、优胜劣汰。这在历史上曾起过解放人、激励人、促进社会发展进步的巨大作用。但它使社会关系紧张、弱肉强食，残酷无情，与人的其他价值观念不相协调。这正如马克思所指出的，自由竞争、优胜劣汰所促进的社会发展进步，"只有通过最大地损害个人的发展"，[1]"靠牺牲多数的个人，甚至靠牺牲整个阶级"[2]才能取得，结果，"一些人靠另一些人来满足自己的需要，因而一些人（少数）得到了发展的垄断权；而另一些人（多数）经常地为满足最迫切的需要而进行斗争，因而暂时（即在新的革命的生产力产生以前）失去了任何发展的可能性"。[3]契约的价值观念实质上比附的是自然界的进化论观念，"优胜劣汰，适者生存"，但在自然界中物种之间自有一种内在的均衡力使物种生生不息、新新不已，而就人与人之间来说，人类似乎至今还缺乏控制人与人之间自由竞争的能力，任凭自由竞争，人类不足以保持平衡而必然会出现人的异化、人压迫人、人剥削人、人吃人的现象。这一点为社会达尔文主义所应验。比如，希特勒鼓吹日耳曼民族是世界上最优秀的民族，为了纯化日耳曼民族，大肆屠杀犹太人，这是人类历史上的悲剧。在当代，有人鼓吹"能人经济"、"精英政治"，但如果"能人"不愿"兼济天下"，"精英"篡夺"人民主权"，那么这种"能人经济"是一种"经济沙文主义"，这种"精英政治"是一种"政治沙文主义"，两者都会带来严重的社会危害。契约的价值观念从终极来看是"一将功成万骨枯"，它"根本不能反映市场上不成功的参与者所遭受的苦难"。[4]

正是由于上述契约所具有的严重弊端，人们逐渐对契约进行了反思，"对从'身份到契约'的运动是代表社会进步的唯一途径的观念提出了异议。契约自由让位于社会福利和对一个更公平的工作和生活水准的维护。福利国家的出现使梅因格言的效力大减"。[5]美国著名法学家吉尔默（Gil-

---

① 《马克思恩格斯全集》第 47 卷，人民出版社，1979，第 190 页。

② 《马克思恩格斯全集》第 26 卷第 2 册，人民出版社，1973，第 124 页。

③ 《马克思恩格斯全集》第 3 卷，人民出版社，1960，第 507 页。

④ Hugh Collins, "Contract and Legal Theory," in William Twining, ed., *Legal Theory and Common Law*, Basil Black-well Ltd., 1986, p.150.

⑤ 〔美〕伯纳德·施瓦茨：《美国法律史》，王军等译，中国政法大学出版社，1989，第 200 页。

more）从别的角度对契约进行了分析考察并将其诊断为"契约的死亡"。

二　从契约到人权的必然及其原因

契约为什么会从巨大的积极功能走向严重的消极方面？我认为，这是由契约的本质决定的。

契约具有平等自由的本质，这种本质决定了契约存在的前提条件是人们必须同质同量、没有任何差别。但是，世界上连两片相同的树叶都没有，更何况作为万物之灵长的人呢？如果说人的类本质相同的话，那么人在量方面就千差万别了，同质同量、没有任何差别的人在现实中根本不存在，因此，契约存在的前提条件是十分苛刻的，以至在现实中根本不存在。既然契约要求的前提条件都不存在，那么契约的真正存在就十分令人怀疑了。实际上，契约只能存在于具有千差万别的人们之间，正是人们存在着千差万别，因此他们之间的契约不可能是真正平等、自由的。也许起始人们之间存在的差别还不足以动摇人们的契约平等自由，但经过长时间的激烈的自由竞争，人们之间固有的差别日益明显加大，进而从根本上动摇了人们之间的契约平等自由。在优胜劣汰的法则下，契约往往成为优者的单方面的特权，对于劣者来说，"契约"只能是"受奴役"的代名词。从这里也可以看出，所谓"契约的死亡"未免有点大惊小怪，因为真正的契约本不生存，何谈死亡？

人类社会发展进步的历史，是逐渐实现"人对人的本质的真正占有"，是不断地"把人的社会关系还给人本身"，是日益走向人权和保障人权，"使人成之为人"的历史。以上论述表明，契约具有内在的局限性，并且这种局限性是契约自身难以克服的，尽管契约在历史上曾实现过人权，但它的使命已经完成，因此，要进一步实现人权必须诉诸人权本身，实现从契约到人权的社会变革。这种变革有其经济政治和人类自身的基因。

在经济上，契约契合商品经济（市场经济）的客观规律的要求，商品经济（市场经济）的发展是确立人的平等自由和实现人权的经济基础，在这个意义上，可以说是"商赋人权"，在历史上，契约实现过人权。但契约本质上也是交换价值的交换。而"交换价值作为整个生产制度的客观基础这一前提，从一开始就已经包含着对个人的强制……个人只有作为交换价值的生产者才能存在，而这种情况就已经包含着对个人的自然存在的完全否定"。① 这也就是说，在市场体制下，每一个人都作为交换价值的生产者才能存在，如果一个人没有生产交换价值的能力，或者生产交换价值的能力比别人低，不能提供价廉物美的商品或服务，就无法实现交换价值。在市场体制下，人的生存方式表现为"以物的依赖性为基础的人的独立性"，② 一个人生产、提供和依赖的"物"（交换价值）不行，那么这个人也就不行。契约是一种竞争机制，它总是要决出优劣胜负来，因此，从终极来看，契约必然会导致经济强者和经济弱者、有产者和无产者、富人和穷人的分化。在这种情况下，讲平等，确实"就是简直把不平等叫做平等"，③ 讲自由，实际上就是有产者运用私有财产的自由，有产者剥削无产者的自由。④ 可见，在经济上，契约并不能真正实现人权，这显然是经济不正义。这种经济不正义是不能容忍的，因为，如果说有些经济不正义是由于社会生产力落后，人们所生产出来的社会物质财富不足以满足所有人的需要，因而牺牲某个人甚至牺牲某个阶级来换取其他人的生存发展还算合理的话，那么许多经济不正义并非如此。在许多时期，由于科学技术的发展，社会生产力不断提高，社会物质财富大量涌现，完全能够满足所有社会成员的基本需要，可是不合理的制度使得社会物质财富为极少数人所攫取，而广大民众饥寒交迫。因此，这种经济不正义，完全是人为的，是不合理的制度造成的，这正如马克思在批判资本主义时指出的："我们看到，机器具有减少人类劳动和使劳动更有成效的神奇力量，然而却引起了饥饿和过度的疲劳。新发现的财富的源泉，由于某种奇怪的、不可思议的魔力而变成贫困的根源。技术的胜利，似乎是以道德的败坏为代价换来的。随着人类愈益控制自然，个人却似乎愈益成为别人的奴隶或自身的卑劣行为的奴隶。甚至科学的纯洁光辉仿佛也只能在愚昧无知的黑暗背景上闪耀。"⑤ 有必要指出的是，人类历史上的许多经济不正义尤其表现为社会物质财富的创造者不能成为社会物质财富的所有者，其创造得越多反而越

---

① 《马克思恩格斯全集》第 46 卷（上册），人民出版社，1979，第 200 页。
② 《马克思恩格斯全集》第 46 卷（上册），人民出版社，1979，第 104 页。
③ 《马克思恩格斯全集》第 2 卷，人民出版社，1957，第 648 页。
④ 《马克思恩格斯全集》第 1 卷，人民出版社，1956，第 438 页。
⑤ 《马克思恩格斯全集》第 12 卷，人民出版社，1962，第 4 页。

贫困，社会物质财富的攫取者甚至不把社会物质财富的创造者当人看。马克思曾批判资产阶级及其经济学"不考察不劳动时的工人，不把工人作为人来考察"，① 他们把关于人的生存的问题宣布为无关紧要的甚至是有害的，从他们的观点来看，生产的真正目的不是资本养活多少工人，而是资本带来多少利息，"人是微不足道的，而产品则是一切"，② 他们"把工人只当作劳动的动物，当作仅仅有最必要的肉体需要的牲畜"，③ 工人的任何其他的需要都是奢侈的，都是不可饶恕的。物的贪欲泯灭了人的尊严，"见物不见人"，对人"漠不关心"，④ "物的世界的增值同人的世界的贬值成正比"。⑤ 这种经济不正义是剥夺人权的经济根源，但也是产生人权的经济基础，满足人的最基本需要、尊重人的尊严是人权的要求，人权是"最低限度的道德权利"，哪里有经济不正义，哪里就会诉诸人权。

　　人们经济上不平等、无自由必然导致人们政治上不平等、无自由，既然人们政治上不平等、无自由，那么政治契约就不可能存在。⑥ 人类历史上的每次政治革命，无不打着平等自由的革命旗号，尤其是在资产阶级革命如法国大革命时期，平等自由"特别是通过卢梭起了一种理论的作用，在大革命的时候以及在大革命之后起了一种实际的政治的作用"，⑦ 正因为如此，卢梭被公认为"法国大革命这场风暴的前驱"、"新时代的创始人"、"共和国的宣布人"。⑧ 可是革命胜利（准确地说是革命结束）以后，人们并没有真正享有平等自由。实质上这已经形成了一种不可思议的悖论：打着平等自由的旗号的革命，并不能真正实现平等自由；明知不能实现平等自由，却偏又打着平等自由的旗号再度革命。政治革命似乎是重蹈覆辙、

① 《马克思恩格斯全集》第 42 卷，人民出版社，1979，第 56 页。
② 《马克思恩格斯全集》第 42 卷，人民出版社，1979，第 72 页。
③ 《马克思恩格斯全集》第 42 卷，人民出版社，1979，第 57 页。
④ 《马克思恩格斯全集》第 42 卷，人民出版社，1979，第 74 页。
⑤ 《马克思恩格斯全集》第 42 卷，人民出版社，1979，第 90 页。
⑥ 这一点在霍布斯和洛克等人的社会契约思想中也可以得到说明，他们为了论证国家政府起源于社会契约，都首先假定一种"自然状态"，在这种"自然状态"下，人是平等自由的，在这个基础上才能存在社会契约，从而才能产生国家政府。而之所以要假定，正是因为现实中不存在。
⑦ 《马克思恩格斯全集》第 20 卷，人民出版社，1971，第 113 页。
⑧ 参见〔法〕罗曼·罗兰编选《卢梭的生平和著作》，王子野译，生活·读书·新知三联书店，1993，第 2 页。

一错再错。平等自由能使人平等自由，但也能使人不平等自由，卢梭所说的"人生而自由，但却无往不在枷锁之中"正说明了这一点，我认为平等自由与枷锁之间存在着因果关系，只要限于平等自由，那么这种平等自由最终就会成为某些人的枷锁。之所以如此，乃是因为平等自由对于存在着千差万别的人来说本来就是一种空想，无论在哪种意义上，平等自由都不可能普遍存在，不可能真正为每个人所享有。平等自由所描绘的乌托邦只能鼓动人向往和争取平等自由，但并不能真正实现人的平等自由，而且从终极结果来看，必然使大多数人丧失平等自由。正因为如此，政治思想家柯亨说："认为所有人是生而自由与平等的，这种意见之无稽与错误，莫此为甚。"① 平等自由不可能是真正革命的政治旗号，以平等自由为本质的契约也不可能真正起到它应有的政治作用。实践证明，要真正使人平等自由不应求助于契约而应诉诸人权。人权是对平等自由的扬弃，一方面，它突破了平等自由由于人的差异性而成为空想的局限性，实际上，不应把平等自由看作人权，也不应以平等自由来解释人权，人权基于人的差异性，哪里有人的差异，哪里就有人权；另一方面，人权又不以人的差异性为转移，只要是人就应享有人权，人是人权的唯一根据，人权是"权利的最一般形式"。人权是具有个人性、普遍性和至上性的权利，只有人权才是真正革命的政治旗号。在历史上，人权起过巨大的政治作用。马克思指出，资产阶级的"现代国家就是通过普遍人权承认了自己的这种自然基础。……现代国家既然是由于自身的发展而不得不挣脱旧的政治桎梏的市民社会的产物，所以，它就用宣布人权的办法从自己的方面来承认自己的出生地和自己的基础"。② 资产阶级在同中世纪的、封建的、农奴制的等级特权作斗争，谋求其解放的过程中，"不得不以人权的形式承认和批准现代资产阶级社会"。③ 马克思也同样告诫无产阶级，无产阶级的革命和解放，"不能再求助于历史权利，而只能求助于人权"。④ 人权才是真正应该代替平等自由、代替契约写在政治革命旗号上的大字。

面对经济上的贫富悬殊、苦乐不均，政治上的不平等、无自由，作为

---

① 〔意〕约翰·柯亨：《论政府：如何尊重少数》，弘文馆，1986，第75页。
② 《马克思恩格斯全集》第2卷，人民出版社，1957，第145页。
③ 《马克思恩格斯全集》第2卷，人民出版社，1957，第156页。
④ 《马克思恩格斯全集》第1卷，人民出版社，1956，第466页。

万物之灵长的人类是何心理和意识呢？也许，其他物种为人类作出了说明并树立了榜样。我们知道，"虎毒不食子"、"物以类聚"，同类之间尽管也有"大鱼吃小鱼"，但它们不会自相残杀以至于同归于尽而总能相处相安。人同此心，心同此理，杜甫痛斥"朱门酒肉臭，路有冻死骨"，曹植感怀"本是同根生，相煎何太急"，这些想法可以说是人的普遍心理和共同意识。对此，马克思作过精辟的阐析。他指出，"人是类存在物"，① 人具有"类本质"，② 人具有"类意识"，③ 人要过"类生活"。④ 所谓"人是类存在物"，是指"个人是社会存在物"，⑤ 只有作为人类的一员归属作为整体的人类，个人才能存在，脱离人类这个大家族，个人无法存在。"类存在"不是"敌我对立"的存在，不是"你死我活"的存在，而是把每个人都看作人类的一员而承认他的存在。一个人的存在依赖其他人的存在，一个人为了自己存在必须关心其他人的存在，一个人的存在不能影响其他人的存在，一个人的存在应有助于其他人的存在。此外，所谓"人是类存在物"也是指人是以"类的方式"而存在，这种"类的方式"，可指所有的人都以"类似的方式"而存在，这种"类似的方式"尽管不能要求所有的人以完全相同的方式而存在，但坚决反对同是人却以差别甚大的方式或完全不同的方式而存在，人作为"类存在物"实质上是所有人都以合乎人的本性的方式而存在。所谓的"类本质"，是指"一切人，作为人来说，都有某些共同点"。⑥ 这些"共同点"决定了人具有共同的本质，"彼人也，吾亦人也，彼能是，吾乃不能是？"人所具有的共同的本质决定了并制约着人在量方面的差别，人在量方面的差别只能在人所具有的共同的本质所要求的范围内存在，这种差别只能是人与人之间的差别，而不能是人与非人之间的差别。所谓的"类意识"，指的是人对于同类所具有的特定意识，诸如同情、体恤、兼爱、忍让、协作、互助等，是超越了个体意识和局部意识的整体意识和全局意识，扬弃了自私意识和利己意识的公益意识和利他意识，克服了非人意识和非人观念的人道主义和人文精神。所谓的人要过

---

① 《马克思恩格斯全集》第 42 卷，人民出版社，1979，第 95 页。
② 《马克思恩格斯全集》第 42 卷，人民出版社，1979，第 97 页。
③ 《马克思恩格斯全集》第 42 卷，人民出版社，1979，第 123 页。
④ 《马克思恩格斯全集》第 42 卷，人民出版社，1979，第 123 页。
⑤ 《马克思恩格斯全集》第 42 卷，人民出版社，1979，第 122 页。
⑥ 《马克思恩格斯全集》第 20 卷，人民出版社，1971，第 113 页。

"类生活"，是指人必须过一种社会生活，人必须生活在社会关系之中，"社会关系的含义是指许多个人的合作"，① 人必须生活在集体中，"只有在集体中，个人才能获得全面发展其才能的手段"。② 个人的力量是有限的，如果没有分工和合作，个人根本无法"自食其力"、"自力更生"，因此，人类为了满足生活的需要必须进行分工和合作。分工和合作使每个人都能以其所长而成为他人之所需，尽管人的能力有高低大小之分，但尺有所短、寸有所长，在分工和合作中人人都是互相需要的，分工和合作使人亲近起来，一个人的生活影响着其他人的生活。分工和合作是"类生活"的根本内容，决定了"类生活"在本质上是一种人们唇齿相依、休戚相关的生活，是一种"我为人人，人人为我"的生活。我认为，人作为"类存在物"，具有"类本质"、"类意识"，要过"类生活"，这些特征尽管在历史上和现实中有所缺失但从未泯灭过，它们实际上是人的一种本性。这是人权得以产生和存在的自然基础，如果人不是"类存在物"，没有"类本质"、"类意识"，不过"类生活"，那么就不会有人权。

哪里有不平，哪里有压迫，哪里有苦难，哪里要革命，哪里就有人权。人权当然是无时不有、无处不在的，但在上述情形下总是更为突出、更为耀眼。人仅凭其为人而享有人权已是天经地义，每当人类事务发生危机的时候，它总是以某种形式复兴，成为谋求正义、进行革命的旗号，彼彻姆认为，人权观念"可以作为道德义愤的表述，或者作为进行社会改革和立法改革的要求"。③

三　从契约到人权的表现及其内涵

从契约到人权是一场全面深刻的社会变革，它涉及社会的方方面面。

（1）从契约自由到国家干预。在历史上，契约自由曾是促进社会发展进步的主要工具，起过巨大的历史作用。但由于人类本身固有的差异性，契约自由最终必然导致社会上出现优者与劣者、强者与弱者、胜者与败

---

① 《马克思恩格斯全集》第 3 卷，人民出版社，1960，第 33 页。
② 《马克思恩格斯全集》第 3 卷，人民出版社，1960，第 84 页。
③ 〔美〕汤姆·L. 彼彻姆：《哲学的伦理学——道德哲学引论》，雷克勤等译，中国社会科学出版社，1990，第 318 页。

者，在这种情况下，契约自由必然蜕变成前者（优者、强者、胜者）支配后者（劣者、弱者、败者）的变相自由，导致社会不正义。要改变这种社会不正义，单凭后者自身的力量是远远不够的，他们根本上不足以与前者相抗衡。可见契约存在所要求的基础并不是天然生成的，而是借助外力干预形成的，这种外力主要就是国家的力量。后者只有借助国家的力量去干预从而平衡前者与后者之间的社会关系。在这里就有一个重要问题，即为什么后者能够借助国家的力量扶助自己？国家为什么要满足后者提出的要求？前者为什么能够容忍国家去扶助后者？要而言之，国家干预的正当理由是什么？我认为，国家干预是契约自由的内在要求，国家干预平衡着前者与后者之间的社会地位，从而为契约自由奠定了基础，没有国家干预就没有契约自由，国家干预不是为了限制契约自由，而是为了真正实现契约自由。当然，从根本上来说，这个正当理由还是人权。有国家干预的契约自由才能保障人权，人权的保障存在于国家干预与契约自由的辩证统一中。后者尽管劣弱败，但其劣弱败并不能使其丧失人权，前者尽管优强胜，但其优强胜并不能使其剥夺后者的人权。从根本上说，人权就起源于前者与后者之间权利的严重失衡，人权是后者抗拒前者的终极权利，也是前者兼顾后者的不辞义务。人权是前者与后者同样不失为人的根本保证。当然，在前者与后者之间要真正保障人权尤其是后者的人权必然要求国家干预，保障人权尤其是后者的人权是国家干预的根本缘由。国家存在的一个根本目的就是使前者不至于因为其优强胜而侵犯以至剥夺后者的人权，国家应是人权的保护神。国家为了切实保障人权会对社会进行必要的干预，这些干预表现为：在经济上，反对经济垄断，抑制经济过分集中，分散市场力量，限制契约自由，采取必要的福利政策，增强社会救济，减少或消灭社会贫困；在政治上，反对财阀政治，政治权利一切平等；少数要服从多数，但多数要尊重少数；消除种族歧视、性别歧视；健全法制、实行法治；等等。总之，国家干预的目的应是竭力保护其管辖下的每个人的人权。但必须指出的是，尽管国家干预的目的是保护其管辖下的每个人的人权，但由于国家权力本身是一种"暴力"，因而国家干预在保护人权的同时难免不侵犯人权，在现实中，甚至还有借口保护人权进行国家干预从而侵犯人权的现象。这里就又产生了一个问题：如何保证国家干预只能保护人权而不会侵犯人权？著名法学家德沃金对权利（当然也是人权）的认识很有启迪意义。他认为，正是在个人权利与国家权力发生冲突的这种"强烈的意义上"，权利方显本色，也即所谓某人拥有一种权利是指某人有权坚持做某事或拥有某物，即使因此总的福利被损害也不应毁止。在这种意义上，权利才能成为个人所掌握的对抗国家权力的"一张王牌"，保护自己免受以一般利益之名对他的侵害或要求他作出牺牲。德沃金所谓的"认真看待权利"，首先要求政府认真看待个人权利，政府是否认真看待个人权利实质上是政府是否认真看待法律，也即政府是否合法的问题。实践证明，为了保证国家干预只能保护人权而不会侵犯人权，应该求助于以人权制约国家权力、以人权监督国家干预，人权也是基于人们的权利受到国家权力、国家干预侵犯而产生主张的东西。尊重人权、保障人权是国家干预的出发点和落脚点。

（2）从优胜劣汰到优胜劣存。契约所奉行的价值观念是意思自治、平等竞争、优胜劣汰、适者生存。契约作为一种竞争机制，是人类社会发展进步的驱动力，作用巨大。但我们在看到这方面的同时，还应认真地分析契约起作用的基础、过程和结果。就其基础来说，由于人与人之间存在差别并且这些差别是固有的、不可抹平的，因而契约的平等竞争是建立在不平等基础之上的，契约不但不能实现平等，绝对的契约自由反而强化这种不平等，使往后的契约自由在更加不平等的基础上进行，变本加厉，恶性循环。就其过程来说，由于基础不平等，过程自然也就不平等，这种过程并不全是平等自由竞争的过程，它实质上是优者战胜、掠夺劣者的过程，是走向社会进一步分化、更不平等的过程。就其结果而言，契约的自由竞争最终总是要分出优劣，并且优胜劣汰，这是冷酷无情的"丛林法则"。过去人们通常都认为这是合理的，是有进步意义的。但是，我们应该认识到，优者胜无可厚非，但对于劣者来说，难道他们就必须并只能"汰"吗？有什么理由？实际上，劣者往往先天不足，与优者存有差距，即使他们后天加倍努力，也无力回天，他们本是不幸者，在优胜劣汰的法则下更是不幸，他们也是无辜的。对于竞争失败的结果，他们除客观上的"劣"以外往往并没有其他的过错，因此对于他们来说，劣而汰，是不公平的。在现实中，我们经常把契约竞争比作体育竞赛，不可否认，确有类似之处，但也有重大的差别。体育竞赛也要分出胜负决出高低列出名次，但在体育竞赛中失败者被淘汰，其实淘汰的只是获取体育竞赛所设立的机会和权利（奖金、奖杯、奖牌、荣誉），但对于参赛者本人来说没有什么根本影响。但契约竞争却不同，在契约竞争中，失败者被淘汰，失去的就不仅仅是对期待利益的获取，而且包括既得利益的丧失，倾家荡产，甚至连失败者本人都可能成为胜利者的战利品，这种劣而汰实质上是劣者丧失权利、失去自由包括失去人的尊严。优胜劣汰导致经济上的两极分化、政治上的专制压迫，后果是灾难性的，它严重地侵犯了作为劣者的绝大多数人的人权。面对这种情况，人们应当对契约的价值观念进行反思批判并实行转换，"从"优胜劣汰"到"优胜劣存"，也即：在契约时代，是"优胜劣汰，适者生存"，而在人权时代，则是"优者胜利，劣者生存"，"优者发展，劣者生存"，"适者生存，不适者也生存"。从"优胜劣汰"到"优胜劣存"是基于人权要求而产生的价值观念的变革。在契约面前，只有优者而没有劣者，而在人权看来，不管优者还是劣者，都同等地被当作人来看待。只有人权才能同时兼爱优者和劣者。作为人权要求的"优胜劣存"，对于优者和劣者来说，实际上，他们一个要求的是发展权，一个要求的是生存权。优者的发展权与劣者的生存权同是人权的基本内容，不可偏废。优者的发展权不能以牺牲劣者的生存权为代价，否则优者的发展权是不人道的，人权的享有不以优劣为根据，优者再优而胜其发展权也不能剥夺劣者作为生存权的人权；劣者再劣而汰其生存权也不属于"汰"的范围。人的生存权是不受"优胜劣汰"支配的。根据人权的要求，优者的发展权应该提携劣者的生存权，劣者的生存权是优者发展权合理性的证成，优者的发展权是劣者的生存权的基础，劣者的生存权不应妨碍优者的发展权。

（3）从个人本位到社会本位。契约的本质是意志自由或曰意思自治，它强调和扶持的是个人本位，它对于把个人从身份的束缚中解放出来，调动个人的主动性、积极性和创造性，强化个人的责任感，起着重要的作用。但是个人与个人是不同的，他们不可能是势均力敌的。这样，个人意思自治、契约自由竞争，结果必然导致优胜劣汰，从终极意义上看，契约所强调和扶持的个人实质上只能是优者、强者、胜者，而优者、强者、胜者又是极少数个人，因此契约的个人本位在本质上是优者、强者、胜者本位，是极少数人个人本位，而劣者、弱者、败者这绝大多数个人并不在契约的个人本位视野之内，由于他们劣弱败在契约眼里甚至没有资格被看作个人，可见，契约的个人本位并不是真正的个人本位即普遍的个人本位。

这是不合乎人权要求的，人权是普遍个人的，只要是人，就应享有人权，每个人都是人权的主体，因此，只有人权才能确立普遍个人本位即社会本位。从契约到人权，一个核心内容就是从个人本位到社会本位。在这里有必要指出的是，人们往往对个人本位、社会本位理解不深甚至有误，只是在表面上理解个人本位，没有像如上所述那样认识到个人本位实质上只是优者、强者、胜者本位，是极少数人个人本位；把社会本位理解为与真正的个人本位即普遍的个人本位相对立的东西，是一种无个人存在的集体本位、国家本位或其他非个人本位，而没有认识到社会是由个人组成的。社会乃个人之集合，真正的社会本位就是普遍的个人本位。因此，我们这里所说的"从个人本位到社会本位"实质指的是从优者、强者、胜者单独本位到优者、强者、胜者与劣者、弱者、败者共同本位，从极少数人个人本位到普遍个人本位。基于人权要求而产生的从个人本位到社会本位是人类思想观念的重大变革和巨大进步。在现实中，人是社会性的，每个人都与社会上的其他人存在着密切的联系，并相互影响着，在这种情况下，人们的思想和行动就不应仅以自己为本位而应以社会为本位。从个人本位到社会本位，意味着不是以某个人或某些人为本位而是以社会的每个人为本位进行经济、政治等社会制度安排。从经济上看，不是促进某个人或某些人的经济发展，而是促进每个人的经济发展，人人参与经济发展，经济发展的成就为人人所享有，实现经济正义。从政治上看，不是保障某个人或某些人的政治权利，而是保障每个人的政治权利，在政治上人人都应平等地享有人权。实现政治正义从个人本位到社会本位是从强者意识到弱者意识，如前所述，强者因为其强自会确立其个人本位，而弱者却未必甚至不能做到这一点，因此确立普遍个人本位，核心在于帮助弱者确立其个人本位，这就要求社会同情弱者、兼济弱者、保护弱者；从个人本位到社会本位是从个人意识到人类意识，每个人都不能只顾自己不管他人，而必须把自己看作人类的一员，每个民族都不应是沙文主义者，而应是人类的一族，要做到和平共处，人类一家。

（4）从公平、效益的偏重到公平、利益的平衡、统一。契约的本性是平等自由，契约是一种平等主体间的社会关系。长期以来，人们往往认为契约作为一种竞争机制能够实现公平（平等）与效益（率）的统一。但事实上并非如此。首先，就公平（平等）来说，由于契约的竞争机制建立在人的差别的基础上，契约的平等竞争只能是形式平等、内含着不平等的平等、结果必然导致不平等的平等，因此契约不可能真正实现公平（平等），尤其是全社会的普遍的公平。其次，就效益（率）来说，契约作为一种自由竞争机制，固然能够带来效益（率），但并非始终如此。因为自由竞争必然导致垄断，在垄断阶段，垄断者为了避免两败俱伤，为了攫取高额垄断利润，往往结成垄断联盟，限制契约自由竞争。在这种情况下，契约并不能带来效益（率），甚至契约本身还是无效益（率）的根源。最后，就公平（平等）与效益（率）的统一来说，契约有时可以，但并非总能；局部可以，但整体不能。在作为契约经济的市场经济条件下，公平（平等）与效益（率）的冲突问题更加突出。阿瑟·奥肯认为，公平（平等）与效益（率）的抉择，"是最大的社会经济抉择，而且它在社会政策的各个方面困扰着我们"。① 世所公认，市场制度能够带来效益（率），以至于"在当今没有什么东西可以取代市场来组织一个复杂的、大型的经济"，② 但是，"市场是无心的，没有头脑的，它从不会思考，不顾忌什么"，③ 因此萨缪尔逊告诫人们，尤其是"价格机制的辩护者和批评者们应当认识到，有效率的市场制度可能产生极大的不平等"。④ 这种"极大的不平等"达到什么程度？拿阿瑟·奥肯的话来说，市场"驱使人们在竞争中出人头地，它所颁发的各种奖励，使成功者喂养猫狗的食物甚至胜过了失败者哺育他们后代的食物"。⑤ 契约是市场经济内在要求的充分体现，契约既解决不了公平（平等）问题，也解决不了效益（率）问题，更解决不了公平（平等）与效益（率）统一的问题。实践证明，要真正解决公平（平等）与效益（率）统一的问题必须诉诸人权。公平（平等）与效益（率）同是人权的基本内容，也是实现人权的两种基本策略。只有追求公平（平等），才能团结一切可以团结的人，调动一切可以调动的力量，真正发挥每一个社会成员的主动性、积极性和创造性，只有这样才能真正带来效益（率）；

① 〔美〕阿瑟·奥肯：《平等与效率》，王奔洲、叶南奇译，华夏出版社，1987，第2页。
② 经济学消息报社编《诺贝尔经济学奖得主专访录——评说中国经济与经济学发展》，中国计划出版社，1995，第7页。
③ 经济学消息报社编《诺贝尔经济学奖得主专访录——评说中国经济与经济学发展》，中国计划出版社，1995，第7页。
④ 〔美〕萨缪尔逊等：《经济学》（上），中国展望出版社，1992，第83页。
⑤ 〔美〕阿瑟·奥肯：《平等与效率》，王奔洲、叶南奇译，华夏出版社，1987，第1页。

只有讲究效益（率），才能最大限度地产出丰裕的社会物质财富，满足社会成员的各种层次的需要，从而真正实现人权。公平（平等）与效益（率）作为人权的基本内容和实现人权的基本策略，密不可分。效益（率）是公平（平等）的基础，效益（率）为实现公平（平等）提供了物质基础，不是建立在效益（率）基础上的公平（平等）只能是普遍的贫穷，甚至是"劫富济贫"、"杀鸡取卵"，根本不足以保障人权。公平（平等）是效益（率）的目的，讲求效益（率）、产出丰富的社会物质财富不是为了少数人飞黄腾达，而是为了公平分配以满足每一个社会成员的基本需要。不是以公平（平等）为目的的效益（率）只能是残酷的剥削，不能保障广大受剥削者的人权。从长远来看，社会物质财富的不公平分配，会引起严重的社会弊端和社会冲突，甚至使社会本身崩溃，效益（率）就无从谈起。总之，公平（平等）与效益（率）同是人权的基本要求，在人权中公平（平等）与效益（率）是统一的，既不允许以公平（平等）牺牲效益（率），也不允许以效益（率）牺牲公平（平等）。

（5）私法公法化。私法的基本制度是主体平等、私产神圣、契约自由、自己责任，其中契约自由是核心，契约法是对其他私法制度的集中概括和充分体现，因此，契约时代必然是一个私法主治的时代。契约法是 19 世纪私法发展的核心。帕森斯在《合同法》中指出："全部的社会生活都要利用它、依靠它。由于有了明示的或默示的，宣告的或意会的契约，才产生了所有的权利、所有的义务、所有的责任和所有的法律。"[1] 法律关系越来越多地受个人意思自治的支配。施瓦茨在谈到 19 世纪的美国法时也指出，"'可以认为……契约法……几乎把所有制约着人类生活关系的法律包括在内了。'……基本的法律原则是诚实信用地信守诺言，履行承担的义务。承诺人的利益——即他对已经确立的预期利益的权利主张——成为法律保护的主要利益"。[2] 在契约时代，"契约'可以被看成人类社会的基础'。在任何法律现象中，意志都占据着中心位置"。[3] 契约是第一条法律，契约支配着法律，法律服务于契约，"法律为保护自由缔约的权利和使自

---

① 转引自〔美〕伯纳德·施瓦茨《美国法律史》，王军等译，中国政法大学出版社，1989，第 65 页。

② 〔美〕伯纳德·施瓦茨：《美国法律史》，王军等译，中国政法大学出版社，1989，第 65 页。

③ 〔美〕伯纳德·施瓦茨：《美国法律史》，王军等译，中国政法大学出版社，1989，第 91 页。

由提出的诺言得到严格履行的权利而存在".① 但正是由于契约是私法的本质,契约法是私法的核心,契约所具有的那些内在的、不可克服的缺陷或弊端必然在私法中表现出来,实际上,契约的缺陷或弊端主要就表现在私法中或通过私法表现出来。时过境迁,当社会发展从契约到人权的时候,私法必然随之变革,这种变革的结果就是私法公法化。所谓的私法公法化集中表现为以下四点。第一,对个人本位的调整。私法是个人本位法。前已论及,私法意义上的个人本位终极上看只能是优者、强者、胜者本位,是极少数人个人本位,而广大的劣者、弱者、败者却与个人本位无关,与优者、强者、胜者相比,丧失了独立平等的主体资格。根据人权的要求,对这种个人本位进行调整是必须的,这种调整一是依法限制削弱优者、强者、胜者的社会势力,一是依法扶持加强劣者、弱者、败者的社会地位,从两方面恢复每个人的主体平等,从而真正实现个人本位,即普遍个人本位。第二,所有权社会化。私法的所有权具有典型的"私有性",是一种私有财产权,这种私有财产权意味着财产所有人有权按照自己的意志占有、使用和处分自己的财产,这被奉为"私有财产神圣不可侵犯"或"私产神圣"。但私法意义上的所有权从终极上看必然会走向日益集中,从而导致贫富悬殊、两极分化,在这种情况下,巨大财富的所有者如何行使所有权对于赤贫如洗的人们来说就是生死攸关的问题了。根据人权的要求,所有权的行使就不能单凭所有人的自由意志而有义务兼顾"无产者"的生死存亡。正因为如此,社会法学派的代表人物狄骥认为:"所有权不是一种权利;而为一种社会职务。所有主,换言之就是财富的持有者,因持有该财富的事实,而有完成社会职务的义务;当他完成了这个职务,他的所有主之行为就被保护。"② 耶林在其《法律目的论》一书中,特别强调所有权行使的目的不仅应为个人利益,同时亦应为社会利益,因而主张以社会的所有权替代个人的所有权。总括狄骥和耶林的认识,一句话,都是认为"富则兼济天下"是所有者的社会义务。第三,契约自由的限制。前已论及,契约自由本是建立在有千差万别的人们之间的,普遍性的、全过程的契约自由是难以存在的,从终极结果来看,契约自由必然会逐步限制契约

---

① 〔美〕伯纳德·施瓦茨:《美国法律史》,王军等译,中国政法大学出版社,1989,第92页。
② 〔法〕狄骥:《拿破仑法典以来私法的普通变迁》,徐砥平译,会文堂新记书局,1935,第15—16页。

自由，并最终完全失去契约自由，真正享有契约自由的只能是优者、强者、胜者，而不可能是劣者、弱者、败者，契约自由最终蜕变为前者支配后者的自由。根据人权的要求，必须对这种异化的契约自由进行限制。这里有必要指出的是，所谓契约自由的限制，不应表面化理解为就是限制契约自由，而应理解为是对那种异化的契约自由的限制，也即限制优者、强者、胜者的单方面的契约自由，限制他们支配劣者、弱者、败者的自由，这种限制实质上创立了人们的平等地位，平衡了人们的缔约能力，从而真正实现了契约自由。第四，归责原则的修订。私法向来崇尚意思自治，而意思自治的一个重要内容就是自己对自己的过错造成的损害承担法律责任，当然这也同时意味着自己不对不是自己的过错造成的损害承担法律责任，这在私法上被称为"过错责任"原则。"过错责任"原则是个人本位责任原则，它直接影响着人们对社会责任的态度——责任感和责任心。但"天有不测风云，人有旦夕祸福"，在现实中，总有些莫名的社会损害，这种损害确实不是由任何人的过错造成的。按照"过错责任"原则，那就无人对这种社会损害承担责任，结果只能是损害发生在谁身上，责任就由谁承担，这对遭遇损害的人来说往往是巨大的不幸。"过错责任"原则有许多优点，但它也有明显的缺点，它使人们"事不关己，高高挂起"，对社会损害"袖手旁观"，甚至"见死不救"，应该说这是不人道的。根据人权的要求，必须对"过错责任"原则进行修订，补以"无过错责任"原则，要求人们对不是自身过错造成的社会损害也承担适当的责任，在这种情况下，对社会损害承担责任不是基于有无过错，而是基于一种崇高的社会义务、一种基本的人权要求，即对社会不幸者的同情、帮助和救济。实行"无过错责任"原则，可以增强人们的社会责任感，强化人们的公益心，分担社会损害，使责任社会化。"无过错责任"原则之于对社会不幸者的救济这一人权的保障具有重要意义，可以说，没有"无过错责任"原则，就不能真正有效地保障社会救济这一人权。上述私法公法化的实质是人权对私法固有原则的超越，人权成为私法进而成为所有法律的最高原则。

（6）从第二代人权到第三代人权（发展权）。契约不仅仅是一国之内人与人之间的关系，而且也是国际范围内国与国之间的关系，随着商品、资金、技术人员的国际流动，国际交往的加强，国际市场的形成，国与国之间的契约日益普遍和日显重要。契约是加强国与国之间交流竞争合作的重要桥梁和纽带，每个主权国家都应享有契约权。但与一国之内人与人之间有差别一样，在国际范围内国与国之间也有差别，如发达国家与发展中国家，它们在文化传统、社会制度和经济实力等许多方面都存在重大的差别。国际交流竞争合作有诸多不平等条约，这种不平等条约往往导致贫国更穷，富国更富，在国际社会中充斥着不正义之处。在这种背景下，许多有识之士开始关注和反思国际社会尤其是第三世界国家的发展问题。世界发展研究所所长保罗·P. 斯特里登指出："发展必须重新下定义，应叫做向当今世界主要'敌人'营养不良、疾病、文盲、贫民窟、失业和不平等开战。若按总增长率来衡量，则发展已取得了显著成绩；但若是按工作、公平和消除贫困来衡量，发展则是失败的或仅仅取得了局部成功。"① 丹尼斯·古莱特教授认为，发展有三个重要的价值标准，即维持生存、自我尊重和自由，② 按照这些标准，"不发展存在于世界上大多数人口中"。③ 发展是在区分发达国家和发展中国家的背景下提出的，发展是发展中国家关心的首要大事，谋求发展是世界上所有不发达国家或民族的基本权利。基于此，1969 年联合国大会第 2542（XXIV）号决议通过了《社会进步和发展宣言》，指出："社会进步和发展应建立在对人的尊严与价值的尊重上面，并应确保促进人权和社会公平。"1970 年塞内加尔法学家卡巴·穆巴耶（Keba Mbaye）首次明确地提出了发展权的概念。④ 1977 年联合国人权委员会正式宣布发展权的确立并把发展权定义为："经济、社会、文化、公民和政治权利的总和。"1979 年，联合国大会又通过《关于发展权的决议》，该决议强调："发展权是一项人权，平等的发展机会既是各个国家的特权，也是各国国内个人的特权。"1986 年联合国大会通过《发展权宣言》，确认"发展权利是一项不可剥夺的人权，发展机会均等是国家和组成国家的个人的一项特有权利"，提出"各国在实现其发展权利履行其义务时，应着眼于促进基于主权平等、相互依赖、各国互利与合作的新

---

① 转引自〔美〕迈克尔·P. 托达罗《经济发展与第三世界》，印金强等译，中国经济出版社，1992，第 50 页。
② 参见〔美〕迈克尔·P. 托达罗《经济发展与第三世界》，印金强等译，中国经济出版社，1992，第 80 页。
③ 〔美〕迈克尔·P. 托达罗：《经济发展与第三世界》，印金强等译，中国经济出版社，1992，第 81 页。
④ 参见 *Human Rights Quarterly*, 1991, p. 322。

的国际经济秩序，并鼓励遵守和实现人权"，"发展权利意味着充分实现民族自决，和对所有自然资源和财富行使不可剥夺的完全主权"。联合国教科文组织前法律顾问卡莱尔·瓦萨克（Karel Vasak）把发展权看作人权的重要发展，是第三代人权。[①] 发展权是发展中国家和人民长期斗争所获得的人权，是发展中国家和人民实现民族自决、争取主权平等、拥有完整主权、促进形成平等互利合作的国际新秩序的武器。发展权的国际实践主要有以下四种。第一，成立了各种负责提供发展援助的组织，如布兰德委员会（The Brandt Commission）和经济合作与发展组织发展援助委员会（The Development Assistance Committee of the OECD），联合国工业发展组织（UNIDO）；许多国家内部也建立了承担有关职能的相应机构，如美国国际开发援助署（USAID）、加拿大国际开发署（CIDA）、澳大利亚开发援助局（ADAB）等。第二，许多国家已在其国内法中对发展援助作出了规定，发达国家有义务对发展中国家提供发展援助，国际组织把发展中国家的进步作为其主要目标。第三，发展中国家已成为国际法上某些特殊权利的受益者，它们享有更多的权利，承担较少的义务。第四，发展中国家有权要求积极的行动，如要求发达国家给予贸易优惠，提供最低利息贷款等。[②] 发展权对于改进发展中国家与发达国家之间存在的不平等，促进发展中国家进步，从而真正实现《世界人权宣言》所确立的目标意义重大。从第二代人权到第三代人权（发展权）标志着国际关系的重大转变。

---

① 参见〔澳〕里奇《发展权——一项人民的权利》，载沈宗灵、黄枬森主编《西方人权学说》（下），四川人民出版社，1994，第282页。

② 参见〔澳〕里奇《发展权——一项人民的权利》，载沈宗灵、黄枬森主编《西方人权学说》（下），四川人民出版社，1994，第289页以下。

发展权法理探析[*]

汪习根[**]

　　摘　要：发展权作为一项基本人权已逐步为国家社会所认同，经历了从应然到法定再到实然的发展过程。它是人类社会借以实现自身平等、和谐发展的重要手段。发展权的法律规范和法律地位随着应有权利不断被肯定而得以发展和演进。发展权是个体人权和集体人权的统一，是政治、经济、文化和社会发展权的统一，是主体参与、促进和享受发展的统一。保障发展权的国际法律机制应通过体现发达国家和发展中国家的有区别的权利和义务来促进发展中国家的发展。

　　关键词：人权、发展权、国际法律机制

　　发展权作为一项基本人权虽已逐步为国际社会所认同，但长期以来，西方某些国家设置重重障碍阻挠发展权在全球的实现，甚至否认发展权的人权性质和人权地位，致使发展权问题成为当代国际人权理论和实践中一个存在严重分歧和尖锐对立的焦点问题。导致这一局面的原因除历史和政治、经济等因素外，比之于自由权、平等权、财产权等几百年前就已被思想家所揭示的传统人权，对作为新一代人权的发展权的理论研究显得相对薄弱不能不说是一个重要原因。为此，深入开展对发展权的研究具有重大的意义。

---

　　[*]　本文原载于《法学研究》1999 年第 4 期。
　　[**]　汪习根，发文时为武汉大学法学院博士研究生，现为华中科技大学法学院教授。

一　发展权由来的实在法探究

发展权作为所有个人和全体人类应该享有的自主促进其经济、社会、文化和政治全面发展并享受这一发展成果的人权，最初是由塞内加尔第一任最高法院院长、联合国人权委员会委员卡巴·穆巴耶于 1970 年正式提出的。[①] 这一概念的提出有其深刻的社会历史原因。长期以来，不合理和不公正的国际政治经济秩序严重束缚着广大第三世界国家的发展。改变旧秩序，独立地选择自己的发展道路，提高发展中国家人民的生活水平已成为时代的呼声。与此同时，发展问题也引起了国际学术界的重视，"新发展哲学"、"国际发展新环境"、"国际经济新秩序"、"发展国际法"等一系列概念相继出现。正是在这一背景下，发展权概念得以产生并逐步从一个人权概念演变为一种人权规范和人权制度。从实在法的角度看，发展权的演变经历了以下三个阶段。

（1）从人权目标到应然人权。发展权萌生于将国际组织的存在价值与人权的基本目标定位于"发展"的国际人权法。其总体思路是，人权是借以实现发展的形式和手段，发展是人权的目的与归宿。自《联合国宪章》强调联合国应促进"较高之生活程度、全民就业，及经济与社会发展"时起，人权法就试图确立人权手段与发展目标的内在关联。从起初的自决权、天然资源永久主权，到后来的公民权利与政治权利及经济、社会、文化权利，无不以人类发展特别是非自治领土和非发达国家的发展为依归。如 1948 年的《世界人权宣言》第 22 条规定："每个人作为社会的一员有权享受社会保障，并有权享受他的个人尊严和人格的自由发展所必需的经济、社会和文化方面各种权利的实现。" 1966 年的两个著名人权公约（《经济、社会、文化权利国际公约》、《公民权利和政治权利国际公约》）宣布："所有人民都有自决权，他们凭这种权利自由决定他们的政治地位，并自由谋求他们的经济、社会和文化的发展。"这几个规定在发展权历史上具有重要的意义。

---

① 〔南〕米兰·布拉伊奇：《国际发展法原则》，陶德海等译，中国对外翻译出版公司，1989，第 364 页。

从人权目标向应然人权的飞跃，是发展权演化史上的第一次质变，其标志有二。一是把"发展"与"责任"联结起来。1969 年联合国大会通过的《社会进步与发展宣言》指出，"发展中国家实现其发展的主要责任在于这些国家本身"，而其他国家也有责任"提供发展帮助"，这里实质上隐含着赋予发展以权利形式的认识。二是在学理上凝结成"发展权"这一范畴，以及为使之获得普遍确认和规范所作的种种努力。

（2）从应然人权到法定人权。20 世纪 70 年代是发展权逐步实现这一转化的十年。1977 年 11 月，联合国教科文组织主持编辑的《信使》上发表了《三十年的斗争》一文，将发展权归入一种新的人权，称为人权的第三代。联合国教科文组织关于发展权的讨论引起了联合国人权委员会的极大关注。1977 年，联合国人权委员会通过了第 4（XXXIII）号决议，第一次在联合国人权委员会系统内承认发展权是一项人权。从此，发展权问题才正式被提上联合国大会国际政治、经济和法律事务的讨论范围。联合国大会就此开展了一系列活动，包括 1977 年 12 月 16 日通过《关于人权新概念的决议案》，根据发展权的精神扩充和完善了人权概念，决定把有关政治、经济及社会发展，促进人的充分尊严和社会发展作为人权的相互依存的不可分割的内容，当作决定联合国系统内今后处理有关人权问题时应考虑的一种新概念。同时，联合国大会秘书长根据人权委员会的请求，专门发表了研究发展权的国际意义的 E/CN.4/1344 报告。在此基础上，联合国人权委员会才在 1979 年 3 月 2 日以决议［第 4（XXXV）号和第 5（XXXV）号］形式重申发展权是一项人权，并指出："发展机会均等，既是国家的权利，也是国家内个人的权利。"对该决议，美国投了反对票，六个发达的西方国家（比利时、法国、联邦德国、以色列、英国、卢森堡）投了弃权票。这表明了西方国家的基本态度。

联合国大会为了使发展权的研究和保护工作更加全面系统地展开，在 1979 年 11 月 23 日，以第 34/36 号决议通过了《关于发展权的决议》，明确"强调发展权利是一项人权，平等的发展机会既是各个国家的特权，也是各国国内个人的特权"。这是"发展权"概念首次出现在联合国大会这一最大范围的国际组织通过的决议之中。

（3）从法定人权到实然人权。从 80 年代起，尽管面临着对发展权基本原理存有诸多分歧与严重冲突的严峻形势，但其主流则转移到如何获取、实现和保障发展权的问题上。1986 年《发展权利宣言》的通过，标志着这一转化的开始。该宣言指出："发展权利是一项不可剥夺的人权，由于这种权利，每个人和所有各国人民均有权参与、促进、享受经济、社会、文化和政治发展，在这种发展中，所有人权和基本自由都能获得充分实现。"宣言还原则性地阐释了发展权的主体、内涵、地位、保护方式和实现途径等基本问题。

90 年代以来，对如何理解和保障发展权进行了更加深入的讨论。1990 年 1 月，在日内瓦召开了关于发展权保障的全球磋商会议。1991 年由印度和荷兰承办的国际法协会国际经济新秩序法律委员会会议在印度加尔各答召开，此次会议聚焦于"发展权，特别是它的理念和理想，人权形式及在国际法具体领域的实施"，并于次年通过了《关于发展权的加尔各答宣言》以补充 1986 年的《发展权利宣言》。[①]

根据 1993 年 6 月世界人权会议通过的《维也纳宣言和行动纲领》，联合国人权委员会于 1993 年设立了一个由 5 个地区共 15 个国家的专家组成的研究发展权实现问题的专家组。从 1993 年至 1995 年，工作组召开了 5 次会议并向人权委员会提交了 5 次报告。在最后一次会议中，由于西方国家篡改发展权概念、刻意突出西方传统人权观念，工作组因分歧过大，无法完成人权委员会交付的使命而解散。为此，1996 年第 52 届联合国人权委员会决定再设立一个政府专家工作组，重点研究实现发展权的国际战略问题。可见，发展权虽在形式上已经为国际社会认可为一项人权，但在理论与实践上的分歧与对立依然十分严重。

二 发展权根源的法哲学分析

发展权在理论与实践上的分歧与对立的原因之一在于一些人对发展权存在的客观依据与理论渊源缺乏应有的深层探析，否定发展权是一项人权的观点，认为发展权无法从人权法哲学特别是传统人权法理论中得到证实，它只不过是国际斗争的一种手段和工具。这种"工具论"称"发展权

---

① Subrata Roy Chowdhury, Erik M. G. Denters & Paul J. I. M. de Waart, *The Right to Development in International Law*, Martinus Nijhoff Publishers, 1992, P. XXV.

已变成在联合国进行宣传的工具的大杂烩，已被一些严重侵犯人权者用于维护反西方民主的第三世界的激进的主张。因此，它已被用作主张分享世界资源、获得新的国际经济秩序、要求对过去的剥削进行补偿以及在总体上谴责西方意识形态的工具"。① 从既对立又对话的方法论出发，本文不赞成上述观点，本文认为发展权是对人类在生产过程中结成的现实社会关系的规制，是现实社会关系发展到特定历史阶段的必然反映。

人是一切社会关系的总和，而社会分工又是一切社会关系形成与演化的基石。发展的障碍正是在人类活动与活动的对象、劳动过程与劳动成果、生命活动与精神活动之间，人为地安插进的以极不合理分工为核心的社会力量（而非自然力量，相反，自然力量提供了它们结合的基础）——极度扭曲的社会关系。要获得发展，就必须对这种给人的发展以否定的社会关系进行否定之否定。这样，以对现实社会关系的批判为契机，为着追求人的发展和完善的共同目标，人的发展与人权便内在地有机地融合起来，形成了发展权这一人权形式。

概而言之，发展权作为一项人权，永远不能超出社会的经济结构以及由经济结构所制约的社会的文化发展，是人向客观物质世界，特别是向人类社会自身斗争的产物；是人的个体和人的集体的物质文化发展需求与既有社会经济政治文化发展状况所提供的需求资料之间的矛盾运动，以及主体发展权利意识觉醒并为之积极实践的必然结果，体现了主观和客观的统一、人类社会和自然界的统一。归根结底，发展权不是天赋的，而是历史地产生的，是对建立在一定生产力发展水平上的现实社会关系的调整，是人的本质的全面反映。这是马克思主义的基本观点在人权问题上的反映。

发展权不仅是一项人权，还是人权体系中的一项基本人权。其根据在于，发展权具有对于人的不可转让性。发展权是把人与社会联系在一起的纽带和后盾之一，是处理主体相互之间各种错综复杂关系的重要标准。让渡发展权，个人将因没有发展实力而丧失进入社会的资格，国家、民族便无权以独立者、平等者的身份立足于国际社会，最终不能成为独立的国际法主体。发展权还对人的独特性，对主体的价值和尊严、独立性与

---

① Theodor Meron, *Human Rights in International Law-Legal and Policy Issues*, Oxford University Press, 1984, p. 100.

自主性以及权威性起着决定性的不可取代的作用。完整意义上的人是私生活、社会生活和政治生活主体的三重角色的统一体，而发展权则集中体现着主体参与社会、政治生活的广度和深度。丧失了经济、社会、文化和政治发展权中的任一方面，人都不完整。即是说，发展权有其独特的地位，实现发展权意味整个国家、民族和个人的全面发展和社会正义的实现。发展权是制约其他人权的实现并能派生出系列子人权形式的母人权。

即使是否认发展权的人权地位的西方学者也注意到了发展权尤其是经济发展权对其他人权的最终制约作用。英国的米尔恩指出，《世界人权宣言》所列举的平等、自由、政治、经济和社会权利只不过是需要人类努力达到的理想标准，而"理想标准是由体现自由民主工业社会的价值观念和制度的权利构成的"，这就暗示"要求所有国家都成为自由民主的工业社会"。然而，由于经济发展水平低下，大部分人还没有生活在这种理想社会，"在许多国家，尤其是所谓'第三世界'国家，这种理想标准不可避免地成为乌托邦"。① 这种论点恰恰揭示了发展权的实现是一个长期的艰巨任务，隐含着第三世界国家即发展中国家要想真正实现人权理想，就必须具备工业化的经济发达的社会条件。只有实现了经济发展和社会进步，才能为"民主"、"平等"、"自由"奠定坚实的物质基础。故而，离开了人的发展权利，人不可能成为真正的人，人权也就成了无源之水、无本之木。

总之，发展权是人类社会借以实现自身平等、和谐发展的重要手段，而真正实现发展权又是社会进步与历史发展的归宿。发展权蕴含着自由、和谐、平等的基本价值，而完善和发展国家主权，促进世界各国尤其是发展中国家协调平衡地发展又是发展权在当代的价值目标。

三　发展权地位的人权法求证

否定发展权法律属性的观点的根据是发展权规范并没有为各国创设应

---

① A. J. M. Miline, *Human Rights and Human Diversity—An Essay in the Philosophy of Human Rights*, The Macmillan Press Ltd., 1986, p. 2.

该遵守的义务规则，缺乏有组织的制裁体系的支撑。有些人认为："试图使发展权概念同'强行法'相一致，那将是一个自相矛盾甚至是一种过火的行为，发展权不可能具有在这种规范层次上的首要特征。有些人还认为发展权甚至还没有获得普通法律规则的地位。"[1]

从法理学上看，这种在今天仍有很大市场的观点实际上犯了一个把"法律"与"强制命令"简单等同起来的错误。以哈特为代表的新分析实证主义法学派在批判了以奥斯丁为代表的"法律实质上是以威胁为后盾的命令"的法律观后，明确指出法律是一个设定义务和规定权利的行为规则体系，"法律的存在最起码要使某种行为具有义务性"。[2] 所谓义务是基于规则存在的，旨在通过将某一特定人的行为归属于一个一般规则而把该规则适用于他。反言之，义务并不是遭受"惩罚"或"灾祸"的可能性的预测，那种认为违反义务就将遭受痛苦的传统义务观是十分片面的。由此可见，以发展权缺乏强制义务性而去证明它缺乏法律性质和法律拘束力，是对"法律"概念和"义务"本性的严重误解。当然，我们必须区别纯国内法上的"强制制裁"与发展权法的"强制保障"，不能以它缺乏强制制裁而否认它的强制保障实施性。实际上仍然存在着遵守发展权法原则和规则的普遍压力、权益主张、反对措施和报复行为等来制约对发展权义务的违反以保障发展权的实现。

从法律渊源看，发展权的基础被看成生存权的结果。没有发展的生存必然因缺乏进化的活力而萎缩。发展权实现于人的社会，离不开人的本质；人的本质又离不开人的生存与发展。人只有获得这种权利，才能摆脱与其他动物合为一体的状态，而成为社会上的、法律上的人。仅有生存权还不足以体现人与其他动物的根本区别，因为生存权只确定生存的最低标准，要使这种区别即人的社会性充分展开和充分实现，还应从人的"求生"本能进化到追求"生存质量"上来，使人能不断发展自己的肉体组织与精神组织、使各集体主体拥有在自己的生存时空内发展自己的生存能力并提高生存质量。唯其如此，人和人的集体才是健全的有别于"兽"的主体。承认生存权的强行法地位和法律属性，就不能不承认导源于此的发展

---

① Francis Snyder & Peter Slinn, *International Law of Development*, Professional Books Ltd., Milton Trading Estate, Abingdon, Oxon, 1987, p. 88.

② 〔英〕哈特：《法律的概念》，张文显等译，中国大百科全书出版社，1996，第 212 页。

权的法律性质，这是必然的逻辑结果。

在国际法律规范制度体系中，民族自决权属于"强行法"范畴，而"发展权源于自决权，它们属于同一类。因为如果我们不'同时'承认已经决定了自身命运的人民的发展权，那么，承认自决是一项压倒一切的最高原则便毫无意义"。① 而且，作为国际社会根本法的《联合国宪章》，在其序言、第1条第3款和第55条中规定应该促进所有人的发展和"较高之生活程度，全民就业，及经济与社会发展"。对于这是否构成发展权的直接法律渊源，存在不同看法：有的法理学家主张发展权是一个浓缩在宪章中的法律概念和原则；有的则认为宪章的有关规定在1945年的背景下不能解释为是发展权的直接源泉，"'为所有人的发展'的理想仍然是朦胧的，它在宪章中的法律表达必然是羞羞答答的"；② 还有的认为"联合国宪章本身考虑着人权与发展目标之间的紧密关联"，但同时又不得不承认"在很长时间里，这种接近纯粹流于形式，没有什么实际结果"。③ 我认为尽管不能说宪章已将发展权作为一项人权确认下来，但这些规定所体现的内容和价值与发展权是直接同一的，为发展权提供了法律依据。

从法律发展看，如前所述，发展权有三种存在形态即应然人权、法定人权和实然人权。现有国际人权文件规定的发展权并不一定包括了发展权的全部应有之义，对此，国际社会早已认识到，"有关国际经济新秩序的国际法原则和规则"，"既包括在有关国际经济新秩序不同项目的国际谈判、实践和行为中所运用的原则和规范，也包括国际经济新秩序的目标和政策措施所要求的原则和规范。换言之，它既是适用于或者扩大并且发展到适用于国际经济新秩序的国际法现存的原则和规范，并且是补充完备建立和维护国际经济新秩序必需的法律环境所需要的新的国际法原则与规范"。④ 也就是说，发展权的法律规范和法律地位自身必然会随着应有权利

---

① Francis Snyder & Peter Slinn, *International Law of Development*, Professional Books Ltd., Milton Trading Estate, Abingdon, Oxon, 1987, p. 94.

② Francis Snyder & Peter Slinn, *International Law of Development*, Professional Books Ltd., Milton Trading Estate, Abingdon, Oxon, 1987, p. 94.

③ A. Pellet, *The Functions of the Right to Development: A Right to Self-Realization*, U N Doc. HR/RD/1990/CON F. 6. p. 4.

④ 联大秘书长的报告《有关国际经济新秩序的国际法原则和规范的逐渐发展》，联大文件 A/39/504/add. 1. pp. 38 – 39。

不断被肯定而得到发展和演进，并随着发展中国家经济政治实力的不断加强而不断被丰富和强化。

四　发展权含义的分解组合

国际社会在"发展权"概念问题上观点纷争，说法不一。有的将发展权视为个人人权，否定国家和民族的集体发展权。有的认为发展权只是"一项不可剥夺的国家的权利，不能将它视为抽象的个人权利"。① 有的则认为，"发达国家的全体人民不得不向其自己的政府主张发展权，而发展中国家（以其人民的名义）向国际社会主张发展权。因此，发展权仍然是一项属于人民的权利，而不是属于国家"。② 还有的认为发展权不应仅仅解释为一项个人权利，也应是一项集体权利，"国家在政治、经济和社会方面的进步能促进个人的发展，而个人的发展反过来又能促进国家的发展"；③ 同时认为发展权有助于解释一整套公民、政治、经济、社会和文化权利，在这个背景下，全部人权的不可分性和相互依赖性才会显得更加突出。上述各观点之间差距很大。

对发展权究竟应作何解释？这里必须明确解释的理论前提和方法论应该具有普适性和一般性，不能仅从各国的立场和观点出发进行任意发挥。具体来说，对发展权的规定至少应把握三个方面。其一，任何权利都是对现存经济结构的反映和对社会关系的调节。而正是由于普遍存在着的富与贫、先进与落后的悬殊，才更显发展的紧迫与必要，并应上升为发展权形式以对不平等社会关系进行矫正。其二，每一权利都表明主体在该权利领域内拥有最广泛最深刻的自由。就发展权而论，任何层次和任何方面发展的不健全都将导致片面畸形的发展以至最终窒息发展。其三，任何权利都是主体对权利义务关系的反映和实践，这就需要理解发展权主体行使发展权的行为方式或参与方式及参与程度、参与结果。

基于以上考虑，对发展权的内涵应理解为：发展权是人的个体和人的

<hr/>

① A/C. 3/40/SR, p. 9.

② Subrata Roy Chowdhury, Erik M. G. Denters & Paul J. I. M. de Waart, *The Right to Development in International Law*, Martinus Nijhoff Publishers, 1992, pp. 159 – 160.

③ A/C. 3/40/SR, pp. 3 – 4。

集体参与、促进并享受其相互之间在不同时空限度内得以协调、均衡、持续发展的一项基本人权。其具体理解如下。

（1）从权利主体看，发展权是人的个体与人的集体的权利的统一。《发展权利宣言》指出："人是发展的主体，因此，人应成为发展权利的积极参与者和受益者。"在考察发展权中的"人"时，必须把人当成现实的具体的人，而不是抽象的人。任何个人，不分种族、肤色、性别、语言、宗教、政治或其他见解、民族本源或社会出身、财产、出生或其他身份等，都应一视同仁地享有发展权利。与此同时，人的集体作为发展权主体应该包括所有国家、民族和地区。从长远角度看，由人的权利的物质性带来的人权的永恒性决定着一切民族和国家有不断获取人权并发展人权的自由，"只有以个人所属的集体的福利为开端，才能更切实地迅速地获得个人福利"。"如果要使发展权具有有效的意义和内容，就必须使国家成为发展权的主体和受益者。"① 值得强调的是，发展中国家被赋予发展权利只不过是对被剥夺的发展权的一种归还，而发达国家与发展中国家在经济社会诸方面悬殊的日益加剧，才使得发展中国家争取发展权的呼声日益高涨，成为当今世界的主旋律。可见，"发展是总体的，世界的各个部分之间存在着紧密的联系，而条件不利的地区的进步是与最繁荣地区的发展相连的。所以发展应该具有全球性的特点。一个能够持久的发展，只能是所有人的共同发展"。② 因此，发展权主体是涵盖一切国家、民族和所有个人的复合主体。

（2）从权利内容看，发展权是政治、经济、文化和社会发展权的统一。对发展权内容的理解涉及对发展内涵的科学认识。各种社会联系的日渐紧密和大量社会问题的不断涌现，使人们对发展的观点突破了以往将"增长"（growth）等同于"发展"（development）的单纯的经济发展的局限性认识，提出了"人—自然—社会"协调发展的新发展观。③ 1976 年联

① Francis Snyder & Peter Slinn, *International Law of Development*, Professional Books Ltd., Milton Trading Estate, Abingdon, Oxon, 1987, p. 89.

② 〔塞内加尔〕阿马杜－马赫塔尔·姆博：《人民的时代》，郭春林、蔡荣生译，中国对外翻译出版公司，1986，第 96 页。

③ 〔法〕弗朗索瓦·佩鲁：《新发展观》，张宁、丰子义译，华夏出版社，1987，第 165 页以下；另参见〔法〕奥雷利奥·佩西《未来的一百页——罗马俱乐部总裁的报告》，汪帼君译，中国展望出版社，1984。

合国教科文组织所持的新发展观认为，"发展是多元性的；发展不仅局限于经济增长这唯一的内容；经济、文化、教育、科学与技术无疑都是各具特点的，但它们也是互相补充、互相联系的。只有当它们汇合在一起的时候，才能成为一个以人为核心的发展的保证"。[1] 1991 年世界银行也明确地作了权威性发言："全面发展不仅仅包括经济变量，它还包括能够提高生活质量的非经济因素，包括环境、生物、社会、文化、政治、科学、教育等多方面的因素。"[2] 20 世纪 90 年代以来，一种全新的更高境界的发展观——"可持续发展"观正式诞生，其认为发展是指既满足当代人的需要，又不对后代人满足其需要的能力构成威胁和危害的发展，把发展理解为人的生存质量及自然和人的环境的全面优化，体现了在发展问题上的现在与未来、整体与局部、理性与价值的多重统一。[3]

由此可见，作为发展权实体内容的发展具有多元性或综合性，覆盖政治、经济、科技、文化教育、社会各个方面及其内容诸环节，是指建立在主体自身独立基础之上的以上诸因素和诸方面相互依赖、相互弥补的均衡持续的发展。即是说，发展权既非独立的公民权和政治权，也非分散的经济、社会和文化权利，而是以政治发展为前提、经济发展为核心的经济、政治、文化和社会发展的各方面内容的有机统一整体。

（3）从权利行使看，发展权是主体参与、促进和享受发展的统一。人们应该从行为主体对行为目标即权利本身的接近或作用程度的运动过程来分析主体以何种方式和在何种限度内投身到实现权利的活动中来，要将"参与度"作为参照系来衡量是否切实赋予主体以发展权或主体享有发展权的程度的高低。严格来说，只有当主体真正地投入发展事业的实践并占有实践活动的成果时，才谈得上已经实际享有了发展权。因此，发展权是参与发展、促进发展和享受发展三行为的总和。参与发展是低层次的行为

---

① 〔塞内加尔〕阿马杜-马赫塔尔·姆博：《人民的时代》，郭春林、蔡荣生译，中国对外翻译出版公司，1986，第 96 页。

② 《1991 年世界发展报告：发展面临的挑战》，中国财政经济出版社，1991，第 49 页。

③ 1980 年，联合国大会首次使用了"可持续发展"概念。1987 年世界环境与发展委员会（WCED）发布《我们共同的未来》，系统地提出了"可持续发展"战略，使新发展观初具雏形。1992 年在巴西里约热内卢召开的"联合国环境与发展大会"上通过了《21 世纪议程》，阐述了有关发展的 40 个领域的问题和 120 个实施项目。至此，可持续发展观正式诞生。

方式，表现为获得发展权所必需的参与度的最小极限值，是指人们作为或不作为或者要求他人作为或不作为的权利行使过程中的参与权或者请求权，至于参与的范围有多大、需要的层次有多深却无法在这里得到确认和保证。促进发展是第二层次的行为方式，是指主体本着积极主动的行为态度，制定国际国内的发展对策，以种种方法争取更多的发展机会和实施发展方案的行为。在国际上可能是开展国际斗争、加强国际合作等，在国内可以是主动制订有效规范或者个人联合的罢工、游行、示威，或者进行有关研究、宣传、教育以形成舆论影响等。而享受发展则是最高层次的行为方式，它不仅是行为过程的连续状态，而且是行为本身的完结和终止，指权利主体对权利的实在内容的占有和消费，只有在这里，人的发展权才由行为变成物质结果而得以实现。发展中国家业已认识到将这三种行为方式联系起来对待的必要性，认为发展权就是要"促进社会变革，使每个个人有越来越多的机会发挥他的能力，保持他的尊严，对发展过程作出他的贡献并充分享受其成果"，①《发展权利宣言》也开宗明义地在第 1 条第 1 款载明了这一思想。

　　一般来说，在发展权实现的运动过程中，参与、促进和享受三行为只有具有在时间上的继起性和空间上的并存性，发展权才能由此而受到保护，而一旦参与、促进行为同享受行为脱节，那就只会是一部分主体丧失部分甚至全部权利而蜕变为义务人，而另一部分主体则不需履行部分甚至全部义务却享有发展权，此时，就可能表现为国际上发生侵略战争和新殖民行为等，国内出现剥削或剥夺人权的极不正常的社会现象。由此，可以使人们找到并努力消除阻碍发展权实现的根源。这正是从上述三行为的结合方面去动态地考察发展权的意义之所在，值得我们在研究中加以注意。

五　发展权保障的国际法律机制

　　发展权与人民所享有的其他各项权利一样，也是一项只有通过构建某

---

　　① 中国国际问题研究所编辑部：《不结盟运动主要文件集》，中国对外翻译出版公司，1987，第 64 页。

种机制才能取得的权利。发展权道义责任承担的极其脆弱性加之其集体人权性质决定了国家发展权法律保障的重要性。早在第三届贸发会议上墨西哥前总统埃切维里亚就指出："我们必须加强国际经济虚弱的法律基础。让我们努力使经济合作走出善意的天地，进入法律的领域。"① 从根本上讲，赋予发展权法律属性和创设新的具有法律约束机制的国际新秩序是保障发展权最终实现的客观需要。

构建发展权法律保障机制应遵循平等权利原则、永久主权原则、发展合作原则以及不对等和不歧视的特殊优惠原则。其中，最重要的就是实行法律规范的双重性原则，即改变传统法只平行地保护平等主权国家利益的做法，而对作为发展权主体的国家根据发展的不同程度区分为发达国家和发展中国家，并对其分别实行不同的法律准则。② 对该类法律准则究竟应该以何种形式规定，西方学者提出了"双重法律规范"保障的观点，即制定分别适用于发达国家之间的法律规范和发达国家与发展中国家之间的法律规范，保障发展中国家的发展。1964 年日内瓦第一届贸发会议上提出了关于调整工业发达国家和发展中国家关系的国际规章中的双重法律规范问题，并通过修订《关税及贸易总协定》而发展出规范性条款，体现在修订后的第四章专门照顾发展中国家利益的规定中。在贸发会议主持下，有关技术转让的国际行为守则和规范的谈判也反映了对这一原则的运用。有学者认为，与传统的国际法相比，"规范的多元主义"是在调整工业发达国家和发展中国家之间关系的条件下，由国际法主体的多样性所决定的。③ 而发展中国家的代表提出了"相同规范的双重内容"保障体制。④ 他们认为通过"双重规范"和"规范的多元主义"无法解决发展中国家经济上的不平等地位问题，只能导致国际法分裂为分别调整发达国家之间与发展中国家同发达国家之间关系的两个体系，暗示着国家仅仅有权参与影响到自己的国际法的逐步发展，其最后结果就是否定国际法，创立一部"民族聚集区法律"，这一体制创设的国际秩序只是一种虚拟的稳定，使

---

① 联合国贸易和发展会议，A/PV·2315，p.67.

② 参见《中国大百科全书·法学》，中国大百科全书出版社，1984，第 188 页。

③ 参见〔南〕米兰·布拉伊奇《国际发展法原则》，陶德海等译，中国对外翻译出版公司，1989，第 52 页。

④ 参见〔阿尔及利亚〕穆罕默德·贝贾维《争取建立国际经济新秩序》，欣华、任达译，中国对外翻译出版公司，1982，第 253 页。

发展中国家的发展被纳入工业发达国集团圈而窒息。为此,我认为,在
国际法上应该建立"相同规范的双重内容"制度,通过在同一特定的国
际法律规范中规定不同发展程度国家的不同权利义务内容来促进发展中
国家的发展。

从形式上看,它们反映的共同问题就是在发展中国家与发达国家发展
关系上的法律规范的双重性。从有利于发展的国际法理论与实践上讲,要
保障发展权实现,必须承认发展中国家与发达国家在发展上不平等的事实
和必须给予发展中国家来自发达国家的照顾,建立发达国家与发展中国家
不对等的权利义务关系,即由发达国家对发展中国家实行无须发展中国家
履行对等义务的优惠、非互惠等特殊待遇的体制。充分承认这些事实和观
点,并将其规定在法律文件之中,使规范性文件最终体现出在该规范制约
下发达国家履行义务暂时大于所享权利,而发展中国家所享权利暂时大于
所尽义务的双重权利义务内容,以最终促进包括发达国家在内的全世界的
共同发展。

中编　权利与义务

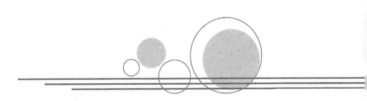

论权利和义务的辩证统一[*]

许启贤^{**}

摘　要：权利和义务的关系，反映了人们在社会中的地位及相互关系，是法学研究的重要问题之一。在阶级社会，权利和义务的配置表现出不平衡性。社会主义制度的确立，使人类历史上出现了权利和义务的统一，这是建立在社会主义公有制和社会生产力发展基础上的统一。但是，由于旧的思想残余和法制不健全，社会主义制度下权利和义务也出现了暂时的脱节。实现权利和义务的辩证统一，必须坚持和发扬社会主义民主，加强社会主义法制，树立正确的权利义务观念，进行民主与集中、自由与纪律辩证统一的教育，集中全力搞好现代化建设。

关键词：奴隶社会、封建社会、资本主义社会、社会主义法制

在开展关于社会主义法制和共产主义道德教育的过程中，从理论上弄清权利与义务之间的辩证统一关系，对于调动广大干部和人民群众的积极性，使其自觉地积极地参加公共事务，行使和保障自己的正当权利，提高为社会主义现代化献身的责任感和义务感，加速我国社会主义建设，有极为重要的意义。

　＊　本文原载于《法学研究》1980 年第 2 期。

　＊＊　许启贤，发文时未署工作单位，曾任中国人民大学马克思主义学院教授，现已逝世。

一

权利和义务，是法学研究的重要问题之一。所谓"权利"，是指公民依法享有的权力和利益。所谓"义务"，就是个人对社会或对他人所负的一种责任。权利和义务是相对而言的，既有区别又有联系。"没有无义务的权利，也没有无权利的义务。"① 它们之间的辩证统一的关系反映了不以人们意志为转移的客观规律。在现实生活中，人们随时随地都会碰到这个问题。

权利和义务的关系，反映了人们在社会中的地位及其相互关系。在原始社会，由于没有私有财产，没有阶级差别，人们共同劳动，平均分配，人和人之间是自由的、平等的。那时，权利和义务不仅紧密地结合在一起，而且彼此之间没有任何差别。正如恩格斯所说，"在氏族制度内部，权利和义务之间还没有任何差别"。② 人们把对社会承担某种义务看作在行使自己的权利；同时，也把行使某种权利看作承担自己应尽的义务。权利并没有和义务分离开来成为某种特殊的东西，或者专门为某些人所特有；义务也没有同权利分离开来成为某种外加的负担，或者专门由某些人所承担。

但是，到了阶级社会，由于人们对生产资料的占有不同，在社会政治、经济生活中的地位不同，权利和义务也就随之分离开来，对立起来。用恩格斯的话来说："如果说在野蛮人中间，象我们已经看到的那样，不大能够区别权利和义务，那末文明时代却使这两者之间的区别和对立连最愚蠢的人都能看得出来，因为它几乎把一切权利赋予一个阶级，另方面却几乎把一切义务推给另一个阶级。"③

奴隶社会是人类历史上第一个阶级社会。在那个社会里，权利和义务是分离和对立的。奴隶主阶级占有生产资料和奴隶，掌握着国家权力。在奴隶主阶级眼里，只有他们自己才配称作人，并自吹为所谓"大人"、"圣人"、"智者"，而奴隶则根本不算人。奴隶和牲畜一样，只不过是为奴隶

---

① 《马克思恩格斯选集》第 2 卷，人民出版社，1972，第 137 页。
② 《马克思恩格斯全集》第 21 卷，人民出版社，1965，第 180 页。
③ 《马克思恩格斯选集》第 4 卷，人民出版社，1972，第 174 页。

主增加财富的工具。正像马克思所说："劳动者在这里只是会说话的工具，牲畜是会发声的工具，无生命的劳动工具是无声的工具，它们之间的区别只在于此。"① 因此，奴隶主可以任意买卖、屠杀奴隶，想怎样处置就怎样处置。在我国古代奴隶主专政的殷商社会里，名目繁多的人祭、人殉现象，就是奴隶主不把奴隶当人看的一种突出表现。当时，奴隶连人都不算，还谈得上什么权利！一切权利归奴隶主所有，而奴隶只有做牛马的义务。

在封建社会，权利和义务也几乎是分离和对立的。封建地主阶级不仅占有生产资料和不完全地占有生产者——农奴，而且按地产多少瓜分了政治权力，建立了以皇帝为头子的等级森严的封建专制政权。在这个政权庇护下，皇帝拥有至高无上的权力，他可以代表整个封建地主阶级对农奴或农民任意进行残酷的政治压迫和超经济的强制剥削，可以享受各种权利而不尽任何义务。相反，农奴或农民则必须绝对"忠"顺于他们，俯首帖耳，给他们做牛马，被迫担负一切义务而无任何权利。这在地主阶级看来，则是"人之大伦"、"天之常道"。唐朝，封建地主阶级思想家韩愈就曾说过："君者，出令者也；臣者，行君之令而致之民者也；民者，出粟米麻丝，作器皿，通货财，以事其上者也。"（《原道》）在韩愈看来，人民如果不这样尽义务，就应该杀头，赤裸裸地摆出了一副吃人的架势。正如毛泽东所说："地主对农民有随意打骂甚至处死之权，农民是没有任何政治权利的。"②

到了资本主义社会，权利和义务的关系，较之奴隶社会、封建社会并没有好多少。资产阶级为了自由发展资本，自由剥削劳动力，挣脱封建桎梏，反对不平等的封建特权，提出了自由、平等的权利要求。例如被马克思称为"第一个人权宣言"的1776年美国的《独立宣言》，就第一次以政治纲领的形式宣布"人人生而平等；他们被造物主赋予某些不可让渡的权利，其中包括生命、自由和追求幸福的权利"。这在历史上无疑是一个很大的进步。但是，资产阶级所标榜的这一切"权利"，是有鲜明的阶级性的。"人权"也好，其他"权利"也好，实际上是资产阶级的特权。马克思恩格斯曾揭露说："人权本身就是特权，而私有制就是垄断。"③ 资产阶

---

① 《马克思恩格斯全集》第23卷，人民出版社，1972，第222页注17。
② 《毛泽东选集》第2卷，人民出版社，1952，第619页。
③ 《马克思恩格斯全集》第3卷，人民出版社，1960，第229页。

级为了缓和阶级矛盾，有时也给无产阶级和其他劳动人民一些"权利"，并把它们吹得天花乱坠，但是这些权利是无关紧要的，是不平等的、不普遍的和虚伪的。因为它们实行起来，常常受到私有财产、教育程度等多种限制，而且当这种权利威胁到资产阶级统治时，资产阶级便随时可以抛弃自由、平等这一类骗人的谎言，代之以残酷的镇压。所以，从根本上来说，在资本主义社会，无产阶级和其他劳动人民仍然是无权利可言的。他们除出卖劳动力这一点点"自由"外，剩下的只有被剥削被奴役的义务了。资产阶级宪法所规定的种种公民权利，其实是以无产阶级和其他劳动人民永远没有完结的沉重的义务为前提的。

二

无产阶级夺得政权，建立了社会主义制度，在人类历史上又一次出现了权利与义务的统一。当然，这种统一，不是原始社会那种统一的简单恢复，而是建立在社会主义公有制和社会生产力高速度发展基础上的统一，是建立在人民群众具有高度科学文化水平和高度自觉性、主动性基础上的统一。同时，这种统一，也是对人类历史上一切阶级社会长期把权利和义务分离开来、对立起来的彻底否定，是人类历史发展的大飞跃，是社会主义制度优越性的生动表现之一。首先，在社会主义社会，由于推翻了剥削阶级，大家都是平等的劳动者，所以在享有权利和承担义务上，也都是一律平等的。旧社会那种只享权利、不尽义务或凌驾于社会之上的特权者是不允许存在的。其次，在社会主义社会，国家成了人民的国家，人民成了国家的主人。国家为人民，人民为国家；国家爱人民，人民爱国家。人民和国家凝成了一个整体。这就从根本上保证了国家集体利益和个人利益的统一、人民目前利益和长远利益的统一。这种个人利益和国家集体利益的统一，表现在法律上，就成为公民权利和义务的统一。因此，社会主义国家总是采取一切措施，从物质上和法律上保证、维护人民真正行使自己的权利。而人民也就自然要把对国家的义务看作自己应尽的职责。这和资产阶级所标榜的那种残缺不全的、虚伪的民主和形式的权利，有本质的区别。最后，在社会主义国家，权利和义务是紧密联系在一起的。不尽义务，什么权利也得不到；要享受权利，就必须尽自己的义务。义务是实现权利的基础，权利是履行义务的前提。没有义务，也就没有权利；没有权利，也就没有义务。权利和义务是相互依存、相互制约、不可分离的。

社会主义权利和义务紧密地结合在一起，反映了不以人们意志为转移的客观规律。党和政府在处理这一问题时，总是根据客观规律办事，全面地考虑人民群众的权利和义务。讲权利时，也讲义务，讲义务时，也讲权利，把权利和义务当成一个不可分割的整体来看待；反复宣传公民在执行权利和义务方面是平等的。除国家依法剥夺极少数没有改造好的剥削阶级分子、反革命分子和其他刑事犯罪分子的部分权利和义务外，所有公民不分民族、种族、性别、职业、社会出身、宗教信仰、教育程度、财产状况、居住年限，都按照宪法和法律的规定一律平等，绝不允许任何人侵犯别人的权利，加重别人的义务。五届全国人大一次会议通过的新宪法，一方面，对公民应该享受的一切民主权利，如言论、通信、出版、集会、结社、游行、示威、罢工等自由权利，以及公民的人身自由和住宅不受侵犯的权利，劳动权利、休息权利、受教育权利和妇女在政治、经济、文化、社会、家庭的生活各方面享有同男子平等的权利等，都用明确的条文肯定下来；另一方面，又对公民的各项义务，如公民必须拥护中国共产党的领导，拥护社会主义制度，维护祖国的统一和各民族的团结，遵守宪法和法律，以及爱护和保卫公共财产，遵守劳动纪律，遵守公共秩序，尊重社会公德，保守国家机密，服兵役等义务，通过国家大法的形式规定出来。这里权利与义务并重，没有任何偏废，充分体现了社会主义国家利益同个人利益、公民的长远利益和目前利益的一致性。如果只讲义务，不讲权利，就要脱离群众，不能调动广大人民群众建设社会主义的积极性，不能培养广大人民群众自觉地推动社会前进的义务感。反之，如果只讲权利，不讲义务，便会使得人们斤斤计较个人的利害得失，而放弃应尽的社会义务。那样，社会恐怕一天也无法存在下去。马克思说："任何一个民族，如果停止劳动，不用说一年，就是几个星期，也要灭亡，这是每一个小孩都知道的。"① 我们是历史唯物主义者，对这个简单明白的道理，更是不难理解。

作为社会主义的公民，在自己的思想和行动上，应该时时处处把权利和义务有机地统一起来。当自己行使权利的时候，就必须同时履行自己的

---

① 《马克思恩格斯选集》第 4 卷，人民出版社，1972，第 368 页。

义务，把自己的权利建立在高度自觉的义务的基础上。如宪法规定了公民应该享受的许多权利，但是，要使这些权利得到实现，除了大力发展社会主义生产，除了国家从政治上、法律上给予保障，从每个公民来讲，还要履行公民的各项义务，在遵守宪法和法律，遵守劳动纪律，遵守公共秩序，尊重社会公德，积极劳动、工作，爱护和保卫公共财产，保卫祖国，抵抗侵略等方面，表现出高度的自觉性、主动性以及自我牺牲精神。只有这样，才能为自己享有的各项权利创造坚实的基础。

三

在社会主义制度下，权利和义务本质上是统一的。但是，由于它们各自都具有质的规定性，终究不是一个东西。它们的统一，只是一种对立的统一、矛盾的统一。这种统一，有时可能由理解的不正确，或者处理不当，导致种种片面性，或者严重脱节。因此，要经常注意研究可能出现和已经出现的问题，正确引导，及时解决。

从我国社会主义的现实情况来看，30 年来，广大干部和人民群众在党的领导下，以高度的自觉精神和积极态度履行宪法所规定的公民的各项权利和义务，使我国社会主义革命和社会主义建设取得了伟大的胜利。但是，也要看到，由于种种原因，我国社会主义民主制度仍然存在很多问题，在权利和义务问题上，在有的地方、有的人身上仍然存在着严重脱节的现象。

人们都知道，在我们的社会主义国家，所有干部，包括各级领导干部，都是人民的勤务员、"人民的公仆"。他们只有勤勤恳恳为人民服务的义务，没有在政治上、生活上搞特殊化的权利。这是共产党同一切剥削阶级政党的本质区别之一。我们的党是一个具有光荣革命传统的党，在长期的革命斗争中，广大干部同人民群众同甘共苦、艰苦奋斗，抛头颅、洒热血，以为大多数人求解放为己任，因此，赢得了全国人民的拥护。这是我们党取得革命胜利的重要原因之一。新中国成立后，绝大多数干部继续保持和发扬了这一优良传统，坚持了"人民公仆"的优良品质和作风，使我党在群众中继续享有崇高的威望。敬爱的周总理就是一个光辉的典范。但是，也要看到，有少数领导干部却经不起新的环境的考验，在思想上发生了危险的变化，抛弃了"人民公仆"传统，滋长了一种特权思想。他们认为义务是为工人、农民、知识分子规定的，为"老百姓"规定的，而干部特别是高级干部，却只有权利，没有义务，或者应该多享点权利，少尽点义务。在这种思想支配下，他们违法乱纪，为所欲为，干了不少损害党和人民利益的事情，使权利和义务分离了。

从人民群众方面来讲，首先应该看到，我国人民群众绝大多数是很好的。他们以主人翁的态度积极参与管理国家和集体的大事，积极参加四化建设，正确地履行了宪法规定给自己的权利和义务。但是，不可忽视，有极少数人，在对待公民权利和义务问题上，态度却并不端正。有的人履行公民义务很不自觉，工作、劳动马马虎虎，挑肥拣瘦，消极怠工，铺张浪费；有的人滥用民主权利，把民主权利理解为就是照"我"的意志办，想干什么就干什么，谁干涉都是"侵犯人权"，甚至有极少数人不守纪律，不守法律，搞无政府主义，搞极端个人主义，等等。

上述这些现象，都违反了权利与义务的辩证统一的理论和原则，在实践中造成了很大的危害。

为什么会有这些现象呢？原因有以下三点。

第一，和旧的剥削阶级的思想意识特别是封建主义的思想意识影响有很大关系。在我国，社会主义制度虽然已经建立了30年，以马列主义、毛泽东思想为指导的社会主义意识形态在各个领域起了积极的主导作用，但是，封建制度在我国统治了几千年，给人民留下了沉重的思想包袱，人民生活的环境中缺乏民主传统，封建特权思想根深蒂固，并且渗透到了社会生活的各个方面。加之生产力仍然很低，文化科学技术比较落后，旧的社会制度虽然消灭了，但旧的社会意识并不能一下子就消灭。特别是封建习俗、风尚和伦理道德规范，更有极大的惰性，它们顽固地禁锢着一些人的头脑。在一些干部中，那种官当大了，"只享权利，不尽义务"的思想，实质上就是封建地主和封建王侯思想的反映，是一种以牺牲绝大多数人民的利益来满足个人私利的剥削阶级思想，也就是一种封建特权思想。华国锋在五届人大二次会议上讲到这个问题时曾说："某些人认为，义务和纪律只是为老百姓规定的，而干部特别是高级干部，却只有权利，没有义务，可以不守纪律。这是完全错误的。这是一种封建秩序，而绝不是社会主义秩序。"因此，谁有了这种思想，谁就不能正确地理解自己在国家中所处的地位，履行自己作为"人民公仆"的义务。

第二，法制不健全。社会主义法制的根本任务，就是保障人民民主权利。没有广泛的民主，无产阶级专政就是一句空话。同样，无产阶级专政的主要目的之一，也是保护人民的民主权利。新中国成立后，我国初步建立了社会主义法制，在保障人民民主权利、对敌人实行专政方面，发挥了很大的作用。但是，长期以来，我国法制体系很不健全。加之，林彪、"四人帮"肆意破坏，仅有的法律被撕毁，无产阶级专政机关被砸烂，人民正当的权利和正常的生活得不到保障。这极大地挫伤和压抑了广大干部和人民群众在行使自己的正当权利的同时，为社会尽自己应尽的义务的积极性和主动性。

第三，缺乏必要的关于权利和义务方面的知识。有些人特别是青年人，对什么是权利，什么是义务，权利和义务之间有什么关系，社会主义社会公民的权利和义务与剥削阶级的权利和义务有什么本质区别，以及什么是人权，人权的内容是什么，无产阶级应该怎样对待它等问题，缺乏清楚的认识。因此，在思想和行动上，容易把资产阶级那一套所谓自由、民主、人权当成社会主义的东西，加以乱用。极少数人提出所谓"争人权"的口号，搞一些无政府主义的行动，不就是这种思想的具体表现吗？其实，这是对社会主义制度下人民权利和义务的严重歪曲和糟蹋。

总之，在社会主义制度下，权利和义务出现暂时的脱节，是有深刻的历史原因和社会原因的。但是，权利和义务的分离并不是社会主义制度本身造成的。因此要避免权利和义务的严重脱节，绝不是要改变我们社会主义的基本制度，而是要在四项基本原则指导下，用坚持并不断完善我们社会主义制度的办法，按照具体情况，实事求是地解决权利和义务问题上出现的各种矛盾。

四

在社会主义条件下，究竟应当怎样保障人民更好地履行自己的权利和义务，克服权利和义务的脱节现象，实现权利和义务的辩证统一呢？

第一，必须坚持和发扬社会主义民主，加强社会主义法制。

　　社会主义民主的实质，就是在社会主义国家，一切权力属于人民，人民是国家的主人，人民群众享有最广泛的民主权利。因此，无产阶级专政的社会主义国家，对人民群众必须实行最广泛的民主，让人民群众敢于议论国家大事，敢于发表各种意见，并让他们充分行使自己当家作主的一切权利，"使全体居民群众真正平等地、真正普遍地参与一切国家事务，参加对消灭资本主义的一切复杂问题的处理"。① 只有这样，人民群众才会真正感到自己是社会的主人，才能极大地调动广大人民群众建设社会主义的积极性和创造性。而要真正做到这一点，就必须健全和加强社会主义法制，把人民管理国家的权利和其他权利用法律的形式固定下来，并形成完善的健全的民主制度，把民主制度化、法律化。否则，人民群众当家作主的权利，仍然会没有保障。叶剑英在五届人大二次会议上说："广大人民群众要求加强和完善我国的社会主义法制。有了完善的法制，就能使宪法所规定的人民的民主权利得到有效的保障，就能不断地发展安定团结、生动活泼的政治局面，以利于社会主义建设的进行。"社会主义法制是人民须臾不可离开的护身法宝。当然，完善和健全法制，本身就是一个不断发扬民主的过程。在这个过程中，一方面要坚决反对无视人民权利，践踏社会主义法制的官僚主义，另一方面要坚决反对无政府主义和极端民主化的错误思想。要教育广大干部和人民群众自觉遵守法律。一切公民，无论党内党外、上级下级，在法律面前一律平等。干部要守法，群众要守法，人人都要守法。

　　第二，树立正确地对待义务的态度，积极主动地履行公民的各项义务。义务是个人对他人或个人对国家和整个社会所负的一种职责。义务又分法律义务和道德义务。前者靠法律的强制起作用，后者靠人们的内心信念和社会舆论起作用。因此，个人对他人、对国家和整个社会所负的责任，就有法律责任和道德责任之分。在社会主义条件下，公民的义务反映了社会历史的发展对人们的要求。它符合社会发展的客观需要和广大劳动人民的利益。例如，四化建设提出了许多要求，对每个人来说，这些要求就是他的义务。在现实生活中，有各种各样的义务：有同志间的义务，有父子、夫妻间的义务，也有对集体、国家的义务等。关于如何处理这些义

---

① 《列宁全集》第23卷，人民出版社，1958，第14页。

务之间的关系，存在着个人主义和集体主义两种世界观的论争。列宁曾说："是的！我们承认有同志的义务，承认有支持一切同志的义务，有容纳同志意见的义务，但是在我们看来，对同志的义务从属于对俄国社会民主运动和国际社会民主运动的义务，而不是相反。"① 我党历史上多少个民族英雄和革命战士，就是为了崇高的共产主义义务，不顾个人、家庭安危而英勇捐躯的。张志新同志在狱中一次答辩中说："作为先进阶级政党的成员之一，虽然只是一个普普通通的党员，但同时又是一个身负党的意识形态领域——宣传工作干部，又怎么能不去尽自己对党、对人民、对革命的义务。"我们要把法律义务和建立在崇高共产主义道德信念基础上的道德义务结合起来，使社会的义务要求，真正变成自己的情感，变成自己自觉自愿的行为动机，而不是出于法律的"逼迫"才去履行义务。这不仅是实现权利的最可靠的思想保证，而且是衡量一个人共产主义道德品质的重要标志。

第三，进行民主与集中、自由与纪律辩证统一的教育。权利和义务的统一，实际上就是民主和集中、自由和纪律的统一。我们讲权利，就是讲社会主义的民主和自由。但是，这种民主，是在集中指导下的民主；这种自由，是在纪律允许下的自由。民主、自由只有建立在集中、纪律的基础上，权利只有建立在义务的基础上，民主自由的权利才能得到保障。这种基础越雄厚，民主自由的权利就越有保障。很清楚，谁要享受言论自由的权利，谁就必须遵守不诽谤别人、不造谣惑众的义务；谁要享受劳动的权利、从社会领取工资的权利，谁就必须遵守劳动纪律，服从管理人员的指挥，执行规章制度。一个享受自由权利的公民，必须是一个自觉接受集中统一领导，自觉遵守革命纪律，对社会、对别人负责任的公民。

第四，集中全力搞好四个现代化建设。这是实现权利和义务辩证统一的物质基础。列宁指出："争取居民中越来越广泛的劳动群众享受民主权利和自由，增加实现这一点的物质上的可能性。"② 任何权利，都要受一定物质条件和文化水平的限制。没有比较发达的经济和丰富的社会产品，就很难使每一个公民都充分享受劳动权、休息权、受教育权和其他经济权

---

① 《列宁全集》第 4 卷，人民出版社，1958，第 233 页。
② 《列宁全集》第 36 卷，人民出版社，1959，第 528 页。

利；一个公民没有起码的文化科学水平，就不可能充分享受各项文化权利。只有随着经济文化水平的不断提高，公民的各项民主和自由权利，才能得到日益充分的实现。目前，我国正在进行四个现代化建设，随着四个现代化建设的发展，人民民主权利的充分实现将会得到可靠的保证。同时，人民民主权利的大发扬，将会进一步激发人民群众履行义务的自觉性和主动性，从而推动社会主义现代化建设更快发展。

论法律权利和义务的统一性*

屈　野**

摘　要："没有无义务的权利，也没有无权利的义务"，两者在相同条件下产生、存在和发展，不分先后，相互依存，相互作用。私有制是割裂权利和义务关系的根源，公有制是统一权利和义务关系的基础。在我国，坚持权利义务统一论是维护社会主义法律权威的重要保障。

关键词：私有制、公有制、法律权威

一　马克思主义关于权利和义务统一论

"没有无义务的权利，也没有无权利的义务"。① 这是马克思主义创始人 1864 年写在《国际工人协会临时章程》中的著名论断。此协会章程，是马克思指导西欧无产阶级革命运动的科学总结，它仍在当今世界劳苦大众中闪闪发光。这一"论断"，高度概括了极为丰富的内容，科学地揭示了权利和义务的实质及相互关系。其基本含义包括以下四点。

（1）权利和义务是两个有区别的概念，不能画等号；（2）权利和义务彼此依存，不能割裂；（3）权利和义务在相同条件下产生、存在和发展，

---

　*　本文原载于《法学研究》1990 年第 3 期。

**　屈野，发文时任职于云南大学法律系，现已逝世。

①　《马克思恩格斯全集》第 16 卷，人民出版社，1964，第 16 页。

不分先后；（4）权利和义务相互作用，不可偏废或偏轻、偏重。马克思关于权利和义务的统一论仍然是我们研究法律权利和义务统一性问题的基本指导思想。

从人类文化发展史看，"权利"和"义务"是广泛使用于社会规范的对称。除了使用在法律规范之中，还使用在其他规范，诸如宗教、社团、政党等规范方面。法律上的权利和义务与其他规范中的权利和义务既有联系，又有区别。法律权利和法律义务与其他规范中的权利和义务的区别主要表现在以下五个方面。（1）含义有区别。法律权利和法律义务是指法律规定人们享有的权利和必须履行的义务；其他规范中的权利和义务不属于法律范畴。（2）属性有区别。法律上的权利和义务，均具有国家意志性；其他权利和义务不具有国家意志性。（3）效力有区别。法律上的权利和义务具有普遍约束性；其他权利和义务只分别在各规范管辖范围有约束性。（4）实现的依靠力量有区别。法律上的权利和义务具有国家强制性，其实现以国家强制力量为后盾来保证；其他权利和义务不具有国家强制性，其实现靠组织纪律来保证。（5）作用有区别。法律权利和义务都是维护有利于统治阶级社会关系和社会秩序而起作用的工具，只为统治阶级的统治利益服务；其他权利和义务则不一定。由此可见，法律权利和义务具有以统治阶级经济、政治利益为转移的强烈阶级属性。既然是法律上的权利和义务，那么在任何一个国家，人们对待法律上的权利和义务都只能遵行、不能违反，否则将要受法律的追究和制裁。古今中外，概莫能外。另外，法律权利和义务是构成法律关系的基本内容，二者形成不可分割的整体。在任何一种法律关系中，权利对义务来说都是前提，义务对权利来说都是保障。享有权利也必须履行义务，履行义务也不能不享受权利；权利和义务彼此依存，相互制约。但是，由于法律权利和义务是由一定国家的法律所规定和保障的，而法律又是建立在一定的阶级社会经济基础之上的上层建筑，如何对待法律权利和义务关系，是以所有制和国家本质为转移的。

二　私有制是割裂权利和义务关系的根源

一些资产阶级法学家从维护资产阶级的统治利益出发，总是用"天赋人权"论把法律权利和义务说成"天赋"的或者"超阶级"、"超经济"

的产物，这是一种骗局。马克思主义者从无产阶级和其他广大人民的利益出发，揭露他们这种骗局，认为任何法律权利和义务都不是什么"天赋"的，也不是什么"超阶级"、"超经济"的产物，而恰恰是一定历史阶段阶级矛盾和斗争不可调和的产物。

众所周知，在原始氏族社会，由于社会生产力极其低下，既没有私有制，也不可能有阶级、国家和法律，更无所谓法律权利和义务。正如恩格斯在《家庭、私有制和国家的起源》这本光辉著作中，在以印第安人为典型研究原始氏族社会的情景时，明确指出的："在氏族制度内部，权利和义务之间还没有任何差别；参加公共事务，实行血族复仇或为此接受赎罪，究竟是权利还是义务这种问题，对印第安人来说是不存在的；在印第安人看来，这种问题正如吃饭、睡觉、打猎究竟是权利还是义务的问题一样荒谬。"①

在原始社会后期，社会生产力的发展导致原始氏族公有制的瓦解，奴隶主私有制形成。以奴隶主私有制为经济基础、以奴隶主阶级专政为政治基础的法律，只能是奴隶主阶级意志、利益和要求的体现，公开维护奴隶主阶级对广大奴隶实行残酷剥削和奴役的地位。所以，在奴隶制社会，"基本的事实是不把奴隶当人看待；奴隶不仅不算是公民，而且不算是人。……奴隶主享有一切权利，而奴隶按法律规定却是一种物品，对他不仅可以随便使用暴力，就是把他杀死，也不算犯罪"。② 奴隶制社会，既是法律权利和义务同时产生的开端，又是把权利和义务公开割裂，实行政治上、法律上公开不平等的起源。

在封建主私有制的国家，"压在农民头上的是整个社会阶层：诸侯，官吏，贵族……总之到处他都被当作一件东西看待，被当作牛马"。③ 所以，"农奴制农民根本没有任何政治权利"。④ 封建制法律是确认和保障封建主享受经济政治等特权，维护封建君主专制，对广大农民实行剥削和压迫的重要工具。封建主私有制仍然是割裂权利和义务，实行公开不平等的根源。

---

① 《马克思恩格斯选集》第 4 卷，人民出版社，1972，第 155 页。
② 《列宁选集》第 4 卷，人民出版社，1972，第 49 页。
③ 《马克思恩格斯全集》第 7 卷，人民出版社，1959，第 397 页。
④ 《列宁选集》第 4 卷，人民出版社，1972，第 50 页。

在资产阶级国家，少数资产者居于统治地位，而广大劳动者处于被统治地位。根源于并服务于资本主义私有制经济和资产阶级专政的法律权利和义务，也必然是互相割裂的、不平等的。资产阶级法律宣布的所谓"法律面前人人平等"、"私有财产神圣不可侵犯"等原则，实际上对少数资产者才是真实的，对广大劳动者则是虚伪的。所以，恩格斯在揭露资本主义法律权利和义务的割裂、不平等的实质时指出："……几乎把一切权利赋予一个阶级，另方面却几乎把一切义务推给另一个阶级。"① 资产阶级法律虽然也有给劳动者某些民主自由权利的规定，但那正是劳动者长期同资产阶级进行斗争的成果，不能表明资产阶级法律上权利和义务的割裂、不平等在实质上的变化。

综上所述，私有制是权利和义务割裂的根源，权利和义务的割裂是私有制社会阶级对立在法律上的集中表现。这种对立在私有制条件下是无法解决的。

三　公有制是统一权利和义务关系的基础

社会主义以公有制代替资本主义私有制，社会主义废除了割裂权利和义务关系的根源——私有制，建立并发展了统一权利和义务关系的基础——公有制。与此同时，把割裂权利和义务关系的法律制度埋葬了，建立了统一权利和义务关系的法律制度。

我国社会主义法律权利和义务的统一性，主要表现在以下八个方面。

第一，从经济基础看，全体人民都是社会主义生产资料的主人，既共同享有对生产资料不同形式的所有权、支配权，也共同承担促进社会主义公有制巩固和发展的职责。集中体现这一经济基础要求的权利和义务必然统一。

第二，从政治基础看，社会主义法律权利和义务，是基于人民民主专政国家政权的要求而形成、存在和发展的。人民是国家的主人，国家保护人民，人民热爱国家。由人民国家创立的法律权利和义务必然统一。

第三，从法律内容看，社会主义法律是社会主义经济基础和政治基础

---

① 《马克思恩格斯选集》第4卷，人民出版社，1972，第174页。

要求的集中反映，由此确认和保障的权利和义务也无疑是统一的。

第四，从历史任务看，社会主义法律权利和义务，都是为了维护有利于社会主义的社会关系和社会秩序，保障社会主义建设顺利发展，最终建成社会主义。

第五，从平等性看，在我国，一切公民既享受权利，也承担义务；既承担义务，也享受权利。因此我国宪法明确规定："中华人民共和国公民在法律面前一律平等。"它的基本精神是：在我国，任何公民都按照宪法和法律平等地享有权利和平等地承担义务，既不允许有只享有权利、不承担义务的公民；也不允许有只承担义务、不享有权利的公民。与此同时，禁止有享受超越于法律的特权的"特殊公民"。

第六，从渗透性看，在许多情况下，对我国公民来说，权利同时又是义务，二者互相渗透，"合二而一"。比如宪法规定，公民有劳动的权利和义务，有受教育的权利和义务。

第七，从制约性看，对公民自己来说是权利，对他人来说是义务，二者始终是相互制约而统一的整体。比如宪法规定，公民在行使自由和权利的时候，不得损害国家的、社会的、集体的利益和其他公民的合法的自由和权利。它表明，我们的国家一方面切实保障公民充分行使法定的自由和权利，另一方面也要求公民严格尊重国家、社会、集体的利益和其他公民的合法权利，并承担自己行使自由和权利而造成他人法定权益受到损害的责任。这表明：公民自己行使权利，必须以不损害他人的合法权益为条件，否则，应受法律追究。法律权利和义务相互制约的统一，是我们社会主义国家、社会、集体和个人利益一致性在宪法中的体现。

第八，从保障性看，我国社会主义法律权利和义务的统一性，既有原则规定，又有实现的保障。这种保障主要表现在三个方面。（1）法律方面。公民的权利和义务及其实现除在宪法中规定之外，还规定在刑法、行政法、民法及有关诉讼法之中。（2）物质方面。以生产资料社会主义公有制为主体的经济基础，从根本上为实现法律权利和义务的规定提供了坚实的物质基础。（3）立足点方面。法律权利和义务的规定都立足于我国国情，力求适应于国内生产力发展水平、阶级关系和阶级斗争客观情况，广大群众的觉悟程度、道德文化水准，国家在一定时期的总路线、总政策，以及立法的需要和可能等。这些都为实现法律权利和义务提供了有力保障。

四 坚持权利义务统一论是维护社会主义
法律权威的重要保障

在我们社会主义公有制的国家，坚持法律权利和义务的高度统一性，是每个公民的神圣职责。我们不能设想，在一个人民当家作主的社会主义国家，能允许少数人独裁专横或者绝对自由化，运用民主自由权利作幌子而为所欲为，逍遥法外；也不能设想，不对人们的行为进行宪法和法律约束，就能保证安定团结的政治局面，促进改革开放事业的巩固和发展，集中精力搞四个现代化建设。

既然我国法律权利和义务是相互统一、不可分割的整体，而法定的自由民主是供绝大多数人享受，为巩固和发展社会主义建设事业服务的，那些损害绝大多数人享受自由民主权利的言行，也必然要受到法律的约束和干涉。近些年来，极少数人打着"行使民主权利"、"言论自由"等旗号，成立非法组织，否定共产党的领导，否定人民民主专政，否定马列主义、毛泽东思想，否定走社会主义道路，以致发展为反革命暴乱，国家当然要坚决、彻底地加以平息、取缔和清算。

此外，在现实生活中还严重存在只讲享受权利、不愿承担义务，只讲自由、不愿受法律约束的错误倾向。这种把权利和义务割裂开来的错误，实际上是无政府主义思潮和封建特权思想的流毒，是对法律权利和义务统一关系的扭曲。当然，我国社会主义法律权利和义务之间也还会出现某些矛盾，但这是在国家、社会、集体和个人根本利益一致的基础上产生的局部现象，它将随着国家经济、政治和法律的发展逐步得到解决。

我们要坚持由宪法所确定的四项基本原则，维护安定团结的大好局面，就绝不允许少数人搞资产阶级自由化，破坏改革、开放、搞活，危害四化建设的正常秩序。国家规定，凡是依法行使的各项自由和权利，都受到法律保护；凡是违反法律权利和义务统一原则的行为，不仅不受法律保护，而且要依法追究。否则，社会动乱，人民遭殃，公有制受破坏，国家陷灾难。因此，我们说，坚持法律权利和义务统一是维护社会主义公有制国家法律权威的重要保障。

权利本位

——市场经济发展的必然要求 [*]

林 喆 [**]

　　摘　要：法律是人类社会各种关系内在规律的科学反映。在市场经济条件下，劳动者不仅应有生产商品的种种权利，而且还应享有等价交换的权利。市场经济的存在和发展客观需要立法者对商品持有者的生产权利和交换权利予以法律确认，确立以权利为本位的法律秩序，即就商品生产者而言，权利居于主导地位，义务由权利而派生，并且只是实现权利的手段。在资本主义制度下存在权利异化的现象。在社会主义制度下，进行权利分配首先应该有利于提高社会效益，同时要充分考虑社会的公平愿望。

　　关键词：法律权利、商品交换、权利异化、权利分配

一　一个基本的理论前提

　　讨论法律权利问题必须先有一个出发点，即"法律权利应该是什么"，然后才能考察"法律权利实际是什么"。显然，对于第一个问题的解答必须基于这样一个基本的理论前提，即承认法律应该是人类社会各种关系的内在规律性的认识结果。关于法律的客观性问题，马克思仅在《论离婚法

　　[*]　本文原载于《法学研究》1992 年第 6 期。

　　[**]　林喆，发文时任职于上海社会科学院法学研究所，现已逝世。

草案》、《第六届莱茵省议会的辩论（第三篇论文）》和《黑格尔法哲学批判》这三篇文章中便至少有七处提及。[①] 这些论述可以归结为以下五点。（1）现行法律应该是立法者有意识活动的产物，它所反映的是精神关系的内在规律——客观事物的本质。因此，事物的法的本质不应该去迁就法律，而是法律应该去适应事物的法的本质。当观察者不是观察事物的本质，不是把法当作独立的对象，而是离开法，将人们的注意力引到自己的理性中去时，就会产生违背法的本质的不合理的后果。（2）这样，立法者就不是去制造、发明和创立法律，而是努力去揭示和表述法律。立法者应该是一个自然科学家，他的观点应该反映事物内在规律发展的必然性。当他的立法活动只是出于个人的主观臆想，或个人的行为违反法律的客观精神时，他便在事实上违背了事物的本质，这是一种极端的任性，而任性是不能被提升为法律的。在立法者偏私的情况下不可能有公正的法官，此时的法律只能是自私自利的，法官只是在表达法律的自私自利。（3）法律的客观规律性使法律不是意志的等同物。意志不等于也不应该代替法律，它的作用恰恰在于发现和拟定客观地反映事物本质的法律。（4）要使法律对调整对象所作的规定具有科学性，就应该使法律成为人民意志的自觉表现，即它应该同人民的意志一起产生并由人民的意志所创立。（5）但是，由于立法权的政治性质以及国家权力的影响，任何问题只有成为政治问题时才会受到重视，因此法律同社会需要一样，被要求从政治上即从整个国家的观点和特定问题的社会意义上考察。这样，法律便被赋予了一种形式的、同自己以外的其他力量（社会现实内容）相对抗的意义。这是现实国家只作为政治形式存在的必然结果。

　　这里，马克思十分明确地将法律应该是什么与法律实际是什么，将法律与意志严格地相区别。他揭示，在应有的意义上，法律是客观的、科学的、与意志不同的一种必然性的产物。意志只是法律制定和实施所借助的力量，并不能成为法律的本质。如果说法律有意志的成分，那也应该是代表着社会生产力发展进程的意志，人民的意志；但就实有法律（现行的私有制法律）而言，它难以摆脱政治和国家权力的影响。于是，在法律中便

––––––––––––––––––

① 　参见《马克思恩格斯全集》第 1 卷，人民出版社，1956，第 163、178、183、184、185、316、395 页。

始终存在着理想与现实、客观与任性两种内容或力量的对抗。

从法律应该是人类社会的各种关系的内在规律的科学反映这一点出发，就必须承认法律权利应该是一种客观地体现这种规律的权利。基于这一前提，我们才有可能对经济生活中的权利现象展开深入的研究，揭示法律权利及权利本位对于市场经济发展的理论的和实践的价值。

二 权利的需要——市场经济中权利现象的本质分析

人的需要内在且殊多，在满足需要的生产活动中，劳动者的行为带有一种功利的性质，他所生产的物品是他直接的、利己需要的物化。他的需求量为他生产的尺度，需要的界限为生产的界限，他的权利要求随同生产界限的变化而确立内容。当生产物仅仅用于满足他直接消费的目的时，其权利要求含有相对单纯的内容：（1）他应该有生产某种能满足自己一定需要的物品的权利；（2）他应该有运用一定的生产工具和组织人力去进行这种生产，并按某种适当的标准对它们的消耗给予补偿的权利；（3）他应该有占有、使用、处分自己劳动成果的权利。如果这些权利要求不以某种形式得到确认，劳动者满足需要的生产活动便难以有效地进行，他的利益的实现就只具有偶然性。但是，只要劳动者的生产行为能在特定的环境中借助于群体或社会的伦理道德规范的力量和习惯势力继续下去，即只要他的权利要求能以某种道德权利和习惯权利的形式存在，它们就并不必然地表现为一种对法律权利的需要。这一点在自然经济和简单劳动中表现得尤为突出。

在市场经济活动中，生产的目的不再仅仅是，或不再是满足自己直接消费的需要，而是用于交换作为满足某种需要的手段。商品交换有其内在的特点。首先，商品交换是一种特定的权利交换。交换行为以交换者双方占有的商品为中介，它们是满足他们需要的手段和媒介。随着占有物的相互转移，商品持有者所扬弃的是他与某种商品之间的个人关系；放弃对某一占有物的所有权，目的是得到对另一占有物的所有权，交换的目的通过权利的交换而实现。如果商品持有者的所有权是不明确的，或者双方不居于平等地位，不是平权主体之间的等价交换，而是一方迫于另一方的权力和压力不得不放弃自己对所有物的权利，或者进行不等价的交换，那么交换行为便难以实施。

其次，商品交换是一种追求利益的活动，交换的目的是利益的最大化。一方面，一方的需要必须通过相应一方占有的等价物的交换而得到满足，每一种需要只有在对除自己之外的其他交换者有意义和效用，即需要只有指向对方的等价物，并且自己用于交换的商品同样成为满足对方需要的等价物时，它才是有价值的，能够被满足的。另一方面，双方对等价物的需要是为了从中获得自己的商品所不能提供的更多的利益。有利可图使商品持有者视交换方式和交换环境为利益实现的必要条件。如果商品持有者不能自主地决定生产什么和怎样生产、交换什么和怎样交换，那么就会由于缺乏可供交换的等价物和适宜的交换环境而使交换行为不能发生。

最后，商品交换是对商品持有者劳动本质、劳动状况、社会地位和生存环境的综合反映。在交换中，商品持有者不断地展现并证实着自己的人格、需要的尺度和劳动的价值。交换行为成为他与社会相联系的一种经常的和带有某种必然性的形式。生产活动具有广泛的社会意义。每一次交换的结果都是对某个特定时期主体状况的评价，它直接影响到商品持有者生产行为和交换行为的调整。倘若商品持有者不能参与社会的其他活动，不能调整自己的生产行为和交换行为，那么他的交换行为便难以摆脱交换范围和方式本身的狭窄性或局限性，交换结果将始终难以使他满意。

市场经济改变了产品的存在方式、生产的目的和主体的活动范围，使劳动者权利要求的内容日趋复杂：他不仅应该有生产商品的种种权利，而且还应该有进行等价交换的权利。后者主要包括：（1）他应该有在市场上以自己的商品交换其他商品或等价物的权利；（2）他应该有要求这种交换依据独立意志、平等互利和自由选择的原则进行的权利；（3）他应该享有维护自身利益的权利，包括除财产权之外的其他权利（如债权、人身权利、知识产权），它们常常成为商品持有者可能居于平等地位进行交换的重要条件。

市场经济发展的内在要求是平等的权利主体和能按商品等价规律交换的环境。商品持有者只有作为平权主体居于平等的地位才能够进行商品的等价交换，而也只有现实的法律制度承认这种平等地位，等价交换才可能实现并持久地进行。市场经济的这一要求及权利于其中的重要意义，使商品持有者诸多需要中包含了对法律权利的需要。① 他的权利要求不能再仅仅借助于旧有的道德和习惯的力量维系，而必须以普遍的规范化形式将它们固定下来并赋予它们某种强制力。市场经济的存在和发展客观上需要国家或立法者对商品持有者的权利要求予以法律确认，建立起以权利为本位的法律制度和法律秩序。

生产权利和交换权利的法律化，即法律权利的确立，表明了国家对商品持有者特定行为的合理性的认可，同时也派生出相应的义务要求：权利行为的有效性必须以支付一定的利益，即以履行一定的义务为代价。在市场经济活动中，商品持有者的权利是受限制的，生产中的组织、消耗补偿、所有以及交换的内容、方式和环境等都不能超越权利的合理界限。这里权利和义务的关系是明确的：对于商品持有者来讲，生产和交换的目的是营利，而不是丧失自身的利益，履行某种义务是为了保障自己生产和交换权利的享有；权利的合理界限以义务为保障，但义务只是权利实现的手段。倘若情况相反，生产和交换首先是基于某种义务，即权利的享有以义务的履行为前提和目的，那么在这种经济活动中，商品持有者行为的性质便将发生微妙的也是根本的变化：他的需要只是他人需要的外化形式；他所追求的利益在尚未获得之前就必须被预先支付部分或全部；他只有先成为他人利益的生产者对他人负责，才能再成为自己利益的生产者对自己负责。这种前景足以使任何一个商品持有者在尚未获得某种权利之前便放弃对它的需要，倘若他能够自由选择的话。

以劳动者的义务为主导的经济活动显然违背了市场经济的内在精神，它的实践后果之一是法定权利与实在权利的分离。在人类历史上，它的弊端曾以一种极端的形式——权利的异化出现，这在西方自由资本主义制度中表现得淋漓尽致，其启示发人深省。

三　权利的异化——政治国家中权利状况的法理批判

市场经济在本质上与权利范畴相联系。资产阶级在反封建的过程中，建立了一种与市场经济在形式上相适应的完全平等的社会关系，并通过法

---

① 参见林喆《法需要范畴初探》，《当代法学》1988 年第 3 期。

律权利和义务的调整将这些关系确定下来。资产阶级的法律承认商品生产者作为独立的私有者而存在、公民在法律面前人人平等以及经济活动中等价交换的原则，但同时又在生产关系内部承认了资本主义奴役制的合理性，以及无产阶级与资产阶级在市场经济生产中事实上的不平等。这便促成了以劳动者的义务为主导的整个生产过程。其后果是权利的普遍异化。

就法哲学意义而言，权利的异化特指奴役制度中的一种极端的和特有的现象，即主体活动所必需的权利结构中的各种构成要素（权利主体、权利客体、权利与义务关系）作为主体之外的一种异己力量独立存在，并与主体相对抗。

在私有制条件下，政治国家中权利的异化主要反映在两个领域：经济生活中与劳动异化相伴随的权利异化，以及政治生活中由法律的偏私所引发的权利异化。它们的直接产物是阶级特权。

从经济领域内的权利异化现象来看，它通过三种形式表现出来。

（1）权利主体本身的异化。在劳动力的交换市场中，形式上各权利主体——工人与雇主之间的关系是平等的：作为平权主体的各方自由地将自己的商品进行等价交换。工人享有把自己的劳动力当作商品出卖的权利，而雇主享有把他人的劳动力当作商品买进的权利。两种权利实现的原因在于，劳动力是工人工资和雇主无偿占有剩余价值的唯一来源。如果双方不进行这种交换，工人将无法生存而可能饿死。商品交换一开始，在形式平等的关系背后便隐藏着更深一层的依附关系。与其他商品的不同之处在于，劳动力的支付并不随市场活动结束，而必须通过生产中被实际使用的过程逐步兑现。权利的异化始于这里，权利主体作为一个整体是不可分割的，但是现在他（工人）则被分作两个部分：他自身及蕴藏于他自身的劳动力。后者随交换而成为另一权利主体（雇主）所有权的客体。这里针对同一个劳动力却出现了两个权利主体，一个权利主体（工人）只是在形式上占有它，却没有权利使用和处分它；而另一个权利主体（雇主）虽然在形式上不占有它，但有权任意地使用和处分它，他可以决定使用这些劳动力的方式（时间、地点、条件），并通过这种支配权控制前一权利主体（工人）本身的活动。这就是说，当工人出卖了自己的劳动力之后，并没有退出交换领域，他的生产活动只是交换活动的继续，是在履行一种契约义务。尽管他依然享有自由决定是否继续出卖自己的劳动力，订立新的契约的权利，但是他的权利主体的身份发生了变化：本来市场经济活动的主体是劳动者，应市场经济要求而确立的生产过程中的法律权利的主体也应该是劳动者，但是现在工人作为生产活动的实际主体只是形式地占有着自己的劳动力，而生产活动的形式主体（雇主）却实际支配着工人的劳动力。这样，法律权利实际上不是赋予工人的，而是赋予"站在劳动之外"的雇主的。于是每一项法律所确定的形式平等的权利都分裂成两个部分，对于工人来讲，它只是一种抽象权利——应有权利；对雇主来讲，它才是一种具体权利——实在权利。另外，随着劳动异化的全面展开，作为交换物的劳动力越来越成为外在于权利主体（工人）的异己力量，它支配着他的其他活动（如机体的某些生理活动和精神活动）。工人在事实上成为保障雇主权利行使的一种手段，权利主体成为一种义务主体。

（2）权利客体的异化。对于工人来说，他与生产资料和他的产品之间不存在某种所有权的关系，他不能通过自己的劳动占有外部的感性世界，物不是他的，他不是生产属于自己的商品而是为他人生产。作为一个享有生存权、自由权、劳动权、财产权等权利的主体，尽管他的这些权利大多是一种对世权，但就一个具体的劳动过程而言，这些权利客体的内容本来是丰富的、明确的，现在它们却日益贫乏而含糊，主要以货币和生活资料的形式存在。在剩余价值规律的作用下，工人创造的财富越来越多，而他用于维持自身生命的资料则越来越少，这使得他对雇主的依附性增大。劳动力的出卖成为一种终身的契约。工人在生产中不断地耗费自身的力量，又不断地创造出与自身相对抗的异己力量。权利客体不再是主体肯定和检证自己人格独立的手段，而成为否定主体人格的一种力量，它以日益模糊的内容和对抗的方式反衬出主体权利的丧失。

（3）权利与义务关系的异化。由于主体与自己的劳动力、劳动资料和劳动成果的分离，生产的性质也发生变化。原先劳动是主体肯定自己和自由发挥体力、智力的一种活动，是对物的权利的实现过程，而现在主体自己的体力、智力和个人生命成为不依赖于、不属于他并反对他的活动。主体不是在为自己生产某种权利，而是在生产某种义务，义务支配着他的劳动权利和生存权利，他的劳动权利行使的目的是体现义务，他只要停止这一履行义务的劳动，就将失去他从劳动成果中获取部分生活资料以便生存下来的权利的享有，他的其他各种权利也都依赖于这一义务履行的过程

（范围、质量、结果）。他的义务不再成为他权利的一种合理的界限，而成为一种外在于权利并凌驾于权利之上的异己的力量统摄着权利，它使得劳动本身成为主体的"自我损失"和"无权的表现"。①

雇佣劳动制度中权利异化现象反映出政治国家中法律制度对权利实惠和义务负担的分配在事实上的不平等，从形式上等价交换中所获得的利益如此不对等，这是剥削阶级法律偏私的结果，它与政治生活中的权利异化现象紧密联系在一起。它们的直接后果是资产阶级特权的存在。所谓特权就是将普遍权利变为特殊权利，它是对大多数人的权利的一种剥夺。从这一意义上讲，资本对于工人的剥削实际上就是资本对工人权利的剥夺。

市场经济发展到资本主义时期，当它的存在顽强地表现为一种私有财产制度时，它便陷入了这种矛盾中：它的存在和发展有赖于所有权的具体化，即生产者对于生产资料、生活资料的普遍的实际的占有；但是这种所有权的私人化在具有阶级偏见的法律制度的调整下并没有普遍地发生在生产者那里，而是发生在非生产者中，它造成了财富聚敛和财产贫困的两极分化，激发劳动异化和权利异化，结果反而又限制了市场经济的正常发展。因为既然商品生产的主体是劳动者，那么生产的规模、质量、速度主要取决于主体的劳动状况，商品交换的成效也主要依赖于由生产者所决定的商品质量；而主体的劳动状况又往往与他所处的生产关系的结构密切相关。当主体与生产资料、劳动成果相分离，陷于一种权利的贫困或义务性雇佣劳动状态时，他的生产活动显然缺乏一种激励机制；而只有当生产资料和劳动成果为他所有，他能以权利主体的身份自由地使用和支配它们时，他才可能具有独立的自我意识，以所有者的身份组织生产和交换活动。这种生产关系内部事实上的平等反映在制度上，就是从事商品生产的各种所有制成分及所属的各个生产者必须享有真正平等的政治权利和经济权利，居于平等的法律地位。而现行的法律体系又必须以保障劳动者的权利为宗旨，这才是市场经济健康而迅速发展的基本前提。

市场经济的这一内在矛盾客观上要求一种新的合理的经济结构及与这一结构相适应的法律制度和法律秩序，以使权利和义务的分配尽可能地公正和合理，使权利体现出一种客观的普遍性，即使它成为体现法的客观精

---

① 《马克思恩格斯全集》第42卷，人民出版社，1979，第38页。

神的、适应市场经济发展内在需要的普遍权利，而不是使它成为少数人的权利，一种特权。资产阶级的思想家和政治家们后来逐步自觉或不自觉地意识到了这一客观要求，并力图通过资本主义经济结构自身的发展来解决这一矛盾，这就导致了资本主义的股份制、工人参加生产管理和福利制度的出现。前者体现了资本主义所有制和所有权发生了重大变化，而福利制度则体现了社会财富（生产成果）的再分配。这些制度的出现在一定程度上缓解了劳动异化和权利异化。但从目前来看，远未从根本上解决上述矛盾。

四 权利的分配——社会主义制度中
权利体系的目标取向

法律权利体系应该是适应市场经济客观发展规律的科学体系，应该是商品生产者内在的权利需要的物化的结果。然而，任何法律权利都不能超出社会经济结构及受其制约的社会文化发展。这样，在理想的权利体系与现实的权利体系之间便有着一段或长或短的距离。人类社会的发展规律之一是，人们既不因为某一模式在逻辑上是合理的而在实际生活中难以实施，就不将它作为一种理想的社会制度在理论上提出它；也不因为某一模式在现实的经济结构中存在但在理论上是不合理的，就不斥责它为一种邪恶而在实践中去否定它。正是这样，各种社会制度才能相继取代，各种理论才能彼此补充、修改或否定。当社会主义以一种崭新的社会制度否定了剥削制度，从而为市场经济的发展提供了一种更佳的生存环境时，它的法律制度应该也必须揭示一种保障这一生存环境的科学的权利体系。

社会主义市场经济对于权利体系的要求主要有以下几个方面。

首先，这种权利体系应该承认商品生产的过程是一种人的生产、人的自我价值实现的过程。由于生产者诸多权利的享有是他进行生产的前提，只要这些前提不具备，生产就只能是一种义务性的生产，权利异化现象就难以消除。因此，权利的分配应该立足于对商品生产者主体地位（平等、独立、自主）的确认，使他具有真正独立的人格。经济体制改革就是对主体各种权利的重新调整和分配。当法律否定了经济活动中国家和企业之间纵向型的命令与服从的行政依附关系，而代以横向型的平权主体之间的法律关系，承认生产资料为商品生产者所有权的客体内容之一，允许它进入流通领域，强调两权分离，肯定责任承包制和股份制时，其意义是深远的，它表现出现行法律对于权利与商品经济关系的重新认识。

其次，这一权利体系应该承认商品经济活动是一种追求利益和满足需要的过程。权利分配的重要内容是正当利益的选择和各种利益之间的协调。利益的存在显然需要相应的义务为保障和手段，但是权利并不是义务派生的某种利益，而是在诸多利益的限制下对正当利益的一种权衡和选择。这种提法并不是对选择论和利益论的调和。当代西方法理学在权利问题上的这两种论点十分引人注目，其争论的焦点在于，权利究竟是一种自我选择的结果，还是因他人义务而获得的利益。尽管两派的论证过程各有其合理之处，它们分别注意到了权利主体的主动性及权利和义务的关系，但无法互相否定，都不能作为权利概念及权利与义务关系的科学解答。其缺陷在于，如果权利是一种自我选择，那么权利的分配标准应是普遍的，机会是均等的（谁都有机会优越于他人），但分配的结果却是特殊的、不均等的（优势者显然比无优势者获得更多的权利）；如果权利是一种因义务而产生的利益，那么它便成为义务的一种附属物，在不履行义务的情况下就没有权利的存在，这实际上否定了法定权利作为公民应有权利的意义，而实践中法定权利却不因实有权利不存在（即主体未实际享有某种权利）而消失。

在西方法理学史上，黑格尔谈及权利问题时曾提出权利的自由说。他认为，具体的自由是私人（家庭和市民社会）与普遍（国家）两种利益体系的统一。一方面，依据事物的客观发展，私人利益的独立和完善先于国家利益；另一方面，私人利益又不得不依附于国家利益，将它作为自己的内在目的。这种违反事物内在本质的关系是一种外在必然性的关系。在这种情况下，个人具有了国家特质，他只不过是"国家的个人"，他所享有的权利范围依他对国家所尽的义务来界定。唯有个人牺牲了独立和任性的主观目的，国家才给予他一种权利，使之在尽职履行义务时得以追求主观目的。这样在君主制的主权内，各特殊领域的目的和行动方式实际上都受整体目的的规定和支配，它依据事物发展的必然性保持着自身的特殊性，但在普遍利益的不断限制下又不得不返回实现整体目的的轨道中。在紧急情况下，主权有责任牺牲合法的特殊环节以拯救国家。

当黑格尔小心翼翼地将资产阶级的权利要求以晦涩的语言建构于他的法哲学体系中时，他只能提出一种以义务为本位、国家利益至上的权利观。对此，马克思批判道：黑格尔的缺点不仅仅在于他以一种头足倒置的唯心主义方式论及了个人、团体与国家之间的关系，而且在于他所谈及的主权概念是不明确的，如果他从作为国家基础的现实主体出发，就没有必要神秘地把国家变成主体，把构成国家本质的主权当作某种独立的存在物。在私有制下，国家与社会团体及公民个人的关系是一种对立的关系，一种难以调和的利益关系，这种关系因国家官僚机构的形成而成为法定的、固定的对立，它反映出"特殊领域的私有财产和利益反对国家的最高利益——私有财产和国家之间的对立"。[①] 这一对立唯有在作为人民存在的环节——民主制国家中才能消除，此时的国家制度表现出它的本来面目——人的自由产物，即人民的自我规定、特殊内容和特殊存在形式。马克思强调，应当避免将社会作为一种抽象的概念与个人对立起来，将国家利益视为一种高居于个人和群体之上的存在物。

社会主义制度中的权利分配对利益的选择和权衡基于这样的原则：①选择的出发点是商品生产的主体——个体利益和群体利益，兼顾国家利益的根本目的应该回归到个体和群体利益上；②法定的抽象权利通过商品生产者个体权利的确认而成为具体权利；③这些具体权利应该是对合理的、正当利益有限制的选择结果。

十年改革的成果之一是，社会主义市场经济的发展突破了利益群体一体化的旧有模式，促成社会利益多元化结构的形成。法律参与到利益的重新组合中，以权利和义务的分配肯定或否定着各种利益群体的需要，反映着社会各群体之间的利益冲突，而权利分配中的选择表现出现行法律对于社会各利益群体的需要的一种评价。

再次，社会主义市场经济中权利体系的价值取向首先应该是社会经济效益的提高。市场经济运行的优化在于商品生产者之间的竞争，权利的分配为这一竞争提供了必要的手段和环境。竞争需要平等的权利，而权利就基本性而言只在于使用同一的尺度。对于彼此相异的个体来讲，由于他们

---

① 《马克思恩格斯全集》第 1 卷，人民出版社，1956，第 305 页。

各自的智力、体力或所承担的社会负担（义务）上的差异①，当被以同一种尺度去计量，即享有同一种权利时，实践的后果只能是各自所获得的利益在事实上的不平等。也是在这一含义上，马克思认为，依按劳分配原则所享有的平等权利仍然属于不平等的权利范畴，权利要体现利益的平等，对它的分配就不应当是平等的，而应当是不平等的。

针对平等权利的分配中实际存在的不平等现象，罗尔斯曾将"补偿原则"和"差别原则"作为具体解决的方法。其思路是，为了保证社会中所有成员事实上的平等，就必须设想他们在起点上的平等。具体地说，一方面，要为每个人提供真正的同等机会，社会必须更多地注意那些天赋较低和出生于较不利的社会地位的人们，即按平等的方向补偿由偶然因素造成的利益获取上的倾斜；另一方面，必须改变社会基本结构目标，使整个制度结构不再强调社会效率和专家治国的价值，而使先天有利者只有在改善那些不利者的状况条件下，即在帮助不利者之后才能得益。② 这种社会成员相互分享各自命运的措施，其实只是以牺牲一种平等（权利分配上的形式平等）达到另一种平等（所谓事实上的平等），而后者只是一种虚构状况。事实上无论社会如何发展，不管权利怎样分配，个人之间的发展状况都不可能绝对等同，特殊总难与普遍划一。况且利益本身的张力很大，它是一个社会各种状况的综合反映，各种利益之间的差异并不必然导源于权利分配上的不均等。在商品交换中交换本身是冒风险的，双方等价交换的结果完全可能造成实际利益上的差异。罗尔斯正义模式的结果只能是以牺牲社会经济效益来达到难以实现的社会公平，以权利和义务的两极分化（优势者拥有较多的义务，而劣势者拥有过多的权利）来实现道德正义，这显然与市场经济发展的要求相悖。退一步说，即使有实践的可能，那也将是基于社会物质财富的极大丰富。在这一点上，马克思的论点是正确的。他指出，即使在社会主义阶段，权利的不平等状态也是不可避免的。

这确实给市场经济中的权利分配带来了困境：形式上的平等分配不断

---

① 这种义务的履行常有力地冲淡或减弱主体从某种权利中所获得的利益，从而在两个不同的主体那里导致不同的效果。如按劳分配的权利在两个主体那里，可能因他们各自所承担的赡养义务的内容不同而被不同程度地减弱。这里，我们看到了权利和义务与利益之间的另一层关系。

② 〔美〕约翰·罗尔斯：《正义论》，谢延光译，上海译文出版社，1991，第95—96页。

地造成事实上的不平等，依同一种法律权利而获得的利益在两个生产能力不同的企业那里，显然是不同的。少部分人先富起来的重要条件之一是其先决条件（个人素质和生存环境）方面的优势，而不平等的分配又不断激发实际生活中的种种不平衡心理和道德谴责。法律对于生产效益高的企业或地区给予更多的权利常常引发生产效益低的企业或地区的普遍的不满情绪。社会秩序的稳定需要一种内在的平衡剂，权利的分配自然不可能面面俱到，求得各利益群体之间的绝对公平，它只能将能否促进社会经济效益的提高作为自己的价值取向。市场经济发展的要求是：权利体系应该鼓励商品生产者以自身的实力在平等的地位上通过竞争去获得更多的利益，权利的分配应该注意使体制改革的每一项成果都以法的形式固定下来，使之具有普遍合理的形式。如，承包制和股份制的推行使企业追求职工收入最大化的行为成为企业的基本行为，法律应及时肯定这种行为在社会主义初级阶段的合理性，使它成为企业的一种法律权利，而不是斥责它为一种短期行为，这对于提高企业经济效益和促成新的经济体制是有益的。

另外，权利的分配又应该充分地考虑到社会的普遍公平愿望。在经济活动中，道德原则虽然不是决定性因素，但它常以一种特有的方式和力量影响经济利益的分割。当马克斯·韦伯称"一个社会的伦理道德是既定的；任何一种类型的经济如果要求人们具有一种与这个伦理道德相违背的民族精神，那么这种经济将不会发展"时，其含义是相当深刻的。然而，当权利的分配兼顾效益和公平两种因素时，权利体系的设立便突破了法理的意义，并且含有了伦理的意味，即它既是一种利益的确认，又是一种道德的评价。

最后，这一体系应该是以权利为本位的体系。这里，"权利本位"的含义是特定的，[①] 就商品生产者而言，在他的权利与他的义务关系中，权利居主导地位，义务由权利派生，只是实现权利的手段。就法律制度而言，以赋予公民和社会团体的权利为首要的目的，义务的履行只有在围绕保障权利的基础上才成为必要的和合理的，才具有价值。商品经济的发展客观上要求法律以公平地分配社会权利，保障公民追求自由、平等的理想

---

① 这一点已为我们多次重申，郑成良曾在《权利本位说》（《政治与法律》1989 年第 4 期）一文中就权利本位的特定含义作了精彩的论述。

为调整社会各种利益群体关系的前提，使个人和群体享有更多的权利，而不是从义务的履行中丧失或失去一些基本的权利。

值得提出的是，当人们强调不能以应有代替实有时，恰恰忽略了也不能以实有代替应有。正如不能因为历史上曾有过几千年的剥削史而肯定私有制在目前应该是唯一的、合理的存在形式，社会经济结构应该以私有制为主导，同样，不能依据以往法律制度的历史而推导义务为本位的法律制度的恒定性，而不去顺应市场经济的要求，以权利本位取代之。我们不能一方面肯定资本主义法律制度与社会主义法律制度的本质区别以及前者权利体系的阶级偏私性，另一方面又自觉不自觉地否定在社会主义条件下建立反映法的客观性的权利体系的必要性和可行性；更不能将马克思对资产阶级在正义、自由、平等问题上所表现出的理论与实践分离的批判绝对化，以此否定这种矛盾在社会主义条件下有解决的可能。

权利本位是市场经济发展的必然要求。尽管建立以权利为本位的法律体系目前困难重重，但作为一种理论的探讨，应该也完全有必要研究科学的权利概念和完善的权利体系。其意义并非仅仅将它作为对现行法律制度的一种参照，因为即便是理想，只要是出自客观的要求，它终将能够成为一种现实。

论人权的道德基础[*]

张恒山[**]

摘　要：人权是相对于政府义务而言的，是一切人对于政府享有的权利。人权不是来自政府，也不是来自法律的确认和规定。人权的来源与我们心中的评价标准和这种评价标准的来源有关，人权是在道德和理性评价标准形成的基础上确定的。可以说，人权的依据在于其道德性；被称为人权的一切权益、自由和行为都不违反人类道德心所先行确定的"不得损害他人"这一最基本的道德规范；人类的道德心要求每个人、每个国家的政府都尊重这种具有正当性的利益、自由和行为。

关键词：道德心、行为理性、旁观者、正当

一

我们的权利是从哪里来的？我们权利的依据是什么？尽管人权这一概念被提出已有三百来年的历史，但人权的基础或人权的来源是什么的问题始终没有得到令人满意的解释。

古典自然法学认为，人权是人的自然权利，来自自然法的规定。这种自然法学说曾经迷醉了好几代人。但是，自然法是什么？自然法是指自然

---

　　[*]　本文原载于《法学研究》1997 年第 6 期。

　　[**]　张恒山，发文时任职于中国社会科学院法学研究所，现为天津大学法学院教授。

义务，还是指自然义务与自然权利的结合？是自然法规定了自然权利还是自然权利产生自然法？这些都是未解之谜。

有的学者把人权归结为人的本质、人的本性、人的价值。如果我们进一步追问：人的本质、人的本性、人的价值是什么？这个问题恐怕更难回答。这种人权论证不过是用一个更困难的理论难题来搪塞我们已面对的理论难题。

那么，这样的论证——人权是人作为人而应享有的权利——能否令我们满意呢？初看起来似乎令我们满意，细想却又令我们不满。所谓"人作为人而应享有的权利"，是指因我们具有人的外观而享有的权利，还是指因我们具有区别于其他动物的某种特性而享有的权利呢？如果因具有人的外观而享有权利，那么，天生的残疾儿并不具有完整的人的外观，我们为什么认为他们享有人权？有些人虽然具有完整的人的外观，但其以杀人为乐，有人——像希特勒——在掌握了政治权力之后甚至指挥种族灭绝的屠杀，这种人是否应享有人权，譬如说，享有人的最基本的权利——生命权呢？我们确认人权是不可剥夺的，如果杀人惯犯、杀人魔王仅因具有人的外观而享有包括生命权在内的不可剥夺的权利，那我们的道德感、正义感能让我们表示赞成吗？如果说我们由于具有区别于其他动物的某种特性而享有人权，那么，我们的这种特性究竟是什么？自达尔文进化论指明了人与其他动物的联系之后，还没有哪种学说能以令人满意、令人普遍信服的方式指明人与其他动物的区别。如此，我们享有人权的依据是什么？

国内有的学者提出并倡导一种关于人权的定义——人权是人因其自然本性和社会本性而享有的不可剥夺的权利。这种说法虽有可取之处，却也并非无懈可击。疑问在于，人的自然本性指的是什么？它是否包括人在满足需要的资源有限的情况下为利己而损他的本性？它是否包括人们垂涎、贪婪于他人财物的本性？它是否包括人在某些情况下倾向于以暴力来对付他人的本性？此外，人的社会本性指的是什么？是指"一切社会关系的总和"吗？由一切社会关系的总和我们能明白什么是人的社会本性吗？或者，人的社会本性是指人的阶级性吗？如果人权是指阶级的权利，我们要人权这一概念又有何用？

英国学者米尔恩以康德的绝对命令来论证人权得以成立的普遍的最低限度道德标准的基础。米尔恩认为，康德的"绝对命令"有两种表述：一种是

"永远依照可以同时被接受为普遍法则的行为准则（maxims）行事"；① 另一种是"永远把人类（无论是你自身还是他人）当作一种目的而绝不仅仅是一种手段来对待"。② 在米尔恩看来，康德关于"绝对命令"的两种表述是一致的，③ 但其第一种表述有误。米尔恩认为，康德的"绝对命令"的第一种表述强调：这种标准可以作为道德标准的原因在于其可以加以普遍化。但是，某些不具有普遍性的调控性规则也是道德规则；同时，某些具有普遍性的构成性规则又不具有道德性。此外，道德并不是在任何时候、任何地方都是一样的，所以不可能用一个单一的公式去表达适用于所有行为的道德标准。所以，米尔恩拒绝把康德的关于"绝对命令"的第一种表述作为其人权的最低限度的道德标准的基础。④

米尔恩认为康德的关于"绝对命令"的第二种表述可以作为人权的最低限度的道德标准的基础。米尔恩将它简称为"人道原则"。不过，米尔恩仍然拒绝康德强调的这一原则所由以成立的普遍化标准。米尔恩认为，人道原则实际上就是一种共同道德标准，其含义包括否定的一面和肯定的一面。其否定的一面强调不能仅仅把一个人作为一种手段来对待。仅仅把一个人作为一种手段来对待就违反作为共同道德标准的伙伴关系原则、公正原则和生命原则等。"绝不存在任何正当理由可以把任何人只当作一种工具来对待。如果任何一个社会共同体的特殊道德允许甚至要求这样的对待，那么它在这个方面就有道德上的缺陷。人道原则的意义在于：它以自己否定的一面为基础，确立了每种特殊道德依照合理的理由都应该遵从的一个普遍的、最低限度的道德标准。"⑤ 其肯定的一面在于强调对每个人都

① 〔英〕A. J. M. 米尔恩：《人的权利与人的多样性——人权哲学》，张志铭等译，中国大百科全书出版社，1995，第98页。沈叔平先生对这句话的翻译是"依照一个可以同时被承认为普遍法则的准则行事"。参见〔德〕康德《法的形而上学原理——权利的科学》，沈叔平译，商务印书馆，1991，第28页。

② 〔英〕A. J. M. 米尔恩：《人的权利与人的多样性——人权哲学》，张志铭等译，中国大百科全书出版社，1995，第102页。

③ 有人认为这两种表述并不一致。参见〔美〕A. 麦金太尔《德性之后》，龚群等译，中国社会科学出版社，1995，第60页。

④ 〔英〕A. J. M. 米尔恩：《人的权利与人的多样性——人权哲学》，张志铭等译，中国大百科全书出版社，1995，第98页以下。

⑤ 〔英〕A. J. M. 米尔恩：《人的权利与人的多样性——人权哲学》，张志铭等译，中国大百科全书出版社，1995，第106页。

必须当作至少对他自己具有内在价值的人来对待。这就是说，要尊他为一个自主者。米尔恩更明确的说法是，这一人道原则的肯定的方面是"要求全人类在一切交往中始终遵循共同道德原则"。①

米尔恩认为人权的依据是道德义务的要求，这种看法没有错。米尔恩对人道原则的看法也没有错。但是，米尔恩忽视了一点：当他拒绝了康德的"绝对命令"的"普遍性"标准时，他的"共同道德"是从哪儿来的？康德是从人的理性引申出道德的绝对命令的。在康德看来，他的绝对命令之所以是道德的、理性的，就是由于它是普遍的、一致的。失去这种普遍性、一致性，它也就失去了作为理性的、道德的命令的依据。当米尔恩拒绝了、抛弃了作为道德准则的这种普遍性、一致性标准时，他应当说明自己所推崇的共同道德的来源和所依据的标准。但是米尔恩并没有作这样的说明。这样，人们有理由问：你的最低限度普遍道德是从哪儿来的？当你不能说明你的最低限度普遍道德的理由和依据时，你的人权又怎么能以最低限度普遍道德为依据？

美国学者麦金太尔悲观地指出，"试图为相信存在有这种权利而提供充分理由的所有努力都失败了。18世纪自然权利的哲学捍卫者们有时提出，认为人们拥有这种权利的断言是自明的真理，但是我们清楚地知道，根本不存在什么自明的真理。……自从联合国1949年发表《人权宣言》以来，联合国不为任何断言提供充分理由这一规定做法一直得到极严格的遵循。这种权利的最新辩护者罗纳德·德沃金承认，这种权利的存在是无法证实的。在这一问题上，他仅只议论道，从一个陈述无法被证实这一事实中得不出它不真实的结论。这种议论自然不假，但它同样可以用来为有关独角兽和魔力的声称辩护。"② 麦金太尔的结论是："根本不存在这种权利，相信这种权利与相信独角兽或巫术是一样的。"③ 但是，对人权的依据的论证上的困难是否必然导致我们应当否定人权的存在呢？作为一种信念，我们的回答是：不。

那么，对人权的存在依据问题我们究竟应该如何来解决呢？这样的问

---

① 〔英〕A. J. M. 米尔恩：《人的权利与人的多样性——人权哲学》，张志铭等译，中国大百科全书出版社，1995，第153页。
② 〔美〕A. 麦金太尔：《德性之后》，龚群等译，中国社会科学出版社，1995，第89页。
③ 〔美〕A. 麦金太尔：《德性之后》，龚群等译，中国社会科学出版社，1995，第89页。

题不解决，我们总是感到不安全，感到不踏实，感到心慌意乱：如果我们对我们的权利提不出有力的论证，那么，如果有一天一个专制暴君否定我们的权利，我们该用什么样的理论来维护我们的权利？探索这一难题的答案是学者们的责任。也许我们的回答并不圆满，但我们必须对这一问题作不懈地探索，这样我们才能朝着获得这一问题的较圆满的答案的方向迈进。

二

为了讨论人权的依据问题，我们首先来看看人权的对应面，即人权是对谁而言的权利。

一切权利都有自己的对应面。它或者相对于某个单个的人，譬如债权，或者相对于其他一切人，譬如所有权。也就是说，权利总有一个自己的对应面。当人权这一概念用人来冠名于权利时，从逻辑上看，与"人"相对的只能是自然。但是，说人对自然有权利，这是废话。人与自然谈不上权利不权利的问题。

那么，人权这一概念所指的与享有权利的所有的人相对的一方是谁？它主要是政府。人权这一概念所指的主要是，一切人对于政府而享有的权利。换句话说，人权主要是指政府对于一切人所承担的义务。人权主要是用来限制政府、约束政府，要求政府作某些行为、不作某些行为，使政府承担某些义务的概念。从17世纪、18世纪启蒙思想家创造这一概念开始，表示政府对人们的某些要求和利益不得限制、不得对抗、不得取消的意思便被确定。人权也是相对于政府和现存的法律而言的先在的权利。政府和法律应当确认人权，但是，这种确认只是使人权变为实在法的权利，而并不是人权的依据。

由于人权相对于政府和法律而言是先在的，所以，它并不来自政府，也不来自法律的确认或规定。由于人权的对应面不是自然，所以人权也不来自自然。人权来自人民自身，并且只能来自人民自身。人权来自人民并不是指人权简单地来自人民对政府的要求，而是指其来自人民相互间的确认。人民中的各个个体相互确认每个个体享有的权利，这是人权形成和存在的真正依据。

那么，具体地说，人权是怎样由人们相互确认的呢？人们根据什么相互确认他人的权利呢？

许多学者认为人权来自人的要求，因为人有某些自然要求，所以这些要求就成为人权。应当承认，一切人权都和人的要求、需要、欲望有关。问题在于，人的要求、需要、欲望是人权形成的必要条件还是充分条件？如果人的要求、需要、欲望是人权形成的充分条件，那么，为什么人权的列举式清单中包括人的某些要求、需要、欲望，而又不包括人的其他某些要求、需要、欲望？

我们不能否认，出于仇恨、愤怒、嫉妒等情感，人们有时有杀人的欲望或冲动；我们不能否认，出于谋财的动机，人们有时有抢劫、盗窃、诈骗的要求和欲望；我们更不能否认，一个杀人惯犯也有强烈的求生的欲望和要求。毫无疑问，我们不能同意这些要求、需要、欲望也成为人权。也就是说，并不是人的所有要求、需要、欲望都有资格升华为人权。

既然我们只是承认人的各种要求、需要、欲望中的一部分是人权，而否认另一部分是人权，那么，我们究竟根据什么作这种承认或否定？显然，我们心中有一个共同的、相当于电子检波器的东西，它允许一些波段的电波通过，而拒绝另一些波段的电波通过。我们心中的这种"检波器"就是某种评价标准。人的各种要求、需要、欲望要在我们心中的这个评价标准面前接受检验：符合这一标准或不违背这一标准的，则被允许通过；否则就不能通过。人权之所以被确认，就是因为我们心中的这种评价标准的存在。并且，它在我们心中是统一的、一致的。

进一步的追问就是：我们心中的这种评价标准是什么？它是怎样形成的？于是，探究人权的来源问题，迫使我们首先转向探究我们心中的评价标准和这种评价标准的来源——我们根据什么来设定评价标准——问题。

三

许多学者认为，人们是根据自利本能来对人的各种要求、需要、欲望作出评判的。但是，这是不可能的。人的自利本能是指人对自我利益的直接感知和追求。它之所以被称为本能是因为它直接源自人的自身，并直接服从于自身的要求、需要、欲望。它对这些要求、需要、欲望没有任何的反思，而是直接地、一味地顺从。

说人的自利本能形成评判标准无非说人依据对自我利益的直接感知而形成评判标准。稍微详细地考察一下人的自利本能作评判的情形，就可以发现，人的自利本能可以使各个个人对自我、对外界进行评判，但不能形成统一的评判标准。譬如，在社会生活实践中，有人常常有作损他而利己的行为的要求。对于这种要求，在行为人的自利本能看来是应当的；在该行为的受动人的自利本能看来却是不应当的；而社会其他成员作为旁观者从自利本能出发对此行为则无法判断。因为，一方面，旁观者的自利本能无法感知这种行为的后果；另一方面，旁观者即使能感知这种行为的后果，但他在受自利本能所支配时，无法确定自己的评判立场——他不知道自己是应站在损他行为的行为人的立场上去作评价，还是站在损他行为的受动人的立场上去作评价。

从理论上看，自利本能使人在意识上是相互隔绝的。自利本能使每个人在意识上只考虑自己，而不考虑他人。自利本能使每个人在利益上只认知自己，不认同他人。当每个人被自利本能限制在自我、自我利益的封闭而又狭小的圈子里时，人们是无法对同一事物、同一问题作出同一评判的。

既然我们不可能由人的自利本能引出关于人的要求、需要、欲望的评价标准，我们只有转向其他途径。所幸，大自然使人除了有自利心，还有道德心。由人的道德心是否可以引出评价标准呢？

首先，我们必须明确所谓人的道德心指的是什么？作为人类，其意识的感性部分——情感、欲望、需要、要求等——可分为三大部分。一部分是可以直接引发损他行为的情感、欲望、需要、要求，我们称此为人的恶性。另一部分是可以直接引发利他行为或考虑到他人利益的行为的情感、欲望、需要、要求，我们称此为人的善性。在这两部分之外还有一些中性的既不损他亦不利他的情感、欲望、需要、要求。

人的道德心是指人的善性，是人的以恻隐心、爱心为主要表现的自发的道德情感。"恻隐是一种道德感情，而且可以说是一种最原始的道德感情。在人类还没有形成任何明确的道德规范，没有形成对道德义务的观念和情感之前，就已经有同类或同族之间的恻隐之情在原始人的心中萌动和活跃了，这种恻隐之情起着维系群体的、我们今天称之为'社会道德'的作用。"① 恻隐心是人将他人的痛苦、灾难当作自己的痛苦、灾难来看待、感受的心态。② 由恻隐心，人可以对他人的痛苦、灾难加以体会、感受，并对引起这种痛苦、灾难的原因加以评价，甚至进一步产生为消除、减轻他人的痛苦、灾难而作出行为、作出奉献的冲动。爱心是人的希望他人获得幸福、把他人的幸福当作自己的幸福来看待的心态。由爱心，人可以对他人的幸福加以体会、感受，并对引起这种幸福的原因加以评价，甚至进一步产生为他人的幸福而作出行为、作出奉献的冲动。

道德的本质就在于关心或顾及他人的利益。根据我们的常识，我们不会把个人本位、利己主义称为道德。尽管在伦理学史上有过利己主义的道德主张，但这种道德主张从来未在人类思想史上成为主流理论。在社会生活实践的主体——人民群众——中，从未普遍地把利己主义当作道德信条来信奉。尽管在实际生活中，不乏把利己主义当作自己的行为准则的人，但社会大多数成员从不认为这种人、这种信条是道德的。我们使用道德这一概念已经有了约定俗成的含义：道德始终是指利他或顾及他人利益的思维倾向和行为状况。

人的以恻隐心和爱心为主要表现的情感之所以被称为道德心，就是因为它们都是为他人考虑之心。它们使主体在对待他人时不以自我为限，不以自我利益为考虑中心，不将自己独立于、外化于他人，而是将他人视为自我，将自我泛化为他人，从而在情感上、意识上将自己与他人融为一体。

道德的本质就是不限于自我，超越自我。在道德心的视野中，他人不是与我对立的、敌对的主体，而是在某种程度上、某种意义上与我同一的主体——他人身上体现着我，我心中存在着他人。如此，他人的痛苦、灾难、不幸直接被体验为我的痛苦、灾难、不幸；他人的幸福直接被视为我

---

① 何怀宏：《良心论——传统良知的社会转化》，生活·读书·新知三联书店上海分店，1994，第56页。

② 何怀宏论述"恻隐之心"的两个基本特征是："一个涉及到心灵的内容，这就是痛苦，即一个人设身处地所感觉到的他人的痛苦，这一痛苦的内容是人生的内容；另一个涉及到心灵指向，这就是他人，一个人在体验到恻隐之情时心灵是指向他人的，是表现出一种对他人的关切，这一指向是纯粹道德的指向。"参见何怀宏《良心论——传统良知的社会转化》，生活·读书·新知三联书店上海分店，1994，第60—61页。

的幸福。"你的快乐会在我脸上找到微笑，你的哭泣会在我心中留下哀伤。"①

道德心的存在，使人与人可以有心灵上的沟通。道德心表明了人类存在着天然的和平和亲善。正是在道德心上，体现着人的社会性、整体性。每个人内在的道德心使每个人既是个人的存在，又是代表着人类的存在。因此，正是在道德心上体现着人类的永恒的善性和伟大。

道德心是自然赋予人类的用以与人类的另一类自然本能——自利心和其他导致损他行为的恶性——相抗衡的力量。人的自利心及其他恶性使人单向度地考虑自我，而不考虑别人。自利心及其他恶性使每个人把自我割裂于他人，外化于他人，使每个人的自我局限于个体的小我。由自利心及其他恶性所支配，个人与他人不可能联合，不可能协作。当人类完全由自利心及其他恶性所支配时，人类就不是我们现在意义上的人类，而是处于永久的相互战争状态下的个体集群。霍布斯所说的一切人对一切人的战争状态，就是指这种没有道德心，只有自利心或其他恶性的人的生活状态。人类文明的发展有赖于人类的道德心所促进的相互结合、相互合作。

道德心对人类的自利心和其他恶性抗衡的方式是：它一方面在个人的内心深处抑制着个人的自利心和其他恶性的冲动，促使人们作出利他行为，促使个人向善；另一方面，它使人们对各种行为作出统一的评判意见，并由此形成统一的道德规范，从而使对自利心和其他恶性所引发的损他行为的抑遏、控制外在化、社会化、固定化。因此，人类的道德心的一个重要功能就是对外在的各种行为作出评判，并由此形成道德规范。

从理论上说，人类的道德心可以通过形成道德规范来有效地抑遏、控制人的自利本能对人类的相互协作关系的破坏性一面。可以设想，如果没有资源供给的相对匮乏与人的需求不断增长的矛盾，人类道德本能足以使人类建立起良好的、相互合作的社会。但是，恰恰是资源供给的相对匮乏与人的需求的不断增长的矛盾的永久性存在，使得人的自利心常常突破人的道德心的自发约束，使人们经常处于相互损害、相互争斗的状态。在资源相对匮乏的压力下，单纯的人的道德心对人的需要、要求、欲望或行为的评价不足以绝对有效地抑遏、控制人的自利心的扩张和其他恶性。这时

---

① 无名诗作，转引自《网上绝唱》，《读者》1997年第8期。

就需要人类的另一种思维机能——理性——发挥作用。

人的理性是人类在长期的社会生产、生活中逐步发展起来的不同于感性思维的思维机制。在社会实践领域，它对控制自身的自利心和其他恶性行为发挥着重要的作用。理性是一种复杂的认知、预测、比较、选择的思维过程。① 行为理性两大部分。认知理性主要用于认知事物的真相，预测行为的各种后果。行为理性主要用于在比较行为的各种后果的基础上进行行为评价和选择。

理性思维的行为机制使人在受感性直接驱动而采取某种行为之前，先考虑一下：是否应当采取这种行为？采取这种行为对于自己究竟是有利还是不利？通常，当我们在一种感性的欲望或冲动支配下，想立即采取某种行动去满足这种欲望或冲动时，实际上我们所将采取的行为有可能会同时损害另外某种需要。直接的感性驱动机制通常不考虑可能被损害的这种需要。而理性思维机制则对这种可能受损害的需要加以考虑。理性思维机制将感性直接驱动的行为所可能满足的欲望、所可能获得的利益与这种行为同时所可能损害的需要、所可能损害的利益作预测性的比较：如果前一种欲望的满足、前一种利益的获得在理性思维看来更重要，那么，理性思维就认可这种行为，允许采取这种行为；如果在理性思维看来，后一种需要的满足、后一种利益的获得更重要，那么，理性思维就不允许这种行为的实施。在前一种情况下，理性思维对人作一种命令——应当作这种行为。在后一种情况下，理性思维对人作另一种命令——不应当作这种行为。于是，这种思维机制就可以对感性驱动行为加以控制、约束。

显然，我们在这里所说的"行为理性"不同于康德的"实践理性"概念。康德所说的"实践理性"是人的依据纯粹理性所确立的最高法则或绝对命令去选择具体行为准则、指导行为的思维能力。由于依据纯粹理性的

---

① 在西方哲学、伦理学、法学论著中对"理性"的阐释多种多样、极其复杂。这表明西方学术界对"理性"并无统一的看法。本人认为，在 19 世纪以前的西方哲学、伦理学、法学论著中所涉及的"理性"概念可以大体上分为三种含义：①本体理性；②认知理性；③行为理性。20 世纪以来在西方哲学中又出现功用理性、价值理性、工具理性、批判理性等多元理性观，表明了对"理性"认识的深化和泛化。但是，它们对法学研究和现代法律制度都没有产生根本变革性的影响。从法学研究的角度看来，认知理性和行为理性这两种含义上的理性对于法学理论来说仍然是至关重要的。参见张恒山论法学中的"理性"含义，《中央政法管理干部学院学报》1996 年第 6 期；《人类理性协议与法律规则的来源》，《现代法学》1997 年第 1 期。这两篇文章以"北岳"为笔名发表。

绝对命令所选择的具体行为准则都必然是具有普遍性的、可以普遍适用的行为准则，所以，这种"实践理性"本身就是道德的。这样，在康德看来："实践理性"＝行为准则的普遍性＝道德性。也就是说，理性就是普遍性，就是道德性，这三者同一的。①

本文认为，认知理性不等于、不同于行为理性，行为理性也不等于道德性。道德的源头在于人的道德情感，或者称为道德心、良知。这是一种直接为他人利益考虑的心理机制。这是中华文化对道德的传统性认知——它最先由孟子所阐明，在今天又由我国的青年学者何怀宏所坚持。② 在西方思想史上，休谟、卢梭等人也是从这一方面来理解道德的源头的。而人的行为理性则是从自身利益来考虑的思维机制。这是一种全面地权衡利害得失、选择最大利益或避免最大祸害的思维方式。这种理解遵循的是17世纪、18世纪的启蒙思想家们［以格劳秀斯（也译作"格老秀斯"）、斯宾诺莎、霍布斯等人为代表］的思维传统。③ 理性内在地思考、平衡着主体的自我需要、自我利益，或对这些需要利益作取舍，它外在地表现为主体的求利行为与他人的理性求利行为的协调、共容。我们可以说人的道德心是直接地渊源于人的内心的、纯粹的为他的善；而理性就其直接性而言，是一种为我的善，当它指导人的行为、外化于人的行为时，表现为有条件的、为他的善。理性和道德心可以共容，但并不相同。当康德为了贯彻其纯粹理性和实践理性的一致性而将实践理性的道德性归结于其选择的行为准则的普遍性时，他忽略了这样一点：仅仅以普遍性为特征来说明准则的道德性是不充分的，普遍性的行为准则未必就具有道德性。正像麦金太尔所指出的那样，有些行为准则可以是普遍的，像"除我之外，把每个人都作手段"，但显然并不是道德的。④

理性对行为的评价和选择主要是从理性者自身利益的角度来考虑的。

① 参见〔德〕康德《纯粹理性批判》，蓝公武译，商务印书馆，1960，第551页以下；〔德〕康德《法的形而上学原理——权利的科学》，沈叔平译，商务印书馆，1991，第13、23页。

② 何怀宏：《良心论——传统良知的社会转化》，生活·读书·新知三联书店上海分店，1994，第57页。

③ 参见〔荷〕格老秀斯《战争与和平法》，载《西方法律思想史资料选编》，北京大学出版社，1983，第138页；〔荷〕斯宾诺莎《伦理学》，贺麟译，商务印书馆，1958，第204页以下；〔英〕霍布斯《利维坦》第14章，黎思复、黎廷弼译，商务印书馆，1985。

④ 〔美〕A.麦金太尔：《德性之后》，龚群等译，中国社会科学出版社，1995，第61页。

理性的主要作用在于保证理性者的最大利益——免受最大损害或获得最大利益——得到实现。这样，理性和道德心就有明显的不同：道德心是从他人利益的角度考虑问题，而理性是从自身利益的角度考虑问题。这是两种不同的思维机制。

道德的源头仍然是人类的道德心，理性对于道德规范的形成只是起着辅佐作用。那么，这两种出发点不同的思维机制在对人的需要、要求、欲望或行为加以评价时是否确实能够相互协调呢？这需要我们对人类的道德心和人类理性对于人的各种需要、要求、欲望或行为的评价作具体分析。

四

在我们的关于人权的确认标准的讨论中，尽管说评判的对象是人的要求、需要、欲望，但是，当每个人的要求、需要、欲望只存在于每个人的内心中而不为外人所知时，外人的评判是不可能的。实际上，人的各种要求、需要、欲望都可以通过它们所支配的行为而外化和表现出来。这些行为一旦实施就会对他人产生不同的影响和后果。对这些行为的评判是可行的。实际上，人们对各种要求、需要、欲望的评判也就是通过对这些在它们支配下的外在行为的评判来进行的。对这些行为的评判实际上就是对直接支配这些行为的行为人的要求、需要、欲望的评判。所以，我们将对人的要求、需要、欲望的评判一律转换为对人的行为的评判。

现在，我们就来分析人们如何对行为进行评判。我们设定三个评判主体：①行为人；②受动人（承受行为人的行为后果或受其影响的人）；③旁观者。[1] 我们假设他们对下述行为进行评判：A. 利己而损他的行为

---

① 我们之所以设定这样三个主体，是因为通常在一个行为发生时，除行为人和受动人之外，总是有局外人存在，而作为旁观者的局外人对所发生的行为的评判在我们的讨论中具有决定性的意义。此外，这种设定更接近于人类社会的真实情况。人类社会并不像笛福的小说中描述的那样仅仅由鲁滨孙和星期五两人组成，而是由许多人——至少也是由三个人——所组成。只有设想有旁观者的存在，我们才能探讨人类在许多情况下形成对事物的同一评价的原因。

（包括不行为）；B. 利己而不损他的行为（包括不行为）。① 同时，为了便于比较，我们假设上述评判主体们分别以自利心、道德心和理性对上述行为作出评判。

（1）对行为 A（利己而损他的行为）的评判见表 1。

表 1　对行为 A（利己而损他的行为）的评判

评判标准	评判主体		
	行为人	受动人	旁观者
由自利心的评判	应当	不应当	无法评判
由道德心的评判	不应当	不应当	不应当
由理性的评判	不应当	不应当	不应当

对行为 A 的评判，由自利心出发，行为人的看法是"应当"，而受动人的看法是"不应当"。这两种看法相互冲突。而旁观者无法作出评判。因为，一方面，旁观者的自利本能无法感知这种行为的后果；另一方面，旁观者在仅仅受自利本能所支配时，无法确定自己的评判立场。总的来说，出于自利本能，三种行为主体在对这一行为进行评判时，不能形成统一的评判意见。

但是，当他们分别从道德心出发进行评判时，他们却形成一致意见："不应当"。行为人作出利己而损他的行为当然是从自利心出发的。但是，他如果从道德心出发，就会对自我的行为作出否定性评价："不应当"。受动人对此行为作出"不应当"的评价是理所当然的。旁观者所作出的评价——不应当——是最关键的评价。

当他人行为作用于第三人，产生损害或不利时，"我"或者"我们"，作为第三人会如何评判这种行为？假定这时的"我"或者"我们"并没有受到任何文明理论的教育，也没有接受过任何宗教信条的熏陶。"我"或者"我们"也不知道什么为道德、什么为不道德。我们只是依据我们的良知，或者说，依据那种后来才被思想家理论家称为"道德心"、"良心"的自然情感去作评判，我们会得出什么结论？我们会赞成那个加害者的行为

---

① 实际上，人们的行为还包括利他不损己的行为（包括不行为，下同）、利他而损己的行为、损己亦损他的行为、利己亦利他的行为。为了论述的简洁，我们在这里只就利己而损他的行为和利己不损他的行为进行分析。在实际上，人们对这两种行为的评价最为重要。并且，分析对这两种行为的评价，对于我们的讨论目的而言已是足够的了。

吗？我们会评判该行为是"应当"的吗？不，肯定不会。

"我"或者"我们"的良知或道德心使我们作为旁观者在观察一个主动的加害他人的行为时，作出的评判都必然是"不应当"。尽管这一加害行为在加害者本人的自利心看来是实现其自身利益，从而是"善"，是"应当"，但我们作为旁观者毫无疑问地会认为那是"恶"，是"不应当"。

我们作为旁观者对一个主动的加害行为作出评判的直接依据是我们对受害者的恻隐心、怜悯心、同情心。这些由自然赋予我们的道德心使我们每个人都能超越自我，使我们不自觉地置身于受害者的处境中去感受、思考、评判那个加害行为。道德心使我们不自觉地在内心中把自己与受害人融为一体。这是道德思维中的一种特有的思维方式——代身思维。道德心为什么使我们作为旁观者在面对加害行为时总是同情受害者、总是感受着受害者的痛苦，而不是支持加害者、不是感受着加害他人的快乐？这可能是大自然的无穷奥秘之一。

何怀宏教授指出："只要稍微仔细地观察一下他人或者反省一下内心，我们就不难发现这样一个事实：就是我们比较容易去同情他人的不幸和苦难，而同样程度地欣赏他们的成就和快乐却要困难得多。……人们集合在一起，更多的不是因为要谋快乐与享受，而是因为有共同的困难要克服。"[①]

大自然赋予我们的无数自然本能之一就是：重视免除痛苦更甚于获得幸福；重视避免灾难更甚于谋求利益。当痛苦与幸福并在、灾难与利益同行时，我们总是首先选择免除痛苦、避免灾难。幸福、利益只是我们在免除痛苦、避免灾难之后的第二位的进一步选择或追求。这就是人性中的"避苦优于求乐"的规律。这种人性的本能和我们的道德心相结合，使我们作为旁观者面对一个加害行为时，总是站在受害者一方，总是把自己作为受害者来看待，从而提出评价："不应当"。所以，"人类各文明中那些最早出现，也最严格、最基本、最后由法律形式固定下来的道德命令大都是禁令，如勿谋杀、勿奸淫、勿盗窃等，它们都旨在保护人类免受那些最

---

① 何怀宏：《良心论——传统良知的社会传化》，生活·读书·新知三联书店上海分店，1994，第66页。

严重的痛苦困扰而不是保证快乐"。①

我们并不否认有一个人、两个人或更多的人因自利心或其他恶性暂时蒙蔽了自我的道德心而认为加害他人、谋取自利的行为为"正当"。但是，人类群体的道德心永远不会被蒙蔽。对于一个加害行为，人类群体的大多数成员总是能从道德心出发作出评判。在任何时候，就每一个具体行为的施动者、受动者而言，旁观者总是大多数。旁观者的评判便代表着大多数人的评判。事实上，这种评判就是形成道德规范的依据。道德规范是建立在道德评价的基础上的。当人们形成一致性的道德评价意见时，道德规范的形成就是必然的。

出于道德心的评判或评价是描述性的，其语言表述为系表结构。对于上述损他行为的评价是："作损他行为是不应当的。"将道德评价的语句结构加以转换就成为道德规范。道德规范是命令性的，其语言表述为动宾结构。对于上述损他行为的控制、调整性规定是："不应当作损他行为。"这里的"不应当……"的规定是就人们的主动的损他行为而言的。

如果人们以一种不作为的方式来损害他人，譬如不抚养子女、不赡养父母等，人们对此的评价仍然是"不应当"，但对此种行为加以调整的规范表述却是"应当……"，其具体内容包括"应当抚养子女"、"应当赡养父母"等。也就是说，人们对损害他人的主动行为和不作为的评价都是"不应当"，但在规范规定上却有不同的表述：为了否定主动的损他行为，规范规定为"不应当……"；为了否定以不作为的方式表现的损他行为，规范规定是"应当……"。无论规范规定的是"不应当……"还是"应当……"，其共同依据都是对损他行为评价的"不应当"。

实际上，上述对于损他行为的评价，就是人类所形成的关于人的行为的第一个评价。由它转换而形成的道德规范也是关于人类行为的最基本的道德规范。所有的关于"不得杀人"、"不得盗窃"、"不得强奸"等道德规范都是这一最基本规范的具体化。这一最基本规范还是其他关于"正当的"评价的前提或依据。

对行为 A（利己而损他的行为），人们（主要是旁观者）从道德心评

---

① 何怀宏：《良心论——传统良知的社会传化》，生活·读书·新知三联书店上海分店，1994，第66页。

价为"不应当"。这种评价并不提供理由，"不应当"就是"不应当"。这种"不应当"就是道德心的直接体现，它自足自成，而无须提供理由。这种并不提供理由的道德心的评价，一方面，体现了人类道德心的纯洁、伟大，这种评价丝毫不带功利的色彩，丝毫不带为自身利益考虑的痕迹；另一方面，又体现了道德心的软弱。在资源相对匮乏以至于存在着生存竞争的压力的情况下，在人们的情感多变、易变以至人们也常常会被企图损害他人的恶性情感所控制、支配的情况下，这种提不出理由的道德心的行为评价就很难使人们信服；人们很难不服从其自保、自利本能的支配，为获取自己的生存资源而不顾他人的生存要求；人们在某些时候、某些情况下被其他恶性的情感所支配时很难控制自己而不作出损害他人的行为。这时，人们即使能依据自己的道德心对行为作出评价甚至形成道德规范，但并不一定总是能依据道德规范去行事。这时，"理性"就会站出来为道德评价提供理由。

理性进一步对人们的行为进行评价。如果说道德心是从他利的角度作出行为评判的话，那么，理性则是从自利的角度对行为作出评判。如果说道德心是直接从情感出发对行为作出评判的话，那么理性则从后果预计的角度对行为作出评判。二者在对上述行为评判的意见表述上具有基本的一致性，从而形成普遍的"应当这样做"、"不应当那样做"的行为规则。

对行为 A（利己而损他的行为）进行评判时，作为旁观者，其理性告诉他，如果听任损他行为蔓延，自己最终也会受到损他行为之害。旁观者从自身利益免受损害的角度来考虑，就不可能同意他人作出损害第三人的行为。因此，旁观者对行为 A（利己而损他的行为）的评价必然是"不应当"。此外，作为损他行为的施动者，其理性告诉他：如果作出损他行为，受损者必将对他施以报复，这种报复可能更严重，可能引起比他自己从损他行为中所获得的利益更大的损害；同时，如果损他行为普遍化，自己也会因他人的损他行为而受害；因此，作损他行为是"不应当"的。

这样，由理性出发，人们就可以对损他行为形成一致性的看法：不应当。这种评价同人们从道德心出发所作出的评价是一致的。这样，理性的评价就起着强化道德心的评价的作用。这两种思维机制对损他行为所作出的一致性评价，使最初由道德心所形成的最基本的道德规范——不应当作损他行为——更为有力、更加不可抗拒。

（2）对行为 B（利己而不损他的行为）的评判见表 2。

表 2　对行为 B（利己而不损他的行为）的评判

评判标准	评判主体		
	行为人	受动人（无）	旁观者
由自利心的评判	应当	—	不作评判
由道德心的评判	正当	—	正当
由理性的评判	正当	—	正当

对行为 B 的评判，由自利心出发，行为人的看法是"应当"。由于这一行为不影响他人，所以不存在受动人。而旁观者对这种行为既不受利，也不受损，所以其自利心对此不作评判，由于只有行为人自己的评判，所以对这种行为也没有统一的评判意见。

由道德心出发，情况则不同。在旁观者的道德心看来，由于行为人是谋取自利，"我"不能对他提出要求或命令，所以，"我"不能评价这种行为是"应当"的；同时，这种行为没有损他性，没有给他人带来痛苦、灾难，"我"也没有感受到他人的痛苦、灾难，所以，"我"不能反对这种行为，不能说这种行为是"不应当"的；由于这种行为不违反道德的最初步的规定"不应当作损他行为"，所以，对这种行为应当加以同意，它是"正当"的。

行为者的道德心评判：这是"正当"的。其道德心认为，虽然"我"的行为没有增进他人的利益，而是增进了自己的利益，但在增进自己的利益的同时，"我"也顾及了他人的利益，并没有损害他人的利益，这种自利是无可厚非的；"我"虽然没有利他，但"我"最起码做到了"不损他"，而"不应当作损他行为"是道德的最基本要求；因此，"我"的行为从道德的角度来看，既不是"应当"的，也不是"不应当"的，它只是"正当"的。于是，从道德心出发对行为 B（利己而不损他的行为）就形成一致性的评判："正当"。

当旁观者的道德心评价行为 B（利己而不损他的行为）为"正当"时，其理性的评价也是"正当"。旁观者的理性认为，一个人谋取自身利益是其本性使然，任何人概莫能外，即使"我"本人也不能不如此；但是，谋取自身利益时不能损害他人既定利益，损害他人利益是不应当的

（前述道德和理性对行为 A 的评价）；当一个人谋取自身利益而并不损害他人的既定利益时，这种自利行为也不会对"我"的利益造成损害，所以"我"对这种行为表示同意，赞成它不是"不应当"的，而是"正当"的。

"正当"一词同"应当"和"不应当"不同。"正当"作为一种评价性意见是表示同意的意思。而不带有像"应当"、"不应当"那样通常所包含的命令或要求的意思。"正当"只是表明人们认为某种行为并没有违反道德的最基本的规定——"不应当作损他行为"，表明这种行为不具有损他性，从而被人们同意。

"正当"一词同时包含着评价者（主要是旁观者）从道德心出发的认识。评价者从仁爱心出发，对他的谋利要求表示同意。也就是说，评价者认为，"他人的要求是应当予以尊重的，只要这一要求或行为不违反'不损他'这一最基本的道德规范的规定"。这一认识，同时包含着评价者为自我设定道德义务的含义："我"不应当侵害、阻扰、干涉他人的非损他性的行为或要求。也就是说，旁观者作为评价者对行为 B 所作出的"正当"这种评价，是以对行为 A 的评价"不应当"为前提的。没有前面对行为 A 的评价——"不应当"——的确定，就不可能形成对行为 B 的"正当"之评价。由"……是不应当的"之评价所形成的"不应当作……"的最基本规范，是对行为 B 加以评价的基本标准：在不违反"不应当作……"的情况下，才是"正当"的。

"正当"所包括的道德内涵——对被评价为"正当"的行为或要求的尊重——又进一步引申出派生的"不应当"：不应当侵害、阻扰、干涉他人的"正当"的行为或要求。这一个层次上的"不应当"不同于第一个"不应当"。第一个"不应当"是原生的、本源的、直接产生于道德心的"不应当"。它是一切行为、要求获得"正当"这一评价的依据。而第二个"不应当"则是由"正当"这一评价所引申、派生出来的，它既有道德心的要求，也有理性的要求。第一个"不应当"我们称为"不应当 a"，第二个"不应当"我们称为"不应当 b"。"不应当 a"与"不应当 b"的这种区分非常重要。"不应当 a"是原始评价。"正当"与它并没有对应性。或者说，"不应当 a"不以"正当"这种行为评价的存在为前提。相反，由于"不应当 a"是获得"正当"这种评价的前提和标准，所以，"不应当 a"是"正当"之父。"不应当 b"和"正当"有对应性。有了"正当"，就对应性地产生"不应当 b"。"正当"是对行为主体的行为的评价。"不应当 b"是对实施被评价为"正当"的行为的行为主体以外的其他人的要求。

这里产生一个非常有趣的问题：为什么人们先认知"不应当 a"，而后才认知"正当"？换句话说，为什么人们首先认知、评价的不是"正"而是"不正"？

首先，从人类的道德思维规律而言，人们的道德心的源头是恻隐心，这种恻隐心使人首先感受到的是他人的痛苦和灾难，是对他人的痛苦和灾难的不忍和反感。这种恻隐心对于他人的幸福并不敏感，却对他人的痛苦和灾难极其敏感。所以，由人类的道德心出发，必然首先形成旨在反对引起他人痛苦和灾难的行为的"不应当"认识。

其次，从人类的理性思维规律而言，人们对于那些直观的事物、凭借感官就可认识的事物可以直接判定"正"，譬如对一个线段、一个图形的判定；但是，对于那些抽象的事物、非感官可直接认知的事物，人们无法直接认识"正"，而是要通过"试错"规律，在大量地认识"不正"之后，才能认识所谓的"正"。事实上，在对抽象事物的认知领域，"正"是相对于"不正"而言的。抽象事物没有绝对的"正"，只有相对的"正"。但是，抽象事物却有绝对的"不正"。人们总是在认识"不正"之后，或者说在确定"不正"之后，才能确定相对的"正"。所以，亚里士多德在讨论伦理学的正义问题时，常常先行讨论什么是"不正"。①

最后，就人类的自利本能而言，这种自利本能可以表现为追求幸福或避免损害，但人们的自利本能对避免损害的重视程度远胜于追求幸福。追求幸福要在避免损害的前提下进行。如果人们不能首先确定什么是损害，从而确定什么是不应当的，人们也就无法确定什么是幸福，什么是应当追求的。

统括以上这些原因，我们说人们对外在行为首先认识的必然是"不应当"。在充分认识"不应当"的基础上，人们才能真正确定什么是"正当"。

西方学者在探讨"正义"这一概念的含义时，习惯于因循罗马人的思维

---

① 亚里士多德在讨论什么是公正时，无法直接对"公正"作描述，只好先谈什么是"不公正"：一个违反法律的人被认为是不公正的，而守法的人和均等的人是公正的；多占好处和少取坏处是不公正的，相反则是公正的；此外，做勇敢的事就不准脱离岗位、逃跑或抛弃武器，做节制的事就不准通奸和粗暴，做温和的事就不准殴打和漫骂，等等。参见〔古希腊〕亚里士多德《尼各马可伦理学》，苗力田译，中国社会科学出版社，1990，第89页以下。

传统，把它笼统地说成"各人应得的归于各人"。尽管这一说法作为所谓的经典性阐释而被大量引用，但它实际上面对着这样一个无法解决的难题：什么是各人"应得的"？正由于什么是"应得的"无法被说明，所以凯尔森毫不客气地将这种关于"正义"的阐释称为"空洞的公式"，并干脆否认"正义"的可知性。实际上，"正义"并不是不可知的，只是不能直接由"正"来知之，而是要由"不正"来知之。这正是由于人们先要认识"不应当"，而后才能认识"正当"。"不应当"实际上就是人们对自身在社会生活中的禁令性义务和应为性义务的表述。它以社会大多数人对损他性行为的反对意见为依据。"正当"实际上就是人们对自身在社会生活中的权利的表述。它以社会大多数人对非损他性行为的赞同意见为依据。"不应当"和"正当"的这种先定和后生的关系，实际上就是义务和权利的先定和后生的关系。这也就是我坚持认为义务先定、权利后生的根本原因。

以上分析表明，人类的道德心和理性在对人类的两种最基本的行为进行评价时，可以和谐一致，形成共同评价，[①] 从而形成道德规范。但是，在这种最基本的道德规范的形成中，道德心起着主要作用。理性只是通过提供为自身利益来考虑的理由而强化道德评价，强化道德规范。它起着辅佐作用。因此，道德规范首先是道德的，而后才是理性的。

五

我们所说的人权就是在上述道德和理性评价标准形成的基础上而确定的。当我们说每个人有生命权的时候，我们的意思是，每个人的生命本身并不对他人构成危险、侵害，所以，我们作为人类所共同拥有的道德心要求我们对他人的生命表示尊重。"对他人的生命应当加以尊重"，这不是简单地出于他人的要求，而是我们每个人的道德心对我们自我的要求。当我们的道德心根据"不得损害他人"这一最基本的道德戒律来评价他人的生命要求，确认这种生命要求本身并不造成对他人包括对我们自己的任何损害时，我们的道德心就要求我们尊重这种生命要求。

---

① 在对其他行为作评价时，理性的评价和道德心的评价不一定相同，但多数情况下不冲突。对这些情况的详细分析涉及道德与法律的区别。这需要另文分析。

"不得损害他人"作为人类的道德心为人类设立的最基本的义务规范，是一种完全从主体出发的规范要求，而不是从客体出发的要求。遵循这种规范是人之作为人的存在、人之作为人类的存在、人之作为道德生物的存在的根本依据。同时，它也是人权得以确立的根据。任何人，如果违反了这一最基本规范，他就部分地丧失甚至完全丧失了作为人的价值。尽管我们说人的生命权是人的基本人权，但是，对一个杀人狂来说，其生命的存在被他作为杀戮他人的手段之一，他的生命就违反了人类的"不得损害他人"这一最基本义务规范中所包含的"不得杀害他人"的义务，他的生命就失去了作为人权的依据。对杀人狂可以通过法律程序判处死刑，这表明一个人的生命是不是权利、是不是人权，并不取决于他本人的要求或认识，而是取决于社会大多数人的评价和确认。而社会大多数人作出评价和确认的依据或标准又是人们的道德心所共同确立的一个最基本的道德规范——"不得损害他人"。

当我们说每个人有财产权时，我们的意思是，每个人获得财产的方式以及使用财产的方式都不违反"不得损害他人"这一最基本的道德规范。如果一个人占有一块土地，并宣称这块土地是他的，或者说他对这块土地有财产权，那么，这块土地最先必须是无主的，以至他可以证明他对土地的占有行为并不对其他任何人造成侵害，罗马法之所以把先占作为所有权成立的限定条件，就是因为对无主土地的先占行为并不对他人造成侵害或损害，所以是正当的行为，是要加以尊重和保护的行为；或者说，他必须证明他的土地是从他人那儿购买的，或者是继承的，或者是受赠的，总之，是以对他人无害的方式获得的。同时，这个人对土地的利用方式必须也是对他人无害的。如果他故意在他的土地上栽种荆棘阻断邻人的交通，或者以其他方式使用土地时对他人造成损害，他的财产权就要受到限制。总之，财产权的成立和行使都要以不损害他人利益为前提条件。

许多学者以《世界人权宣言》为据，企图说明权利是先定的。但是，细审《世界人权宣言》各条款的内容，就可以发现，这些权利都是以不损害他人为前提的。

"人人有权享有生命、自由和人身安全。"（《世界人权宣言》第3条）人的生命、自由和人身安全之所以被宣布为权利，首先是因为人们享有这些利益的本身并不形成对他人的任何威胁和侵害，以至每个人都有道德义务对他人的这些利益加以尊重，国家和法律应当（有义务）对它们加以保护。

"任何人不得使为奴隶或奴役，一切形式的奴隶制度和奴隶买卖，均应予以禁止。"（《世界人权宣言》第 4 条）由于一个人的自由并不对他人造成威胁和侵害，所以，人的自由不容侵犯。而将他人作为奴隶或者加以奴役，这是将自己的幸福建立在他人的不幸和痛苦之上，违反了道德的基本戒律，所以应在禁止之列。

"人人在各国境内有权自由迁徙和居住。"（《世界人权宣言》第 13 条）同样地，人们的自由迁徙和居住并不形成对他人的威胁和侵害，所以，人们的这种自由应当被尊重和保护。

"人人有权享有主张和发表意见的自由；此项权利包括持有主张而不受干涉的自由，和通过任何媒介和不论国界寻求、接受和传递消息和思想的自由。"（《世界人权宣言》第 19 条）享有主张和发表意见的自由以及接受和传递消息和思想的自由本身及其行使对他人对社会首先是无害的，因此，它们有资格成为权利。

所有被《世界人权宣言》宣布为人权的权利或自由，都毫无例外地符合"不得损害他人"这一最基本的道德规范。也就是说，所有被称为"人权"的利益和自由，首先都具有无害性。"无害性"是人类的道德心对人类的行为和要求的首要的限定条件。只有先行符合这一条件才有资格成为权利。

如前所述，那种认为人权是来自人的需要和要求的主张是不能成立的。因为仅仅用人的需要和要求来证明人权会造成许多悖论和荒谬。同样，那种认为人权是来自人们的利益的看法也是不能成立的。将他人变为奴隶，这也是某些人所追求的利益，但对这种利益的追求明确地被《世界人权宣言》所禁止。这就是说，利益本身还不足以使自己成为权利。它必须受到"不得损害他人"这一基本道德规范的检验。一种利益的追求对他人有害时，它就不是权利，而应被禁止。只有当它对他人无害时，它才有资格被称为权利。

所谓人权有两个特征：一是它的无害性，二是它的必要性。其无害性是指，任何人对被称为人权的利益的享有和对被称为人权的自由的行使都不会对他人造成威胁和侵害。其必要性是指，任何人对被称为人权的利益的享有和对被称为人权的自由的行使对于其本人的生存和发展来说都是必不可少的。

许多学者看到了人权的必要性特征，而无视人权的无害性特征，从而单纯从人的需要、要求、利益的角度去阐释人权的依据。这种阐释无法将人类的许多恶性的需要、要求以及损他性的利益追求从真正的人权概念中驱逐出去。这种阐释也无法说明人类的法治社会将罪行严重的杀人犯的生命和一般罪犯的自由加以剥夺的理由。由这种阐释很可能推论出人类法治社会对罪犯加以惩罚的基本手段——剥夺自由刑——是无理的。

事实上，无害性是一切利益和自由能被称为人权的首要的、最基本的前提条件。人权首先在于它的无害性，其次才是它对人的需要、要求加以满足的必要性。无害性是一个人的利益、需要、要求或者行为的正当性的充分证明；而正当性又是"权利"这一概念的最本质的内涵。所以，可以说，无害性是所谓人权的最基本的特征。由于无害性是人的利益、需要、要求或行为在经受了"不得损害他人"这一最基本的道德规范的检验后才确定的，所以，人权不是先定的，而"不得损害他人"这一最基本的道德义务规范才是先定的。

由此，我们可以作出结论，人权的依据在于其道德性。这种道德性包括两点：A. 被称为人权的一切利益、自由或行为都不违反人类的道德心所先行确定的"不得损害他人"这一最基本的道德规范，并因此而获得正当性；B. 人类的道德心要求每个人、每个国家的政府都尊重这种具有正当性的利益、自由或行为。

六

强调人权的依据是不违反"不得损害他人"这一最基本的道德规范，这种论证的意义何在？

首先，这使我们能在一个非常宽泛的意义上来理解人权。也就是说，人权只受一个最基本的评价标准的限定：只要不违反"不得损害他人"这一基本规范准则，人们的要求、行为就具有正当性，就具有不可侵犯性。这种理解使我们不必以清单的方式将人权一一列举。同时，如果我们出于某种需要而列举一个关于人权的清单，我们也绝不能将此清单视为人权的全部内容：那些未被列举的人们的要求、行为只要不和"不得损害他人"

这一最基本的道德规范相冲突，就应被视为人权的内容范围。这种理解将为人权内容的扩展留下充分的余地。

其次，对人权的这种理解使我们避免了直接从人的需要、要求等主观因素出发去理解人权面临的许多理论难题。从人的需要、要求等主观因素出发去理解人权使我们无法解释为什么有些需要、要求被承认为人权，而有些需要、要求又不能被承认为人权，也使我们无法解释为什么在一些特定的情况下对一些特定的人可以作为惩罚手段而剥夺被宣布为基本人权的某些基本利益——如生命、自由、财产等。根据我们对人权依据的论证，却可以解决这些难题。

再次，这种理解可以使我们免于当代西方学者从尊重人的自主性方面来对人权加以论证的通常做法所面临的理论上的尴尬。人的自主性意指人是能够自己设定和追求他自己的目的的。这是传统的人具有自由意志的说法的另一种表述。对人的这种理解并没有错。问题在于，人的这种自主性并不具有完全的道德意义。人的这种自主性对每一个具体的人来说可以是行善之本，也可以是作恶之源。当一些学者把这种自主性作为人权的依据时，现代的刑罚理论也同时把这种自主性、自由意志作为追究犯罪人的责任的主要依据。既然追究犯罪人的责任的依据是他具有自主性，他自己选择了作恶，这就确认了这种自主性有引人作恶的可能。那么，同时把这种自主性作为人权的依据就极不恰当。这就是说，人的自主性本身并不具有绝对道德的含义。它不能理所当然地成为人权的道德依据。而我们所说的使人权受到检验并得以成立的最基本的道德规范"不得损害他人"却出自人类的道德心。这种道德心具有完全的、纯粹的道德意义。

最后，这种对人权的理解是以一种低标准的、含义相对确定的"正当"来界定人权，而不是以一种标准模糊、含义不清的"应得"来界定人权。当西方学者倾向于用"各人应得的"来界定人权时，就留下了以下两个弊端。

一方面，什么是"应得"的在理论上无法得到清晰的说明。如果勉强去解释什么是"应得"的话，就必然要求助于人的需要、要求之类的主观因素。这就回到了为什么有些需要、要求被承认为人权，而有些需要、要求又不能被承认为人权的问题上。为了解决这个问题，又要重新确定区分"应得"和"不应得"的标准。而寻找这一区分标准，除了回到我们已阐释过的人类的道德心及其确定的最基本的道德规范——"不应当损害他人"——上，似乎别无他途。

另一方面，什么是"应得"的在实践中将造成无穷的争论。其一，"应得"的同人的主体需要、要求有关。而现实中的人的现实需要、要求又是一定的、现实的社会的经济、文化发展状况的产物。这样，不同的社会中，处于不同的经济、文化发展阶段的国家中的人们的需要、要求在现实意义上就具有不同的内容。譬如，当地广人稀、资源丰富、经济发达的国家强调未成人形的婴儿的人权，把堕胎视为罪恶时，在人多地少、资源贫乏、经济落后的国家则不得不强调计划生育，允许并要求人们对意外的、非计划中的怀孕实施堕胎。这样，人们对什么是"应得"的就没有共识，对什么是人权也就没有共识。其二，"应得"的又同各个特定社会、国家所拥有的满足该社会、该国家成员的需要、要求的客观物质手段、条件有关。当发达国家将中小学的普遍义务教育视为其国民"应得"的时，对那些经济极不发达国家来说，对这些国家的大多数勉强挣扎着生存的国民来说，这种"应得"只是类似画饼的东西。当发达国家认为给在押的囚犯提供舒适的生活条件是这些囚犯"应得"的时，对那些经济不发达国家的许多尚未解决温饱问题的守法的普通公民来说，允许或要求国家向囚犯提供类似发达国家向囚犯所提供的舒适的生活条件是荒谬透顶的——这种做法无异于鼓励犯罪。总之，由于各国、各社会的经济、文化环境条件不同，人们无论是出于主观原因，还是出于客观原因都不可能形成对"应得"的一致看法。由此，便不可能形成关于保护人权的一致的做法。这样，如果勉强地从"应得"的角度来界定人权的话，那么除在国际领域引起关于人权问题的纷争并在客观上为少数国家利用其所界定的人权标准来攻击其他国家或干预他国政治提供理论依据外，不会再有什么积极的作用。

下编　权利与社会

法治社会中的权力和权利定位*

刘作翔**

　　摘　要： 法治社会中的公权力，未经授予、没有合法来源，不得行使，同时，应该通过立法明示、司法校正、宪法审查来限制权力的膨胀和滥用。权力授予和权力限制，都必须坚持程序化原则，使其建立在有效的程序基础上。法治社会中的私权利，凡法未明文禁止或者限制的，不受法律惩罚。

　　关键词： 权力授予、权力限制、程序化原则、惩罚法定

一　从几件与公民权利有关的事例①谈起

　　事例一： 1995 年 12 月，浙江医科大学作出一则决定，从 1996 年起该校不招收吸烟学生，其理由是：吸烟是当今世界公认的三大不良生活习惯之一，为保护公共洁净环境和人类健康，应该积极提倡不吸烟，而培养健康卫士的医学院校更应带个头。② 这一消息被国内几家有影响的文摘报纸转载。③ 在此后的 1996 年初于北京召开的第十届世界烟草和健康大会组委会上，大会发出了《在全国医学院校开展禁烟活动的倡议》，倡议从 1996

---

　　*　本文原载于《法学研究》1996 年第 4 期。

　　**　刘作翔，发文时任职于西北政法学院，现为上海师范大学哲学与法政学院教授。

　　①　本文之所以用"事例"而没用"案例"，是因为有些事件还未成为案件。

　　②　参见《健康报》1995 年 12 月 13 日。

　　③　参见《报刊文摘》1995 年 12 月 18 日；《文摘周报》1995 年 12 月 18 日。

年开始医学院校不再招收吸烟的学生。[①]

作出上述决定的决策者可能并没有意识到，虽然这一决定的愿望是良好的，积极提倡不吸烟的理由也是充分的，但这一决定的实质性内容——不招收吸烟学生——却是同宪法赋予公民的受教育权利相冲突的，因为它以吸烟这一不良生活习惯为由剥夺了这一类公民的受教育权。[②] 值得深思的是，对这一决定，国内新闻媒介、舆论及有关公民权利维护保障机构至今尚未作出反应。

概括地讲，这一决定带来以下一些法律问题。（1）当对一种有违"社会公德"的行为进行法律性制裁却又同宪法权利相冲突时，是维护宪法权利，还是为维护"社会公德"而剥夺宪法权利？（2）一个教育事业单位有无权力作出与宪法权利相冲突的决定，事业单位乃至行政机关的法定权限有哪些？（3）当一个行政的或非行政的决定明显地同宪法权利相冲突时，由哪一级哪一个权力部门对此进行宪法审查和纠正？等等。

事例二：谯菲与其丈夫张德智是中国石油工程建设公司职工。1993年底，张向公司提出辞职，公司对其进行挽留，并阐明职工调动、辞职的有关规定："男性职工申请辞职，如系双职工，夫妇二人应一并提出申请，方可按程序办理。"1994年1月21日，公司又发出《关于职工调动（辞职）补充规定的通知》，规定申请调出（辞职）的职工，如系双职工，夫妇双方应同时调出，三个月后不调出公司的，停发工资，收回住房。1994年7月4日，谯菲接到单位通知，称1994年3月24日公司已同意张德智辞职，同时限令她三个月内调离公司并交回住房。公司自7月5日起不再安排谯菲的工作，7月15日起停发她的工资和各种待遇。

面对这种突如其来的厄运，谯菲开始向劳动部、全国妇联、全国总工会、公司上级主管部门等单位反映情况。在与其单位调解未果后，谯菲于1995年2月底向北京市西城区劳动争议仲裁委员会申请仲裁，仲裁委员会以公司依据内部规章制度作出对张、谯的处理决定并无不妥之处为由，裁决谯菲败诉。谯对仲裁不服，于1995年7月13日起诉至北京市西城区人民法院，西城区人民法院于1995年8月30日作出一审判决，认为"被告

[①] 参见《光明日报》1996年2月23日。

[②] 关于对这一决定带出的法律问题的详尽分析，见笔者的评论文章《神圣的宪法权利与"社会公德"的冲突——对浙江医大一则决定的法律思考》，《法学》1996年第3期。

根据本企业特殊性，为了稳定队伍，加强管理制定的规章制度，符合国家的法律、政策，予以维护"。谯认为被告不按规定批准张的辞职是违法的；在男职工辞职后对同单位女职工采取的株连行为是违反国家劳动法律和劳动管理政策的，故对西城区人民法院的判决不服，于 1995 年 9 月 11 日上诉至北京市第一中级人民法院。[①] 北京市第一中级人民法院二审判决：中国石油工程建设公司应张德智的请求将其妻谯菲由四川接收到该公司工作，张德智辞职时曾书面保证其妻三个月后将调离该公司。该公司依张德智的书面保证及该公司的有关规定所作出的对谯菲按自动离职处理的决定，是建立在双方权利义务一致的基础上的决定，该决定没有违背国家有关法律政策，不构成株连。谯菲要求该公司撤销对其的处理决定，理由不足，法院不予支持。

对此案的判决结果，有关方面发表了看法：谯菲的律师指出，判决书对劳动争议的关键问题之一，即企业所作的"夫妇双方男方辞职，女方也须一同调离或辞职"规定的合法性避而不谈，而完全依据其夫张德智的书面保证作出判决，其性质与丈夫立字据即可卖妻无异；劳动部劳动关系司劳动争议处表示，中油建公司有关职工辞职的规定及补充规定不合法，部分违反了劳动部 68 号文件，一个与国家政策相抵触的规章，在诉讼中不能作为法律依据；北京市高级人民法院的两名女法官听取了谯菲一案审理过程后表示，从法律上来讲，此案判决确有与现行法律相违背的地方，但在市场经济条件下对此类争议也还有争论，并告知谯菲，对终审判决不服可向终审法院再申诉。[②]

这是一个比较典型的案例，并且此类事例在全国并不鲜见。此案暴露出的问题是：该企业作出的这种"夫妇双方应同时调出"的规定明显地同宪法权利、劳动法、妇女权益保障法等相冲突；这样的企业规章竟能够连续得到劳动争议仲裁委员会和一审法院、二审法院的支持；法院的判决理由中提到企业制定的这种规章制度"符合国家的法律、政策，予以维护"，认为企业的决定"没有违背国家的有关法律政策"。其中的"国家的有关法律政策"指的是什么样的法律和政策？人民法院在对企业规章制度进行

---

① 参见《中国经济时报》1995 年 10 月 17 日；《中国妇女报》1995 年 10 月 18 日。

② 参见《中国妇女报》1996 年 4 月 8 日。

司法审查时，依据什么标准来进行？企业在行使企业自主权时，如果制定的规章制度同宪法、法律相冲突，怎么办？企业自主权的行使是否可以超越国家法律？丈夫是否可以代替妻子处置其劳动权，丈夫的书面保证对妻子有无效力？等等。

事例三：比起上一案例中的谯菲，上海希尔顿酒店原员工王芳就幸运得多，她通过法律诉讼争回了自己的应有权利。王芳原就职于上海希尔顿酒店，后离开了该酒店，应聘于另外一家公司，恰巧这家公司的办公地点就在她曾就职的希尔顿酒店内。当她欲前往公司上班而踏进该酒店时，却遭到该酒店的拒绝。该酒店在其员工手册第 9 条中规定："辞职员工，6 个月内不得以任何理由进入酒店。"这一规定显然侵犯了员工的合法权利，与我国法律相悖。而她新应聘的公司要求她在规定的期限内上班，如不能前来上班，应聘将失效。在这种情况下，被逼无奈的王芳诉至上海市静安区人民法院，指控该酒店侵犯了她的人身权利。在经过审理之后，静安区人民法院对此案作出一审判决：希尔顿酒店应排除对王芳进入该酒店的妨碍。此案审判长吴裕华认为，希尔顿违法之处是它限制了当事人的劳动就业权，其员工手册第 9 条应该取消。①

王芳的胜诉，是公民运用法律维护自身合法权利的一个案例，也是司法机关运用国家司法权力维护公民合法权利的一个典型案件。此案审理的首要前提便是对希尔顿酒店员工手册第 9 条规定进行司法审查，只有在对此规定作出肯定或否定的司法评价后，才能进而对该酒店的行为作出裁决。问题的实质在于：究竟根据什么来对此（员工手册第 9 条）进行司法评价？是根据国家宪法、法律及其他法律性文件，还是根据别的什么标准？在这种评价过程中，行使司法权的法官们的法治意识就不像人们平时所理解的那样抽象和不可捉摸，而是实实在在的直接影响案件公正合理合法裁决的重要因素。

事例四：1995 年初，广西壮族自治区南宁市二轻医院职工要求成立工会，并通过院党支部书记请示市总工会组织部，组织部答复："有 80% 以上的职工申请，就打报告来。"但此一合乎宪法权利的合理要求遭到该医院院长及轻工局局长、党委书记的反对。他们召开大会轮流对广大职工进

---

① 参见《新民晚报》1995 年 11 月 28 日。

行指责，并当众宣布：职工们要求成立的工会，是要"取消共产党的领导"，"是非法组织"，要"坚决取缔"。职工们对此不服，派代表一次次到上级有关领导部门反映，奔走呼号近一年，医院的上级领导、南宁市二轻局就是不批准。①

职工要求成立工会，既是宪法权利，又符合工会法，但竟被这些手里拥有某些权力的人视为"非法"，并扣上"取消共产党的领导"的政治帽子。这样的权力掌有者连基本的政治素质和法律意识都不具备。虽然这样的权力掌有者在我们社会中不占多数，但他们对公民权利的享有和实现却构成极大的威胁。

以上这样一些个别的、具体的事例，使我思考到更广阔范围的问题。如果以主体的属性来分析，中国有十二亿多的人口，每一个人都是一个私权利主体，除法律判决的那些被剥夺政治权利的极少数人外，都享有宪法和法律赋予的应当享有的不可剥夺的法律权利；同时，中国又有从中央到基层不计其数的公权力主体和更不计其数的虽不是公权力主体但又拥有某些权力的"准公权力主体"②（如企业、事业单位、社会团体、民间自治组织等）。这些公权力主体及"准公权力主体"每日、每月、每年要作出不计其数的涉及公民权利内容的决策，这些决策会直接或间接地影响公民权利的实现。毫无疑问，就总体来讲，社会主义政治权力的本质属性决定了大多数权力性决策为公民权利的充分实现提供了权力保障，否则，社会主义社会的人民主权原则和为人民服务的本质属性便荡然无存；但我们也应清醒地看到，也有相当数量的权力决策和行为同宪法权利是相冲突的，是有悖于人民利益和人民权利实现的，为人民所痛恶的社会中的"土政策"的大量存在就是例证。这就使得我们不得不去认真考察一下，在我们社会中，究竟有多少权力性决策和行为是同宪法权利相吻合的，又有多少权力

---

① 参见《工人日报》1996年1月18日。

② "准公权力主体"是笔者的一个概括，意指那些虽不具有权力属性但却在实际事务中拥有某些权力、扮演着权力人角色的主体。新颁布的《行政处罚法》（1996）第17条规定了"法律、法规授权的具有管理公共事务职能的组织可以在法定授权范围内实施行政处罚"，第18条规定了"行政处罚权委托制度"，第19条又具体规定了"受委托组织必须符合以下条件：（一）依法成立的管理公共事务的事业组织；（二）具有熟悉有关法律、法规、规章和业务的工作人员……"，这意味着将有一些"管理公共事务的事业组织"经过"行政委托"后，拥有部分行政处罚权，也即具有部分公权力属性。当然，委托权有严格的法定条件和限制。

性决策和行为是同宪法权利相冲突的。这实在是一个需要法学界、法律界认真思考研究的问题。此外，每一个公权力主体及"准公权力主体"行使权力的法定合理界限有没有？有哪些？当出现公权力侵犯私权利的现象时，怎么办？公民的私权利如何保障、如何实现？当一个公民的行为没有法定授权时，如何对此作出法律评判？等等。这也就是本文下面想探讨的主题，即法治社会中公权力和私权利①的合理定位问题。

二　法治社会中公权力的定位

中国在实现现代化进程中，面临着多重艰巨任务：经济的调整发展，生产力水平的极大提高，政治的高度民主化，人民文化素质和生活水平的极大提高，等等。而这一切，都离不开法治在其中的运作。法治在实现现代化的进程中也同样承担着多重任务。仅对公权力（国家权力）而言，法治就承担着双重任务。一方面，它承担着对公权力②的授予任务，即授权功能。而这一点，目前为学术界研究法治问题时所忽略，学术界大多强调的是法治对权力的另一方面的任务，即对权力的限制、制约和监督。我认为，要全面地认识法治与权力的关系，或法治与权力的定位，就应该从授权和限权两个方面去把握，这两个方面同等重要，缺一不可。

（一）权力授予

首先，权力只有授予，才能行使。虽然有权力就有腐败，但权力并非万恶之源。权力现象从古至今的客观存在，说明人类社会需要权力，权力也是人类组织成社会的重要手段之一。社会、国家和法律的产生、存在和发展，本身就表征着权力的客观属性，它不以人们的主观意志为转移。从某些意义上讲，权力也是伴随人类文明发展历程而不断演化的文明形态之一。因此，我们不能因有权力就有腐败这一权力现象的可能性和现实性，而将权力看作一切罪恶的根源，因而失去对权力现象的客观认识和科学

---

① 本文采用的"公权力"概念，同权力、国家权力、公共权力是同等概念；而"私权利"则是指公民个体权利和行为。
② 这里的"公权力"（国家权力）是一个概称，具体可分解为立法权、司法权、行政权、军事权、监督权等。

考察。

其次，虽然权力只有授予（也即只有取得）才能行使，但从人类社会自古至今权力现象的发展演变看，权力的取得形式和来源多种多样，有所谓"神授权力"、"天授权力"、"君授权力"、"世袭权力"，也有以篡位、政变、暴力、掠夺等方式取得的权力。这些是权力取得形式和来源的非法治状态，也是古代社会和中世纪社会权力为恶的因由和表征。近代以来，随着资产阶级民主、自由、人权、平等等观念的传播，天赋人权、人民主权、人民赋权、人民委托等思想深入人心，权力来自人民、取得于人民就成为权力取得的主要形态。这是一种历史的进步，也是权力观念和权力取得形式和来源的一大历史性飞跃。现代社会继承了这一反映历史进步的文化遗产，并使之完备化、完善化、民主化、法治化。因此，现代法治社会在权力问题上所要解决的首要问题就是权力来源和取得形式的合法性问题，其中包括两层内涵：一是从实质要件上，权力必须来自人民，取得于人民，受托于人民，服务于人民，这一实质要件的深层本质是人民利益，其权力形态是人民主权；二是从形式要件上，一切权利的取得必须由法律予以规定和确认，即法定授权，它否认、排除和摒弃以其他各种非法治方式取得的权力，即权力法定的唯一性和排他性。上述实质要件解决了权力的本质问题，而形式要件则解决了权力取得的方式问题，只有权力来自人民，取得于法律，才能说它具备了合法性，因而才具有法定效力。

再次，从授权与限权的相互关系看，授权是限权的前提。没有授权，权力来源的合法化问题得不到解决，根本无法对它进行限制，试想，专制社会的状态下，怎么可能对权力进行限制？专制社会从根本上缺乏限制权力的社会条件。限权只是民主社会中才会具有的权力约束机制。另外，即使一种权力具备了某种实质的和形式的合法性，但如果授权不明确、模糊，限权也缺乏法定依据。因为当一种权力的界限不明确时，就无法对它进行限制，也无法判定它是否有滥用权力或越权行为。现实生活中出现滥用权力、越权等权力腐化行为，其原因之一就是有些权力的法定权限不明确，存在许多权力漏洞，因而为权力腐化行为提供了方便。

最后，从权力机制和权力主体的权力意识来讲，理论上的逻辑是：当国家法律在授予某一权力主体权力时，就预示着同时也对该权力主体提出其受约束的范围。因为当一定范围权力的授予明确后，就告知权力主体只能在该权力范围内行使权力，超越该权力范围便是越权，这样，便于权力主体明确自身的职责和权限，以便更好地行使法定权力和履行职能。

从以上分析可以看出，授权对实现法治至关重要。权力由国家法律授予和确认，可以解决权力合法来源和取得问题，也可以排除其他非法治的权力获取途径，这是法治社会对权力的第一要求。否则，权力来源多元化既不符合法治之要求，更给整个社会造成权力紊乱，影响整个社会组织结构的正常有序运转，会产生极大危害，给滥行权力埋下无穷隐患。

（二）权力限制

前文提到，有权力就会有腐败，这既是权力现象存在的一种可能性，又是为实践证明的权力现象在人类社会中存在的一种现实性。因此，对权力进行限制就成为法治的另一重要任务。

法治社会中，为什么要限制权力？西方思想家及当代中国的理论界已经对此进行了大量的较为充分的阐释。概括地讲，因为权力客观上存在着易腐性、扩张性以及对权利的侵犯性，因此要对权力进行限制和约束。本文第一部分所列举的有些事例，就是以公权力侵犯私权利的例证。虽然其中有些主体并不具有公权力属性，但在客观上却充当着公权力的角色，对公民合法的、宪法所赋予的神圣的受教育权、劳动权、人身自由权、结社权、行为自由权等造成侵害。权力侵犯权利只是权力扩张的表现之一，权力扩张还有更为广泛的表现形式。现代社会，权力腐败和扩张主要表现为以公权力谋私利。市场经济社会中，私利（个人利益）应该受到保护，但私利的获得应通过正当的、合法的途径。用公权力去寻求和获取私利，有违公权力的本质属性和目的。这不仅在社会主义社会，就是在资本主义社会也是为法治所否定的。

由于权力存在着以上诸种特性，因此必须对权力进行限制和约束，这也是民主法治社会的要义之一。法治对权力的制约，可以体现在以下几个层面。

第一，立法明示。首先，法律要以明确的规范，确认各权力主体行使权力的职能、范围，即权力法定原则。法律所规定和确认的各权力主体行使权力的职能和范围，是各权力主体行使权力的法定依据。在法治社会中，任何公权力的行使和运用，都应有法律上的依据，没有法律依据的公权力行为，都不得视为有法律效力之行为。公权力职能和权限范围的确定，是对权力进行制约的前提，也是判定其权力行为合法性的标准。其次，立法要以明确的语言，对权力行使规定一些限制性条款，仅有授权，而没有限制性条款，权力主体就会任意扩大权力的自由裁量范围，因而可能导致滥用权力、越权行为发生。再次，立法要尽量减少权力真空、权力漏洞。因为权力真空、权力漏洞的存在，会给权力滥用、扩权、越权造成可乘之机，也缺乏制裁依据。最后，要以立法方式对权力行使行为规定法律责任条款，尤其是对滥用权力、越权、扩权等行为，要有明确的责任承担规定，使权力行使者可以预先明确自己行为的后果。责任制度是对权力制约的有效机制之一。①

　　第二，司法校正。司法是实现法治的一道重要闸门和忠实卫士，是对不公正、不合理、不合法行为的一种校正机制，也是对公权力的一种制约机制。一切公权力行为，在不发生诉讼的情况下，一般可理解为被权力对象所接受或赞同（当然不发生诉讼并不意味着公权力行为的完全正当性和合法性，其中也掩藏着比较复杂的情况，比如或因为来自公权力的强盛和重压，或因为权力对象的软弱、权利意识的淡薄和不发达、诉讼机制的不健全等，即使存在不正当和不合法的侵权现象，也难以提出诉讼）。但一旦提交诉讼，司法就承担着对公权力行为或"准公权力行为"的法律评价任务，肯定或否定，赞同或反对，任由司法作出裁断。这时，司法于维护法治举足轻重，尤其是当涉及有关公民权利的诉讼时，司法的裁决结果会直接导致公民权利能否受到保障。像本文第一部分所举的事例二"丈夫辞职妻子也要随之调走"一案，司法判决竟以支持企业明显地违反劳动法和妇女权益保障法的规章制度为最终结果，这样一个判决结果使公民的合法权利失去了最后的一道保护屏障，更增加了权利实现的难度。这样一个结果明显地背离了司法对公权力行为的制约功能和对公民合法权利的保护功能。但"王芳诉希尔顿酒店侵权"一案的审理结果，明显地同前案不同，它以司法判决的形式，保护了公民的合法劳动权和人身自由权，撤销了同国家法律明显相悖的企业自制规章，维护了法治的尊严，充分显示了司法

---

① 关于责任制约机制的论述，详见刘作翔《廉政与权力制约的法律思考》，《法学研究》
　　1991 年第 5 期。

对于维护法治、保护公民权利、校正权力失范行为的功能和作用。

第三，宪法审查。宪法是根本大法，是一切公权力主体行使权力的最高依据。当任一公权力主体在进行决策、行使职权等行为时，除依其法定职权外，还要看其决策和行为是否同宪法条款发生冲突，这是宪制意识在权力行为中的直接体现。有些公权力，其权力行为可能符合法定授权，有法律上的授权依据和范围，但其行为内容则可能同宪法条款发生冲突，因而作出一些同宪法条款、内容、精神相违背的决策或行为，其原因在于部分公权力主体缺乏"宪法至上"意识，而"宪法至上"是法治的第一要义。

这里还有比较复杂的分析因素。当一个权力性决策和行为的内容指向那些既违反社会道德又违反法律精神时，人们一般会持赞成态度而不去怀疑它；但当一项决策和行为的内容同社会道德和文明进步相吻合，而却同法律原则和宪法权利相冲突时，这就增加了人们对此作出正确判断和评价的难度。比如像浙江医大所作出的"不招收吸烟学生"的决定，从决策者的动机和愿望来讲，无疑是良好的，并且也符合社会文明和进步，但它却在没有国家立法的情况下，剥夺了这一类公民的受教育权，明显地同宪法赋予的公民权利相冲突，限制了有这种不良生活习惯的一批人进入医学院学习的机会和权利，从而使这一批人的受教育权不能得到实现。而法治社会不能因某类人有不良的生活习惯，而剥夺这类人的基本权利，这是有违法治精神的。当笔者将此一事例交由一些法学同仁和研究生讨论时，得到的反应有多种：有的人提出，如果是由国家教委或卫生部作出这一决定，那它应是合法的，有效力的；有的人认为这是一种很好的尝试，它可以推动中国的禁烟运动；有的人认为这一决策代表了一种文明和进步；也有的人指出，这是一个针对不特定对象（人）的有普遍适用性的决定，它同公民的受教育权相冲突；等等。可见，他们在这一问题上的认识差异非常大。[①] 法学人的认识尚且如此，何况一般人乎？假使像有的人提出的那样，由国家教委或卫生部作出此规定，那它只不过具备了形式上的法定授权，但其内容同样要接受宪法审查，同宪法精神、权利相对照，看有无冲突和抵触之处。

_____

① 对此事例存在着较大的争议和不同的看法。本文的观点只代表作者个人的看法。

这倒不是说，法律不保护文明，不支持进步，而是因为法律从其历史本性上讲，是历史阶段性的产物。社会道德规范在某种程度上可能相对超越社会发展阶段而提出一些更高的要求，法律则不能。法律只能保护一定历史阶段上的文明和进步，而不可能超越特定历史发展阶段去保护所有为社会道德所倡导、所追求的文明要求，倡导的东西并不一定就是要对其负面进行法律禁止、法律制裁的东西，尤其是涉及社会道德领域的事物。在我们的社会中，有许多为道德所倡导的事物，但这些事物并不一定能全部纳入法律调整领域。这就是法律的特有属性，也是法律同道德之间既相互适应，又相对保持距离的内在辩证关系。法律在总体上同道德相适应，但在某些方面它又相对独立于道德要求，尤其是对那些不为社会道德所倡导，但又暂未被现行法律所明文禁止的公民个人行为，法律无法去作出调整，去进行制裁，因为那属于道德性规范调整的范畴。如果硬要通过某些权力性决策和行为，对此类行为进行法律性惩罚，那可能触犯现行法律，最终可能造成现行法律秩序被破坏，其结果会适得其反。文明和进步总是渐进的，每个社会不可能跨越它的文明发展历程，去提出一些在各发展阶段暂不可能实现的要求来，至少法律文明是如此。

法治要求所有权力性决策者和行为者在作出决策和履行职权时具备宪法意识，但现实生活中不可能完全做到这一点，由于我们国家民主宪制历史较短，整个社会的宪制意识淡薄、不发达，加之宪法缺乏刚性规范，尤其是对违宪制裁尚未形成有效的制度设计等，总是有同宪法、法律相冲突、相抵触的权力性决策和行为，这不仅在我国，就是在任何一个国家和政体下都难以避免，那么，针对如此之多的权力性决策和行为，怎么办？对于前面提到的提出诉讼的，通过司法裁决进行校正是一个重要途径，但诉讼机制的运用，一般是针对具体的权力行为，同时又表现为个案，所以，依赖司法校正虽是非常重要的，却是有限的。而对于大量的涉及普遍性的一类人或一群人的抽象性权力决策，诉讼机制就显得无能为力。这时就要借助于另外一种权力校正和制约机制，即宪法审查。宪法审查也是对公权力进行制约的一个不可缺少的重要机制。所谓宪法审查，就是在国家权力机关中，要设立专门的审查机构，对涉及公民权利及其他重大事项的权力性决策和行为，按照宪法进行审查。对于合宪的、合法的，则肯定它，承认它；对不合宪的、不合法的，则否定它，撤销它。通过这样一个宪法审查机制，可以否决或撤销那些同宪法、法律相冲突的权力性决策和行为，以维护宪法、法律的权威和效力。

以上无论是对权力授予的分析，还是对权力限制的分析，可以总括为如下一项法治原则：对公权力，凡法无明文规定（授权）的，不得行之，即在法治社会中，对一切公权力主体，要求贯彻权力法定、权力合法性的法治原则。具体指的是：权力来源（取得）的合法化；权力运行的合法化；权力制约的合法化。自由裁量应限制在尽可能小的范围，并且，自由裁量也要符合合宪性、合法性的法治要求，也同样要接受宪法审查和司法校正。这条原则不仅应适用于所有的公权力主体，也应适用于那些虽不属公权力主体但又拥有一定权力的企业、事业单位和社会团体及民间自治组织。这条原则不仅应体现在立法中，更应作为司法裁决、宪法审查、法律监督的标准和依据。这就是法治社会中对权力的定位，也即法治与权力的定位。

（三）程序化原则

以上所谈的法治社会对权力所承担的两重任务，即权力授予和权力限制，都是从法治原则的角度提出的要求，尚未解决权力授予和权力限制的法律机制问题，即程序化问题。在法治社会中，要实现权力法定和权力制约，就必须使其建立在程序化的基础上。具体说，就是权力授予必须程序化，权力限制也必须程序化，舍此，将无法实现法治社会对权力承担的任务和法治原则的贯彻落实。

1. 权力授予必须程序化

前文提到，要实现法治，首先必须解决权力授予的合法性问题，即在法治社会中，一切公权力的取得和享有，都必须从法律中获得其来源，由国家法律授予和确认，即权力法定原则。这一原则排斥一切非法治权力取得的方式和途径，这就是权力法定的唯一性。

公权力是一个总括，它可以具体分解为立法权、司法权、行政权、军事权、监督权等，其中每一项权力又可再分解为一些子权力，如立法权可分解为中央立法权和地方立法权，司法权可分解为检察权和审判权，行政权可分解为侦查权、监察权、审计权、税收权等许多权力，因此，公权力是一个权力层级体系。那么，如此复杂多样的权力体系的授予，如何体现程序化原则？我认为，从法治原则出发，就国家基本权力①形态来讲，权力授予的程序化具体表现为宪法赋权原则，即国家的基本权力的确认以及由哪一个国家机关享有和行使，要由宪法——国家根本大法来确认，因为宪法确认的过程也是程序化原则贯彻的过程。并且，就基本权力形态来讲，也只能由宪法来确认，而不能由其他基本法律和个别法来确认，因为它事关国家权力类型的设计和权力结构的构建，这是宪法不可让渡的职能和权限。②

同时，一个社会的权力体系也不是一成不变的，而是处于不断变化之中的，这种变化的深层根源是社会运动的结果以及由社会运动所带来的社会关系的变化。要适应不断流变的社会关系，有时需要产生新的权力类型，使该社会的权力体系增加新的内容。如果这种新的权力类型属基本权力，那仍然要经过宪法程序，即通过修宪程序加以确认；如果这种新的权力类型属基本权力的派生权，那可以通过基本法律程序或个别法程序加以确认。现代社会的权力流变，一般是后一形态，这也恰是权力授予应予关注的重点。基本权力形态一般处于稳定状态，当然也有个别例外。

现代社会引起争议较大、产生问题较多的是权力授予的另一种形式，即权力委托问题，有立法权委托、行政权委托，甚至在个别地方，竟出现了司法权委托（我认为司法权委托是反法治的）。委托权的出现，同社会事务的日趋繁杂有关，也反映了一种由集权向分权的发展趋势。而这一趋势又同社会的日益民主化相联系。从理论上讲，我认为委托权是一种"有限的权力授予"，它的有限性表现在：（1）它的权力不是法定的，而是受委托的；（2）它只能由有法定委托权的权力主体来委托，而不能由任意一权力主体来委托，即委托权法定原则；③（3）接受委托的权力主体只能在受委托的事项、权限内行使权力，而不能越出该委托范围；（4）权力责任的双重承担，即受托者和委托者双方都要承担由权力行使带来的责任后

---

① 这里所说的"基本权力"，是指在一个国家和社会中不可或缺的权力，现代国家的基本权力一般指立法权、司法权、行政权、军事权等，监督权应属立法权的派生权，但因监督权在现代国家和社会中的重要性，它也有上升为基本权力的趋向。
② 宪法是民意的最高和最集中的体现，人民主权、人民权力等原则主要是通过宪法制定过程来体现和实现的。
③ 参见《行政诉讼法》第17、18、19条之规定。

果。以上几点说明，委托权是一种"有限的权力授予"，它不同于前面所说的"法定的权力授予"。这里要强调两点：（1）委托权的取得、授予要经过法定程序，主要是立法程序，即通过立法来确认哪些权力需要委托，哪些权力主体可以行使委托权，哪些组织可以接受委托，接受委托的主体需要具备何种法定条件，委托权行使的法定事项、权限、范围是什么等；（2）受托权的行使也要符合法定程序，主要是执行程序，即一个组织获得受托权后，根据什么样的执行程序去行使受托权。受托权行使中最大的问题是越权，而程序化原则有助于防止和制止这一弊端。

2. 权力限制也必须程序化

人们在研究权力制约问题时，注意的焦点一般放在对权力制约的法理说明和分析论证上，而忽略了对权力制约的程序性研究。事实上，权力制约必须注重程序化原则。提出权力制约的程序化，并不是束缚人们的手脚，也不是对权力的放纵，而是为更有效地实现权力制约提出法治要求。忽略程序，制约就没有效力，也没有效率。在严格的法治意义上，权力制约是一种法律机制，而并不简单的是一种政治方式。只有将权力制约纳入法律轨道，才能避免制约的任意性、人为性、随意性和无效性，才能提高制约的法定性、制度性、规范性和有效性。

权力制约必须程序化，并不意味着要有一部统一的权力制约程序法典，这在实际上是不可能做到的。程序化是一个原则，这一原则要体现在具体的制约机制中。根据本文对权力限制从法治的高度划定的几个层面，即立法明示、司法校正、宪法审查，权力制约的程序化也就具体地体现在这几个制约机制中。就立法明示来讲，权力法定、明示，要符合立法程序；就司法校正来讲，要遵循司法程序。这两个程序可遵循但需进一步完善已有的程序规则和要求。宪法审查在我国是一个全新的问题，目前在我国尚缺乏宪法审查的程序性规则，但它对于纠正和否决、撤销权力失范行为又非常重要。因此，应加大此方面的研究力度和制度建设。就大的方面来讲，宪法审查涉及审查案的提出，审查机构的确定，审查程序的运作，审查结果的效力，审查结果的执行、监督，对审查结果的复议、申诉等。当然，这一切的首要前提是宪法审查权的确立，只有在解决了这一实体权力的确认之后，才能谈随之而来的审查程序问题。

总之，无论是权力授予，还是权力限制，都必须坚持程序化原则，使其建立在有效的程序基础上，这样才能真正实现法治原则所要求的权力法定和对权力的有效制约。

三　法治社会中私权利的定位

"私权利"这一概念不是指私利，只是它具有私人（个人）性质，因此称为私权利，以和公权力相对应。

一般而言，法治社会中，私权利也应由法律予以规定和确认。权利意味着一种享有、占有、使用。对于法律已经明确授予的权利范围，私权利主体去享有它、使用它、实现它，这是毋庸置疑的，也是法治国家和法治社会所力争实现的目标之一。这不是我们讨论的重点。我们想讨论的重点是：对于法律没有明确授予也没有明确禁止的私权利主体行为，法治应持何种态度？是支持，还是反对？是容忍、默许，还是制裁、惩罚？这不是可以简单作答的，其中包含着比较复杂的情况和分析因素。

从法理学的一般理论来讲，权利总是伴随着社会的整体发展和进步而逐步扩大和增多。社会越发展，越进步，公民权利的享有范围、内容也就越广泛和越丰富。社会主义社会将为公民提供越来越多的权利享有和权利实现的机会和条件。但在发展过程中，权利又总是受着各种因素的制约，用马克思的话讲，"权利永远不能超出社会的经济结构以及由经济结构所制约的社会的文化发展"，[①] 因此，即使在法治社会中，再完善、再健全的法律也不可能规定和确认所有的私权利种类，一是主客观条件不允许，二是法律技术达不到。但是，在现实生活中，又往往会出现法律既未明文授权，但也未明文禁止的个人行为，对这些个人行为如何进行法律评价，是法治社会要解决的一大难题。

欲解决这一问题，我认为首先应确立一个法治原则，也即法治社会中对私权利的定位，然后用这一原则去分析、评价、判断具体的个人行为。西方从近代以来锤炼出了一条自由主义的法律原则，即"法不禁止便自由"，并将它奉为金科玉律。这一原则在西方资本主义自由主义社会里，可能还行得通，若将它搬用到我国来，便存在重大缺陷和漏洞：如前所

---

① 《马克思恩格斯选集》第 3 卷，人民出版社，1972，第 12 页。

述，在私权利领域，法未禁止的行为很多，如果认为这些行为都是自由的，自由的便是合法的，那么无疑同我们的法律价值取向和社会道德规范相悖，也不符合法治追求的目的。因此，必须对这一原则进行改造。我认为，在法治社会中，对私权利行为，应确立这样一条法治原则：对私权利，凡法未明文禁止（限制）的，不得惩之。需要强调说明的是，这条原则中所讲的"惩"是指"法律惩罚"，它并不排除其他社会规范的惩罚。这条原则可以解决以下几层问题。

第一，这条原则强调对此类行为不能施以法律惩罚（包括各种法律惩罚措施）。因为在一个法治社会中，要对一种行为进行法律惩罚，必须要有法律上的充分依据，也即惩罚法定原则，道德评价不能代替法律评价，这是法治社会必须恪守的一条法治原则，否则，会导致破坏法治。这样做，也有益于保护公民权利，特别是可以防止公权力对私权利的随意侵害，使公权力循着法治轨道运行。

第二，这条原则对法未禁止的行为不施行法律惩罚，并不意味着认可它是自由的，是法律允许的行为，因为这条原则并没有对此类行为作出合法或违法的法律评价，意即它不属于法律调整的领域。

第三，对此类行为不进行法律评价和不施行法律惩罚，并不排除对其进行道德评价和其他社会规范的评价及采取相应的惩罚措施，如对那些虽未被法律所禁止，但却违反社会道德规范的行为可以采用道德惩罚的方式，或对那些虽未被法律所禁止但却违反国家政策、政纪的行为采取行政措施、纪律措施等惩罚手段，意即虽然法律不能去调整，但不排除用道德、行政、纪律等去调整，使它回归到应当归属的调整规范领域。

第四，这条原则并不影响新的权利性规范的确立和禁止性规范的增减，因而它具有永久的适应性。即当一种行为被法律明文确立为权利行为时，它自然就成为法律保护的权利；同样，当一种行为被法律确定为禁止性行为时，该禁止性规范自然地成为对该行为进行法律惩罚的依据；而当一种原被禁止的行为从法律禁止性规范中删除时，它就变成了不得为法律惩罚之行为。

由此可见，这条原则既可充分地保护公民合法（指合乎法律精神和价值取向）的权利和行为，防止公权力随意侵犯私权利，维护法治，又可保留对那些虽未被法律所禁止但又违反社会道德等的行为采用非法律惩罚措施的余地，并且能够适应不断变化的社会生活和法律发展状况，是一条有利于处理法治与权利关系的法治原则，有利于法治的实现。

这条原则还包含这样一种意蕴：当我们大力倡导法治，实现法治，视法治为一种非常重要的治国方略的同时，我们也应保持一个清醒的认识，即法律调整的局限性和有限性，有一些领域是法律所无法或暂无法涉及的领域，而应该留给其他社会规范去调整。保留这样的调整空间，发挥多种社会规范的调整功能和作用，更有利于法治的实现，而不是相反。

权力的多元化与社会化[*]

郭道晖[**]

摘　要：现代国家与社会一体化的局面已逐渐被打破，同时又出现了社会多元化与经济全球化的新趋势，国家权力不再是统治社会的唯一权力，人类社会出现了权力多元化和社会化的趋向。权力多元化是政治民主化的必然要求，权力社会化则是权力人民性的进步和人类社会发展的必然归宿。这要求人们不仅应具有权力的国家意识，还要有权力的社会意识和世界意识，人类要为建立实质的法治国家，促成民主的法治社会，最终实现"大同法治世界"而共同奋斗。

关键词：社会权力、超国家权力、多元化、社会化

一　国家权力的历史演化

国家是人类社会发展到一定历史阶段的产物。人类原始社会只有分散的部落群体，没有国家和国家权力。氏族社会后期，氏族酋长有某些权力，但属于氏族内部的社会权力。随着私有制的产生，逐渐形成国家和凌

---

[*]　本文原载于《法学研究》2001 年第 1 期。

[**]　郭道晖，发文时署名为"原《中国法学》主编、教授"，现已退休。

驾于社会之上的国家权力，后者本是社会赋予的，或者说，是国家"吞食"了社会的权力，反过来用国家权力统治社会。

在专制主义国家，国家权力完全集中在君主或独裁者之手，权力是不分化的。到资产阶级民主共和国时期，先是立法权从行政权中分离出来，之后司法独立，形成三权分立，国家权力开始分化。

到现代，由于民主、人权和法治的发展，特别是经济和科技的迅猛发展，恩格斯所界定的国家的两种职能中，阶级镇压职能退居次要地位，而社会管理职能大大增强。国家已不仅是阶级镇压机器，在更大程度上要作为社会谋幸福的工具为社会服务。而随着市场经济的发展，国家与社会一体化的局面逐渐被打破，与国家相对分离的民间社会和社会多元化格局逐渐形成，政府的权力与能力已难以及时地、全面地满足人民日益增长的经济与文化多样化的需要和参与政治、监督国家权力的权利要求，政府负担过重，迫使它不得不通过委托或授权，将一部分国家权力"下放"给相关的民间社会组织行使。这样就出现了国家权力向社会逐步转移或权力社会化的渐进过程。

20世纪80—90年代，出现了经济全球化的新趋势，人类同居在一个"地球村"里，面临着有关经济、环保、人权、宇宙空间以及国际犯罪等的共同问题，一国的国家权力已无能为力去包办，于是就将某些涉外权力"上交"给国际社会，经由超国家组织和国际非政府组织行使超国家权力和国际社会权力，协调国际纷争，加强国际合作，以解决一国政府所不能解决的全球问题。于是，国家权力进一步分化和国际社会化。正如联合国秘书长安南所说："国家主权，从它的最根本的意义上来说，正在全球化和国际合作的影响下被重新定义。……我们对国家主权的概念已经不再与过去一样了。"[1]

这样，国家权力不再是统治社会的唯一权力了。与之并存的还有人民群众和社会组织的社会权力、凌驾于国家权力之上的国际政府组织的超国家权力，以及国际非政府组织的国际社会权力。人类社会出现了权力多元化和社会化的趋向。

---

① 《全球安全面临的挑战》，《参考消息》1999年12月28日。

二 权力多元化与社会化的表现形式

(一) 国家权力内部分权的社会化

通常国家权力分为立法权、行政权、司法权三权。这些权力迄今都是国家统治社会的主要权力。但伴随着民主和社会发展，它们也渗入了社会化的因素。

1. 立法权的社会参与

立法权是体现人民主权的最高权力，一般都是由议会等立法机关行使。有些民主国家实行人民公决制，人民有立法上的创制权和复决权。这就是作为社会主体的公民的直接立法参与。

与此相对的是公民和社会组织的间接参与。西方国家一些非政府组织或压力集团，经常以其社会影响动员舆论或游说议会，促使议会通过有利于某些社会利益群体的法律。早年工人阶级及其工会组织通过斗争，迫使议会通过八小时工作制的立法。最近美国的一些企业组织和其他社会组织，为了进入中国市场，发动大规模的游说活动，要求议员投票通过给予中国永久性正常贸易关系待遇的立法，以支持中国加入 WTO。日本的"非营利组织中心"向全国各非营利组织、媒体和政客们发出成千上万封传真，呼吁支持由该中心起草的《特定非营利活动促进法》，最终在 1998 年 3 月 19 日使该法律获得议会全票通过。这被认为是一个"奇迹"和日本立法上的"划时代事件"。① 这也可以说是社会参与立法的一个范例。

在中国，公民无直接立法权，但在立法过程中有立法建议权、听证权、讨论权。宪法修正案和一些重要的基本法律草案要事先在报上公布，交全民讨论。2000 年 3 月通过的《立法法》还规定了"保障人民通过多种途径参与立法活动"的原则和办法。规定"行政法规在起草过程中，应当广泛听取有关机关、组织和公民的意见。听取意见可以采取座谈会、论证会、听证会等多种形式"（第 58 条）。还规定"社会团体、企业事业组织

_____

① 参见王绍光《多元与统一——第三部门国际比较研究》，浙江人民出版社，1999，第 211 页。

以及公民认为行政法规、地方性法规、自治条例和单行条例同宪法或者法律相抵触的，可以向全国人民代表大会常务委员会书面提出进行审查的建议"（第 90 条）。有时立法机关还将有些法律法规草案委托专家和相关的社会组织草拟，公民、专家和社会组织也可以提出立法建议稿。

此外，在中国，法律或法规还委托或授权某些合乎法定条件的社会组织，协助行政管理或实施行政处罚，从而该组织也可以依法制定实施行政管理的规范性文件，这也可说是半社会化的"立法"（规制）行为。

2. 行政权向社会的部分转移

行政权是最具扩张性与侵略性的权力。在市场经济发展和由此而增加的社会组织与公民的自主自治权利要求促使下，行政权垄断一切的局面被打破。同时政府由于承担社会服务的任务过载，也需要卸去一些本可以或本不该由它拥有的权力，"下放"给非政府组织。这既可以减轻政府的权力负担，也可以借此调动半官方或非政府组织所拥有的社会资源（如行业专家、经济实力、社会影响力），使其更好地完成行政任务。这有以下多种形式与层次。

（1）参权。指公民、社会组织或行政相对人直接"参政"，即参与行政决策、行政立法和某些行政行为的决定与执行过程，如实施行政许可、行政处罚，参与论证、听证、接受咨询、进行申辩、申请行政复议或提起行政诉讼等。这些行政行为如果没有公民、社会组织特别是利益相关人的参与，就应视为无效的行政行为。这是社会主体的民主权利渗入行政权力的体现，是对行政权的补充和监督，使行政权的国家性中渗入了一些社会性的成分。

（2）委托。指政府依法将某种权力委托给具有相应条件的非政府组织行使。如中国的《行政处罚法》（1996）第 18 条规定，行政机关依照法律、行政法规或者规章的规定，可以在其法定权限内委托合乎法定条件的社会组织实施行政处罚。按照该法的规定，受委托的组织必须以委托机关的名义实施行政处罚，并不得再委托。这种受委托的社会组织不是以自己的名义而是以委托行政机关的名义行使权力，并由委托机关承担法律责任。可见，这种权力的委托仍属于国家权力范畴，但已有社会权力渗入其中。

（3）授权。指行政机关依法将某种行政权力直接授予合乎法定条件的社会组织，该组织以自己的名义独立行使这一行政权力，并自行承担责任。这可以说是国家行政权力已转化为社会权力。如中国的《消费者权益保护法》之授权消费者协会，《证券法》授权证券交易所，《律师法》授权律师协会，都是如此。1994 年福建省人大常委会通过的《福建省实施〈中华人民共和国消费者权益保护法〉办法》中明确赋予该省消费者协会设立仲裁机构权、依法对消费纠纷仲裁权、调查取证权、向行政机关提出处理建议权等。

意大利一位行政法学者指出，在意大利，有些原本属于政府的社会管理职能，已不再由传统的国家机关来承担，而由新的、被称为独立机构的、拥有自身权力和权限的公共机构来承担。如电信、供水、保险、股票乃至铁路、航空等过去为政府机构垄断的公共事业领域，逐渐由独立于政府之外的相应的公共机构如某行业的管理委员会管理，由民营企业经营。意大利的"那些独立的管理机构，拥有自身的决策权和裁决权，即具有双重属性：一方面，它们同政府分享行政权力，但又不从属于政治要求；另一方面，它们的成员由议会挑选，但又不向议会负责。……他们的合法性基于他们的专业知识。目前，意大利的宪法正经历一个修改过程，有关那些独立机构的规定可能写进宪法里"。[1] 以上都是行政权力向社会转移的例子。这一趋势还正在进行中。

（4）还权。指那些本属于社会的权力，长期被政府所"吞食"，在市场经济发展、市民社会取得相对独立地位的条件下，迫使政府"放权"亦即"还权"于社会。这在中国由计划经济向市场经济过渡时的典型表现就是由"政企不分"到实行"政企分开"。政府不再包揽国有企业的经营权，而是将其还归于企业。此外某些社会福利、社会保障事业也不再由政府包办，而是下放给社会承揽。政府对社会市场的政策导向，不再是直接以行政权力干预市场，而只是制定和确认游戏规则，"使这种游戏成为公正的，具有竞争性的，可自由进入的，具有透明性的和信息畅通的"。[2]

从以上分析可略见，行政权已不再只是国家垄断的权力，出现了行政权多元化和部分地向社会转移的趋向。当然，在可以预见的将来，还不会

---

① 〔意〕路伊萨·托尔奇亚：《法治与经济发展：意大利社会制度中的法律体系》，中国—欧盟法律研讨会论文，1997 年 11 月，北京。

② 〔意〕路伊萨·托尔奇亚：《法治与经济发展：意大利社会制度中的法律体系》，中国—欧盟法律研讨会论文，1997 年 11 月，北京。

出现完全社会化的局面。那是一个漫长的历史过程。在当代世界各国特别是中国，仍然是以行政权为主导的国家。

3. 司法权的社会性

司法权通常被认为完全属于国家权力范畴，代表国家行使侦查、检察、审判的权力。中国宪法明确规定这些权力只能由国家机关行使。"文化大革命"中鼓励所谓"群众专政"，普通群众就可以不经司法机关，擅自侦查、审讯、逮捕乃至刑讯他们认为犯罪的人，这是无法无天的毁宪行为。

但司法权也并不是完全排斥社会参与的封闭性权力。其社会化因素有以下几点。

（1）司法权内含的社会性。从司法权的性质与地位而言，它的职责是适用国家法律，但这并不意味着它只代表国家机关的利益，而不顾当事人的权益。应当说，它只是在整体上维护国家和人民的利益（体现在准确地适用国家法律的判断中）。在审理案件时，它是双方当事人（某个具体的国家机关、公民或法人等）之间的中立者，只服从法律。当国家机关违法侵权时，它要依法维护社会主体的权益。所以"法官常常是与人民站在一起反对统治者滥用权力的进步力量"。[①]

应当说，司法机关（此处主要是指审判机关）之设立，在很大程度上是为了使社会全体有可能利用诉权或司法救济权来抵抗国家权力对社会主体的侵犯。因为统治者要镇压敌人与罪犯，直接用行政的或军事的强制手段，更有力而省事。而设置司法机关和诉讼程序，则是为了制约国家权力的专横。审判机关是介于国家与社会、政府与公民以及社会成员之间的中立者和公正的裁判者。司法独立的根本意义就在于使司法权从其他国家权力中超脱出来。可见审判权这一国家权力中已内含社会性因素。

国家主义的权力观把司法权只当作国家的专政工具或"刀把子"。与国家主义相对立的社会主义的权力观，则强调司法权应是社会自卫的武器。法官不只是国家利益的维护者，更是社会正义的伸张者。司法机关不只是国家的权力机关，更是社会的维权机关。

---

① 〔美〕约翰·亨利·梅利曼：《大陆法系——西欧拉丁美洲法律制度介绍》，顾培东、禄正平译，知识出版社，1984，第18页。

（2）司法审判过程中的社会参与。这主要体现为诉讼当事人享有控告权、申辩权、质证权、上诉权等诉讼权利。这些权利是社会对国家司法权力的制约。而陪审员制度和律师制度是西方国家以社会权力来校正或抗衡国家司法权力的社会机制。在英国基层法院还设有业余的治安法官，由当地议会所属顾问委员会推荐，经大法官同意后由英王任命。治安法官无年薪，国家只补贴其职务花费。治安法官有逮捕、拘禁嫌疑人之权。现英国有28000名治安法官，基层97%的刑事案件由治安法官处理。澳大利亚、瑞士也有类似制度。①

公民和社会组织参与司法活动，也可以说是将国家司法权部分地交给社会行使的一种形式，虽然它是附属于国家司法体制的环节。法国著名政治思想家托克维尔说："实行陪审制度，就可以把一部分公民提到法官的地位，这实质上就是把领导社会的权力置于人民或一部分公民之手。"②

（3）社会化的准司法行为。这主要是指民间的调解与仲裁。苏联还曾有过人民的道德法庭。在西方还有私人侦探。中国民间的人民调解制度对于化解民间纠纷，减轻司法机关的负担，起了很大的作用。这些都是社会化的准司法制度。从长远看，这种依托社会权力的司法社会化，是马克思所讲的国家消亡过程中的一种历史趋势。毛泽东也讲过，一万年以后还有法庭，那大概也是行使一种社会化的司法权力。当然这些都是猜测，现今还远谈不上完全的社会"化"。

至于中国古代封建社会中，地方宗族势力也拥有按族规家法审处其家族成员的习俗，这也是社会化的准司法行为，但这是封建专制统治势力在地方上的延伸，是维系封建秩序的社会权力，是压迫人民的，早已被推翻。不过这种行为在现今中国农村中又有所复活，是应予取缔的。

以上概述的三种国家权力内部分权的社会化，只是提示了这些国家权力中渗入的社会性因素及其部分地向社会权力演化的发展趋向，还远谈不上已经或将要走向"彻头彻尾、彻里彻外"的"化"境。但国家权力中渗入社会的权力成分，形成二者的"合力"，是大大有利于强化国家权力的人民性、民主性、受监督性以及高效性的。至于将国家权力逐渐"下放"

① 参见程味秋主编《外国刑事诉讼法概论》，中国政法大学出版社，1994，第14页。
② 〔法〕托克维尔：《论美国的民主》（上册），董果良译，商务印书馆，1988，第314页。

或"还权"于社会，更有利于实现"小政府、大社会"的目标。从社会发展的远景看，国家权力的完全社会化，将是人类历史发展的必然归宿。

（二）政府组织及其社会权力

过去由于国家权力过度膨胀，特别是在中国高度集权的计划经济体制下，民间团体的功能萎缩，其社会权力的潜能未能充分发挥出来。中国近20年来的经济改革已开始动摇国家权力一统天下的局面，在国家与社会一体化的格局转变为国家与社会二元互补互动的时代，社会群体的划分已不像《共产党宣言》中所预想的那样，更不是"以阶级斗争为纲"时代所断定的那样，只是剩下或简化为资产阶级与无产阶级两个阶级的对立，而是出现了多样化的利益群体，及代表他们利益的社会团体。社会的多元化引发了权力的多元化。权力已不限于国家所独占，在国家权力之外且与它并存并行的还有社会权力。

马克思和恩格斯都指出过，在资本主义社会，资本就是支配劳动力乃至整个社会和国家的社会权力。人民群众的革命权也是反抗政府压迫的巨大的社会权力。

所谓社会权力就是社会主体（公民特别是社会团体、非政府组织）所拥有的社会资源（物质和精神资源）对社会和国家的支配力。

早在1878年，英国政治家伯克就将报纸称为"第四种权力"。① 这就是在立法权、行政权、司法权三权之外的社会权力。到20世纪70—80年代，电视等各种传媒高度发展，其对社会和国家的影响力、支配力之大，有时甚至超过国家权力。有的论者甚至认为，全国性的新闻媒介成了"最显著和新的国家权力核心"，"一份在经济上独立并有自己的通讯网络的全国性报纸已起着总统的作用，而一份地方性报纸也扮演着市长的角色"。② 美国一家报纸发难，揭发水门事件真相，就把尼克松拉下了总统的宝座，显示出报纸的社会权力是多么巨大。

社会权力的载体主要是政府组织以外的各种社会组织，或称非政府组织（NGO），其中又可分为营利性组织和非营利性组织两大类，后者又称

---

① 《报业登上"第四权力"阶梯的150年》，《参考消息》2000年3月9日。
② 《民主的危机》（台湾版），第106、108页。

为"第三部门"（The Third Sector），即独立于政府组织与社会营利性组织的第三类组织。在美国又称"独立部门"（Independent Sector），主要是一些社会公益组织。NGO 也常用来表述发展中国家中以促进社会发展为己任的民间社会组织。本文所讲的社会组织取其广义，即指所有独立于政府组织之外的民间组织，主要指非政府组织，不再细分。

在二战后，人权、生态环境保护、裁军、反核、社会福利保障与服务、文化教育卫生、国际犯罪、自然灾害等诸多社会问题，引起社会的广泛关注。在面对这些问题时，政府失灵引发许多群众性的社会运动，旧有的一些政党与工会等组织，已不能充分地代表多元化社会群体的千差万别的诉求，无数自力自救或对抗国家权力专横的社会组织应运而生。据来自13 个国家的一批学者所概括的"非营利组织分类体系"（The International Classification of Nonprofit Organizations，简称 ICNPO），这类组织有 12 大类，包括文化与休闲，教育与研究，卫生，社会服务，环境，发展与住房，法律或推促（advocacy，指鼓吹或者推动某项事业）与政治，慈善中介与志愿行为鼓动，国际性活动，宗教活动和组织，商会、专业协会、工会，其他。这 12 大类又分为 24 小类 105 小项。[1]

没有政府资助的社会公益组织由来已久，如国际红十字会。它曾经得到国际联盟的承认。但各国非政府组织作为一种特殊的获得公众承认的社会组织，则始于联合国成立初期。迄今联合国确认的国际性非政府组织有1500 个。[2]

实际上各国非政府组织在近 20 年来有飞速的发展。1975 年在墨西哥城召开世界妇女大会时，只有 144 个非政府组织参加。到 10 年后在北京举行第四次世界妇女大会时，则有 3000 多个非政府组织参加，3 万多人出席了 NGO 论坛。[3] 在欧美一些发达国家，各种社会组织蓬勃兴起，遍地开花。其会员人数也猛增。如 1968—1984 年，英国皇家自然保护协会的会员由 28万人增至 200 万人。1971—1994 年，英国皇家鸟类保护协会的会员增加了 13

---

① 参见王绍光《多元与统一——第三部门国际比较研究》，浙江人民出版社，1999，第 15 页。
② 参见 R. C. 朗沃思《激进主义组织在全球机构中的影响力增加》，《芝加哥论坛报》1999年 12 月 1 日。
③ 王绍光：《多元与统一——第三部门国际比较研究》，浙江人民出版社，1999，第 21 页；另参见《一个集团林立的国家》，《经济学家》周刊 1994 年 8 月 13 日。

倍，现在已超过工党、保守党、自由民主党这三大党的总和，达 86 万人。①

美国是一个高度分化的多元化社会，各种社会组织层出不穷、无所不在。1945 年只有 9.95 万个非营利组织，到 1995 年共有 116.4 万个。法国有志愿社团 50 万—70 万个。德国有 18 万—25 万个。这两个国家 44%—45% 的成年人都是某个社团的成员。②

在亚洲，过去大多数国家由于高度集权主义专制和经济不发达，民间社团缺少生存和活动的空间，作用不显著。但自 20 世纪 90 年代以来，已有一些发展。如印度全国非营利的社会组织有 100 万之多，不过其中只有 2.5 万—3 万个比较活跃。③ 印度尼西亚有 35 万多个非政府组织，新加坡 200 万人口就有 4600 个非政府组织（多为官办或官方特许的社团）。韩国直到 1987 年开始民主转型后，各种非政府组织才大量涌现，其中有一大批是维护人权、保护环境、监督政府、争取民主参与的"推促"组织。④

在日本，20 世纪 90 年代以前，人们认为社会公益组织无多大必要，公共服务应是政府的职责。到 90 年代中期以后情势大变，据统计，截至 1996 年 10 月 1 日，经政府认证的公益法人共有 2698 万个，其中 6815 个为全国性组织。未经政府认证的组织有 5516 万个，加上社区组织，总数十分庞大。⑤ 由于日本仍是一个政府主导的社会，其非营利性社会组织对政府的依赖性很大，所以多相当于准政府组织，处于政府与市场接"壤"的灰色地带。⑥

至于中国，到 1998 年底正式登记注册的民间组织有 16.56 万个，其中全国性的社团只有 1490 个。⑦ 有不少是半官方性质的，且大多是非政治性

---

① 王绍光：《多元与统一——第三部门国际比较研究》，浙江人民出版社，1999，第 21 页；另参见《一个集团林立的国家》，《经济学家》周刊 1994 年 8 月 13 日。

② 王绍光：《多元与统一——第三部门国际比较研究》，浙江人民出版社，1999，第 139 页。

③ 王绍光：《多元与统一——第三部门国际比较研究》，浙江人民出版社，1999，第 173、191、200、239、251、336、384 页。

④ 王绍光：《多元与统一——第三部门国际比较研究》，浙江人民出版社，1999，第 173、191、200、239、251、336、384 页。

⑤ 王绍光：《多元与统一——第三部门国际比较研究》，浙江人民出版社，1999，第 173、191、200、239、251、336、384 页。

⑥ 王绍光：《多元与统一——第三部门国际比较研究》，浙江人民出版社，1999，第 173、191、200、239、251、336、384 页。

⑦ 见 1999 年民政部发展统计快报，引自民政部网站，又见吴忠泽《认真抓好对社会团体的引导和管理》，《求是》2000 年第 10 期。

质的。

遍布社会的各种民间组织或非政府组织，其拥有的大小不等的社会权力的影响力和支配力也无处不在。有些社会事务是政府不能或不愿做、不该做的，非政府组织正好填补了这个空白，并且利用其资源优势，有些可以比政府做得更好。它们的崛起还可以防止权力的过分集中，使权力多元化和社会化。

在民主化国家和多元化社会，有些非政府组织的能量很大，甚至成为左右经济、政治、文化和社会生活等各个领域的巨大社会势力。特别是在知识经济与信息革命时代，不仅社会组织拥有的社会资源的含金量很高，其集体权力也更具影响力与支配力；即使个人，也可以将其所拥有的高科技知识和信息，变成巨大的社会权力，起到辅助或扰乱国家乃至国际社会的作用。

1. 社会组织的经济权力

前已述及，资本就是支配劳动力和经济的社会权力。西方资本主义社会中的财团、企业家协会等组织实际上操纵着国家经济领域。他们是立于政府之外又与政府有千丝万缕联系的压力集团。如日本的农业协同组合中央联合会拥有超过900万会员，而日本的选举制度使农民投票的数额比城市选民高3倍，因而农民通常能阻止有损于其利益的任何政策与法律的通过。[①] 关于给中国最惠国待遇的问题，美国的纺织品和钢材生产组织和工会以及人权组织加以阻拦，而另外一些能在中美贸易中获益的大公司集团则动员各种社会组织向议会游说，其中包括：300家公司组成的美中贸易全国委员会，由55名公司总裁组成的发展美国对外贸易紧急委员会，美中贸易企业界联合会，由波音公司和摩托罗拉公司等组成的对华贸易关系正常化组织，等等。[②] 今年美国国会在审议给予中国永久性正常贸易关系待遇过程中，代表美国不同政见与利益的各非政府组织发挥了巨大作用。

至于国际金融大炒家以其资本权力一夜之间就可煽起亚洲的金融风暴，也可见出社会权力对经济的巨大支配力与破坏力。

---

① 《众多利益集团的掣肘》，《参考消息》1999年10月20日。
② 参见萨拉·弗里茨《大公司在基层中播下亲中国游说集团的种子》，《洛杉矶时报》1997年5月13日。

2. 社会组织的政治权力

一些民主国家和地区实行政党政治，各政党都是政治性的社会组织。欧美工会在政治斗争中是一种强大的不可忽视的社会力量。而各种非政府组织为了实现其所代表的群体的愿望与要求，也常通过政治渠道来争取。美国的"美以公共事务委员会"有 5.5 万人，是一个亲以色列的压力集团，1976—1992 年美国四任总统不在位期间都曾担任过该集团的领导人。过去它曾是美国犹太人的传声筒，后来则专亲以色列政府，成了以色列设在美国的"第二大使馆"。它"在美国对近东的外交政策方面称王称霸"，以其雄厚的社会资力与人才促使美国政府对以色列的援助由 1962 年的 9340 万美元跃升为 1986 年的将近 38 亿美元，并曾几度迫使里根政府取消对沙特阿拉伯的军售。①

在欧洲，由环保主义者组成的欧洲第一个绿党——英国绿党，成立于 1973 年，本是限于推促环保运动的社会组织，后来与其他 28 个欧洲国家共 30 个绿党组成欧洲绿党联合会，政治影响日益扩大，"现在正在悄悄地成为主流政治力量"，在欧盟 15 国中的 12 个国家的政府中有绿党成员担任环保部部长甚至副总理。其已由非政府组织上升为参政组织了。②

在亚洲，非政府组织虽不如欧美发达，政治上受政府控制较严，但近年也有所突破。如 1998 年 10 月，印度尼西亚妇女组织、人权组织和志愿人员掀起浩大的抗议运动，抗议在印尼经济危机发生的骚乱中残暴妇女和华人的行为，迫使政府下令成立了妇女反暴力全国委员会和取消部分歧视华人的规定。③ 在韩国，过去在专制统治下，一些争民主争人权的非政府组织被政府称作"反政府组织"，但也正是这些组织发动的人民运动，把独裁者赶下了台，促使 1987 年政府向民主转型。过去曾受过专制政府迫害的新执政者，开始不把民间组织视为敌手，而将其当作同盟者，非政府组织从此有了较自由的生存空间，"韩国妇女争取民主姐妹会"、"经济正义公民联盟"以及"韩国环境保护行动联盟"等民间组织已成为全韩 NGO

---

① 《亲以色列压力集团的影响》，《费加罗报》1998 年 5 月 7 日；〔美〕海瑞克·史密斯：《权力游戏》，刘丹曦等译，时报文化出版企业有限公司，1991，第 202 页。

② 参见《一度激进的欧洲绿党在掌权后采取中间路线》、《欧洲绿党联合会》，转引自《参考消息》1999 年 3 月 4 日。

③ 《法制日报》1998 年 10 月 15 日、17 日。

的主力军。

在中国台湾，过去长期实行一党专政的独裁统治，其社会组织的"社会力"一直受控于台湾当局的"政治力"与"经济力"（后者指国民党对经济的垄断特权）。执政当局只强调社会组织对现行政治体制的支持与顺应，而不能接受其制衡与竞争。相反，却纵容乃至勾结民间黑社会势力这类消极的、破坏性的"社会力"。不过自 20 世纪 80 年代起，由一些社会组织发动的社会运动风起云涌，据台湾学者统计，这类运动有 17 种，如消费者保护运动、反污染救济运动、妇女运动、教师人权运动、政治受难者人权运动、劳工运动……其诉求大多是有关基本人权的，包括生存权、自由权、财产权、环境权、劳动权等。[①] 这些对推促台湾的政治转型起了很大作用。

3. 社会组织的文化权力

21 世纪，人类进入知识经济和信息革命的时代，物质与精神产品价值的增加，更多的是通过知识而不是物质生产来实现。早在 18 世纪，英国哲学家培根就指出"知识就是力量"。现代高科技文化知识成为一种特别的知识权力。起决定作用的不再是资本和企业规模的大小，而是其员工与组织所拥有的知识的创新。现代西方学者高德勒提出了"新阶级论"，即由新知识分子和科技精英组成的"文化资产阶级"的经济基础是"文化资产"，他们拥有"文化权力"。[②] 他们就是知识经济时代的"知本家"。其先进的高科技文化知识已不只是社会生产与生活的被动反映，也不只可转化为生产力，而还可以形成一种社会权力，具有调控乃至转变社会生活方式和影响国家行为的强大支配力。这种知识权力或文化权力将成为社会权力的核心。

一名美国学者认为，在信息网络时代，联网者与非联网者之间的差距将比现今的贫富差距更加大。世界正在迅速地演变成两种截然不同的文明：生活在电子网络世界内的一族人的文明和这之外的另一族人的文明。由于因特网几乎无所不包，几乎涵盖一切，它具有建立新的、包罗万象的另一个地球空间的效应。哈佛大学社会学家丹尼尔·贝尔在 20 多年前提

---

① 参见张晓春《中产阶级与社会运动》，载肖新煌主编《变迁中台湾社会的中产阶级》，巨流图书公司，1989。

② 参见肖新煌主编《变迁中台湾社会的中产阶级》，巨流图书公司，1989，第 245 页。

出，在即将到来的时代中，对通信服务设施的控制将成为权力之争的起因，而获得通信的手段将成为实现自由的一个条件。① 现在，能否进入强大的全球因特网，将决定你拥有多大的权力。

由于经济的网络化，飞速发展的数字信息浪潮将使经济运作模式发生革命性的变化，传统的企业主导型经济运作模式将被顾客主导型模式取代。单个顾客将引导商品开发，以满足顾客多样化、个性化的特定的需要。

网络经济、电子商务、生产和供应的指令自动化迅猛发展，面对瞬息万变的"信息飓风"，掌握高科技网络知识的企业组织乃至公民个人，在电脑上点击一下，就可能先机夺人，指挥一切，调动一切，刹那间成为亿万富翁，也可能倾家荡产。由于网络是开放性的，因此迅速建立网络的组织或个人能为世界确立标准，从而征服世界市场。一个谁都能自由进出的电脑空间，正在使整个社会成为一个对所有商品与服务进行自由交易的市场。正如美国麻省理工学院原教授沃马克所指出的，今后网络上的效率革命将波及社会所有领域。行政、服务、医疗等浪费严重的领域，也将出现成本和速度的革命。②

由于电脑将在家庭普及，知识型的劳动者将越来越多地成为个体劳动者，而不一定都涌向企业或事业组织。有人预计，到2050年，个体劳动者人数将超过企业就业人数。进入个体劳动者时代，现行法律体系与规章制度将不适用大多数人，政府的职能也将缩小。③ 个体的权利与权力将大增。特别是现在网上法制尚处于真空的时候，社会组织与个人在网上的自由度很大。人们可以自由地在网上发布新闻，发表言论，与网友神聊。因特网上的窗口，成了新的"电子民主墙"。公民个人可以利用其网络知识与技能，做政府权力不能或不便做的事。现在，美国已有8000万人上网，全世界有2亿网民。他们"实际上就是一个能共同行动的个人所组成的潜在网络，甚至连最强大的公司或政府组织的行动都能挫败"。④

如果说过去的民兵只是正规军的低级助手，那么在现代战争中，活跃

① 参见杰里米·里夫金《大肆渲染的合并的背后：超资本主义》，《洛杉矶时报》2000年1月13日。
② 参见日本经济新闻《网络资本主义的到来》，1999年8月11~13日。
③ 《即将到来的个体劳动者时代》，《南华早报》1999年8月22日。
④ 伦纳德：《我们总有邮件》，美国《新闻周刊》1999年9月20日。

在自己家庭电脑网络上的高科技公民，只需用鼠标在适当的位置上点击，就可以使敌方指挥系统陷入瘫痪或紊乱。凡此都显示出掌握网络高科技的个人直接参与政治乃至军事斗争的权力与能量。

与此相伴随的是，网络黑客、网络恐怖分子以及其他网络犯罪分子也十分活跃。他们是一些反社会分子、恐怖分子、间谍、窃贼、心怀不满的企业雇员以及无聊的好恶作剧的青少年。他们的权力（而不只是滥用权利）与能量十分巨大，防不胜防（如今年4、5月间出现的"I love you"的"爱虫"对全世界因特网的破坏）。专家认为，这些人"发动网络攻击并造成巨大破坏容易到了令人感到毛骨悚然的程度"。他们"只需坐在温暖的家中敲击几下键盘，就可以使全球范围内的电子商务经营活动陷入混乱"。① 这些都显示出社会文化权力的巨大破坏作用。

（三）超国家权力与国际社会权力

20世纪末，世界已开始走进经济全球化的新时代。德国外长金克尔撰文认为，"21世纪的挑战是全球化和多极世界"。他说：21世纪的世界将取决于大国和地区联合，各国不再能单独地实现和平、自由、安全和富裕；全球化时代里不再有世外桃源，谁与世隔绝，谁就会成为全球化的失败者。② 为了建立全球政治、经济新秩序，防止和克服全球化带来的种种消极后果，国际社会应当制定和遵守共同的游戏规则。于是，许多超国家的政府组织、经济组织和非政府组织日益积极地介入国际社会的共同事务，行使其超国家权力和国际社会权力。权力由此进一步实现多元化和国际社会化。

1. 全球化中的超国家权力

由于全球经济一体化的趋向逐渐形成，信息化社会、超时空的互联网的飞速发展，闭关自守的民族国家已难以立足于"地球村"，在国与国之间的政经关系之外，还有人类共同面临的全球问题。在国家及国家权力之外与之并行或居于其上的，还有各地区和世界性的国家联合或国家联盟组织及其超国家权力。如联合国之于其会员国、欧盟之于其成员国、独联体

---

① 《网络犯罪》，美国《新闻周刊》2000年2月23日。

② 克劳斯·金克尔：《历史永不停顿——全球化的挑战已代替冷战》，《法兰克福汇报》1998年8月26日。

之于其加盟国等。这些超国家组织通过协商制订共同的行为规则，或通过决定，运用其超国家权力，促使或迫使其成员国以及其他主权国家服从，或使它们受其控制，乃至对其他国家进行经济制裁或军事干预。从科索沃到东帝汶，从卢旺达到伊拉克，超国家权力都无所忌惮地挑战国家主权。联合国属下的国际刑事法院可以越过一国主权，直接逮捕和审判被指控为犯战争罪或种族屠杀罪、暴虐侵犯人权罪的一国将军、总统。欧盟的公民可以越过本国直接向欧盟的法院或议会投诉，表明其公民权可以不完全受本国国家权力的管辖。欧洲人权法院可以直接以英国政府"在法律上不完备"，"作为一个国家，没有积极采取措施保护少年不受非人道对待"为由，判令英国政府赔偿被继父毒打的少年 3 万英镑。①

不管是赞成还是反对，超国家权力与人权和国家主权之间的关系，都正在被重新界定。对于这些已然或将要成为现实的权力国际化、多元化的现象要如何评价，如何能既反对一国称霸全球，恣意干涉他国内政，又实现多极化和国际权力共享，加强国际合作，共同解决人类面临的迫切问题，是值得人们思考而不能回避的课题。

2. 全球化中的国际社会权力

超国家组织及其超国家权力日益强劲的同时，世界性的非政府组织也有很大发展。随着经济全球化发展，一个多元化的全球社会也初露端倪。非政府组织的活动已超出本国范围，向全世界扩展。那些致力于裁军、反核、保护生态环境的社会组织，只有动员国际社会的力量，才能达到目的。那些关注人权、妇女儿童、救济贫困人口的非政府组织，也自然要把他们的活动延伸到各发展中国家。据估计，现在大约有 3 万个非政府组织在世界范围内活动。早期的国际红十字会至今活跃于全世界，现今"医生无国界协会"负责处理世界性医疗卫生问题，"世界自然保护基金会"在20 世纪 90 年代已进入国际经济与政治的主流领城，世界人权组织"大赦国际"对各国人权问题进行广泛关注。许多国际非政府组织在推动制定国际禁雷公约、关注全球变暖、减免第三世界债务、帮助建立国际刑事法庭以及挫败 29 个主要工业国家制订全球投资的基本原则的企图等问题上，充

---

① 郭瑞璜编译《老子打儿，国家受罚》，参见《青年参考》1998 年 12 月 4 日。根据英国 1864 年的一部法律，体罚是合理的，英国法院据此宣判打儿子的继父无罪，该被打的少年上诉到设在法国斯特拉斯堡的欧洲人权法院，作出了如上终审判决。

分显示了国际社会权力的巨大能量。1999 年 WTO 在西雅图举行会议期间，有 700 个非政府组织的上万人参加了对抗会议的强大示威游行，迫使会议无结果而散。有些世界性非政府组织实力雄厚，如"大赦国际"的预算比联合国的人权观察组织的预算还多。即使规模很小，甚至只有两三个经济学家或社会学家，但他们有电脑，能熟练地利用因特网，就可以动员、调动和组织全球的社会力量。这些非政府组织正以其拥有的物质与精神资源所形成的影响力和支配力，即国际社会权力，干预世界性的公共事务。他们通过全球市场、跨国公司和全球通信，制订一些管理全球经济、环保和劳工等新的国际规则，试图取代那些已经过时的国家规范。联合国和一些国家在作决策的时候，都得与他们协商，听取他们的意见。他们"在全球管理中成了真正的第三支力量"[①]。

从以上内容可见，旧的单一的国家权力的概念，已经容纳不了 20 世纪末已经出现和 21 世纪将日益走向兴隆的国内、国际社会权力和超国家权力的现象。权力多元化、社会化将是不可逆转的历史潮流。

三 亚洲与中国的对策

面对经济市场化、全球化、全球信息化、网络化及由此而出现的权力多元化和社会化，长期相对落后于西方发达国家的亚洲各国应当有怎样的认识和采取怎样的对策，是摆在进入 21 世纪的亚洲各国的执政者和学者面前的一大课题。作为亚洲迅速崛起的"四小龙"之一的新加坡的总理吴作栋说得好："我们别无选择。世界正变得越来越小，新加坡未来要想在新经济、新世界中立于不败之地，就必须欣然接受世界文明。我们欢迎全球化和信息技术革命；我们知道，它们带来的机遇要高于使我们付出的代价。"[②]

投入经济全球化和权力多元化、社会化的巨潮中，是要付出一些代价的。掌握先机并具有强大经济实力，率先占领全球主导位置，为全球

---

① 参见《激进主义组织在全球机构中的影响力增加》，《参考消息》1999 年 12 月 8 日。

② 转引自希拉·麦克纳尔蒂《准备在更广阔的世界展开竞争——在数十年政府严格控制之后，国家日前正面临改革》，英国《金融时报》2000 年 3 月 28 日。

经济创立游戏规则的西方发达国家，得尽全球化的好处；发展中国家往往承受其不利后果。2000 年 4 月在华盛顿举行的世界银行与国际货币基金组织会议上发表的《世界发展指数》报告也承认，经济全球化中某些因素已使穷国受到损害。① 也基于此，这次会议又遭到数以万计的群众和 NGO 的示威抗议，迫使会议宣布减免穷国的债务。中国加入 WTO 有利于中国参与制订全球贸易规则，有利于加速中国改革开放，在企业、金融、法律等制度上与国际接轨。当然也会有得有失，但总的说来，得大于失。亚洲各国特别是中国如果置身全球化之外，就只会有失无得。

同样，权力的多元化、社会化也有其利弊。权力多元化意味着分散，也可能产生无政府主义。但较之国内的集权、专制统治和国际上的一极独霸世界，无疑要好得多。权力社会化也可能使社会失控，民间自发组织和社团良莠不齐。有些非政府组织受政府或财团的资助，也不都是清正的，可能逐渐异化为特殊利益集团的传声筒。至于黑社会组织、邪教组织、旧的宗族势力组织、种族歧视组织、恐怖主义组织等"民间"组织，是社会的恶势力，只起消极的破坏作用，应予取缔或限制。但总的说来，非政府组织的主流是好的，发展得好，可以成为社会秩序的共同维护者、社会利益的公平分配者、人民意志的协同形成者，将大大有利于为政府拾遗补阙，制衡国家权力和国际权力，有利于人类的进步事业，因此不能因噎废食。对社会组织及其社会权力的建设性或破坏性作用的调控，有赖于健全的法治的制导。而积极的建设性的社会组织的潜力的充分释放，也是遏制破坏性的社会组织的重要力量。

这里有必要对权力多元化与社会化的实质形成深入的认识。

（一）权力多元化是政治民主化的必然要求

不受制约的权力必然产生权力专横和腐败。所以没有分权就没有宪法和民主宪制。在亚洲，集权的专制统治历史很久，即使向民主政体转型的国家，也只限于国家权力内部的制衡。作为社会主体的人民群众被排除在这架密封的国家权力机器之外，很少有参政的权利与权力。随着市场经济

① 参见埃菲社华盛顿 2000 年 4 月 3 日电。该报告指出，经济发达国家每 1000 人拥有 300 台个人电脑，而在第三世界才 16 台。占世界人口 1/6 的工业化国家垄断了全球近 80% 的收入，而占世界人口 60% 的人的收入仅占世界收入的 6%。

的发展、社会多元化的形成，以及电子信息的突飞猛进，人民群众参与政治的需求与能力大大增强。因而20世纪90年代以来，亚洲有些国家的非政府组织开始兴旺活跃起来，逐渐成为制衡国家权力的一支力量。由此，国家权力已不是唯一的权力源泉与统治社会、治理国家的唯一权力。与之并行或作为其互补力量的，还有非政府组织的社会权力。国内权力的多元化，是伴随社会多元化与国家民主化而产生的。专制统治时代，国家权力压制社会权力。民主化时代，社会组织及其社会权力则可以在一定范围内与一定程度上制衡国家权力。许多不同群体的利益由不同的社会组织所代表。权力不只是集中于政府，而是部分地分配于相关的社会组织，从而社会权力可以抵御国家权力对社会主体的侵犯，还可反过来制导或左右国家权力。众多利益群体与社会组织和政府机构并存，社会权力与国家权力互补，是现代民主法治国家"多元化社会秩序"的特征。政府与社会组织之间的权力平衡与权力差距，决定于社会多元化与政治民主化的程度。

在中国，经过20多年的改革开放，在市场经济不断扩展和深化的情势下，国家权力向日益成长的民间社会让出地盘。国家权力内部的初步分权和权力下放以及初步向社会主体分权、还权，实行政企分开，将某些本由政府包办的社会事务与权能还归社会自主都有进展。但总的说来，权力一元化和"国家—社会"一体化的格局变动不大。社会组织的自主自治的权利和权力还多受限制，其拥有的有限社会资源所形成的社会权力及其对国家与社会的影响力，还远未充分发挥出来。其能量多用于支持与顺应国家权力；至于以之制衡国家权力，还只停留在学者的理论层面。

只有改革一元化的国家权力体制，顺应社会多元化的发展，鼓励有利于人民利益与社会进步的社会组织及其社会权力的能量的释放，才有可能建成现代化的民主法治国家。

（二）权力社会化是权力人民性的进步

权力社会化的实质还在于增强权力的人民性。在民主国家，国家的权力是人民赋予的。人民通过选举其受托人——人民的代表和政府官员，授权他们行使国家权力，为人民服务。因此国家权力本应具有广泛的民意基础。但毕竟受托人并不见得能充分地、忠实地体现人民的意志，因而有必要让民众直接参与政府决策，监督国家权力的行使，乃至直接行使某些权力，来管理国家事务、社会事务，在国家权力中增加人民性的"含金量"，并从人民委托出去的权力中，收回一部分归社会主体自己行使。由于民众是分为不同阶级、阶层、种族、民族和各种利益群体的，他们不同的意志与利益要通过他们所结成的社会组织来集中，并集合其成员和组织的资源，将公民个人的权利与能量和组织起来的协同力，转化为集体力量、集体权力，去影响政府和社会。这就是权力社会化的人民性的体现。

权力的社会化或社会权力存在与发展的主要意义在于，将集中国家或执政党的权力，部分地分配或还归于社会主体，还归于人民，使社会主体能有更多更有效的自主、自治、自律、自卫的权利和权力。

相对于国家权力而言，社会权力的存在和发展的作用在于以下三点。

（1）促进国家向社会分权，削减国家权力的运作范围，逐渐还权于民。

（2）促使国家权力运作的公开化。通过公民和社会组织的政治参与和社会权力的压力，使黑箱作业受到限制。

（3）以社会权力制衡国家权力，监督政府权力的行使，抵抗权力的专横，防止权力异化。

毋庸讳言，现今中国和其他部分亚洲国家，社会组织的人民性还有待加强，其半官方的附庸性还需加以淡化，以促其真正切实代表其成员的意志与利益，依法独立自主地开展有利于国家、社会和自身的活动。特别是要放宽政治与法律尺度，容许那些有益于社会、人群乃至全人类的非政府组织的创建和发展。其中尤应多制定体现公民宪法权利与自由的法律，如新闻法、社团法、出版法、保障学术研究与文化活动自由法、监督法等。这些立法旨在保障公民与社会组织的权利。对损害人民利益的行为也要加以法定限制，使个人自由与社会安全秩序取得相对平衡。但限制的目的仍在于保障公民权利与自由的顺利实现，同时也在于引导公民和社会组织依法开展活动，促使其社会权力依法正当行使，因此要依法取缔破坏性的非法组织。

就世界范围而言的权力社会化发展，正如联合国秘书长安南在他的"千年报告"中所说："全球事务已不再属于外交部的工作范畴，国家也不再是解决我们这个小星球上许多问题的唯一来源。各种不同的非国家行动者越来越具有影响力，它们已加入同国家决策者一起来制订新的治理世界之道。""民间社会组织已经为宣扬和捍卫全球性规范作出重要贡献。"他指出："尽管联合国是国家组成的组织，但《宪章》是以'我联合国人民'的名义制定的。"他提议把"民间社会"同联合国联系在一起，在召开"千年首脑大会"的同时，召开"千年人民大会"。①

（三）权力社会化是人类社会发展的必然归宿

国家作为凌驾于社会之上的统治力量，其历史迄今只有几千年。欧洲的民族国家的历史更短。它给人类带来文明，也带来祸患。在19—20世纪，国家曾和专制制度、殖民制度、帝国主义、法西斯的国家社会主义、大国沙文主义、霸权主义和各种战争灾难联系在一起，也同爱国主义、民族主义、民主主义、社会主义和革命战争结合在一起。国家至上、国家权力至上的国家主义权力观，是几乎涵盖所有国家的意识形态。

到20世纪末，国家主义权力观受到来自两方面的挑战：一是社会多元化导致国家权力多元化和社会化，社会权力的逐渐增强使国家权力不再是唯一必须绝对服从的权力；二是超国家权力和国际社会权力的兴起，在一定范围与限度内，可以影响乃至强制一国或多国的国家权力服从国际权力，促使或迫使一国的法制朝共同的国际规范接轨、趋同。

面对这种新的情势，作为发展中国家的亚洲各国尤其是中国，既要坚决反对霸权主义者操纵超国家权力与国际社会权力干涉他国内政；又不能闭关自守，固守排他性的国家主义权力观，置身于全球化潮流之外，自甘落后、挨打。多元化的社会也应是面向国际化的社会。中国和亚洲其他国家要联合起来，为建立一个多极化的世界政治、经济新秩序，抗衡单极的霸权，实现全球权力共享，作出自己的贡献。

民族国家本来只是人类共同体的一个历史阶段与特殊形态。人们不仅是某一国家的组成人员，也是国际社会的成员。权力的多元化、社会化，要求人们不仅具有权力的国家意识，还要有权力的社会意识和世界意识。法也不只是某一国家的统治阶级意志，还应该是社会公共意志的产物。

---

① 转引自王联《为万世开太平——评安南的"千年报告"及其联合国改革计划》，《南方周末》2000年5月5日。

　　从人类社会发展的远景看，凡是产生的东西最终也都必然是要灭亡的。国家作为脱离社会的"超自然怪胎"①与"寄生赘瘤"②，最终必将被送进人类的历史博物馆。那时国家消亡，国家权力也将逐渐退出历史舞台，取而代之的是社会共同体和社会权力。20世纪末非政府组织兴起，社会权力的影响力日益强盛，超国家的全球性政府组织和非政府组织及其国际社会权力快速发展，以及世界逐渐变"小"，人类同住在一个"地球村"里……所有这些，都是"国家"这个神圣不可动摇的神话受到挑战的征兆。

　　当然，国家消亡是一个漫长的历史过程，目前还只是一种理想和猜测。但国家逐步部分地还权于社会，权力趋于多元化与权力走向社会化，则已是无可否认的现实进程。面对上述这些已经出现的现象，面对21世纪必将大大发展的局势，我们可以有不同的认识与价值判断，也可以采取不同的对策。但是，中国和亚洲其他各国的执政者，以及我们法学者，都应当有觉悟、有远见地及早谋划。我们可以强调"亚洲的价值观"或"中国特色"，走自己的路，但我们决不能回避权力多元化、社会化和世界多极化的历史潮流，应当勇于接受挑战，大步革新政治，振兴经济，适应全球化的趋势，为建立实质的法治国家，促成民主的法治社会，加强国际合作，实现"大同法治世界"而努力奋斗。千载之机，机不可失，否则，就难以在"地球村"里做平等的"村民"，甚至在全球化的巨潮里失去"球籍"，更何谈"21世纪是中国和亚洲的世纪"？勉哉国人，勉哉亚洲各国！

---

① 《马克思恩格斯选集》第3卷，人民出版社，1995，第93页。
② 《马克思恩格斯全集》第26卷第3册，人民出版社，1974，第286页。

复仇与法律

——以《赵氏孤儿》为例[*]

苏　力^{**}

摘　要： 复仇是一种高度分散执行的社会制裁制度或控制机制，其诸多核心要素至今仍然是实践中的传统法律必须具有的。复仇制度的衰落最主要应归功于社会经济、政治的结构性变迁。在一个存在集中化公权力的社会，如果公权力不能有效地以公道的方式解决其内部的纠纷和冲突，或者受到不公甚或冤屈的人们无法通过这种公权力获得公道，那么复仇现象就仍然会出现。

关键词： 报复、复仇、《赵氏孤儿》、法社会学

一　问题、学术背景与材料

在人类历史上，在各个社会，复仇都曾普遍且长期存在。尽管今天复仇在许多国家已为法律禁止，但是以复仇为题材或主题的故事曾经且至今感动着一代代受众。在西方社会，从古希腊的《安提戈涅》、《阿伽门农》到莎士比亚的《哈姆雷特》，乃至近现代的《基督山伯爵》、《凯旋门》，都反映或涉猎了复仇主题。在中国，尽管最惊心动魄的复仇故事似乎都发生在先秦，著名的如伍员鞭尸、卧薪尝胆、荆轲刺秦、赵氏

---

　　*　本文原载于《法学研究》2005 年第 1 期。

　　**　苏力，北京大学法学院教授。

孤儿等，① 但诸如后世的武松血刃潘金莲为兄复仇的故事也一直在民间广为流传。即使现当代不时有作者在所谓新观念的指导下试图作点翻案文章，② 但对广大民众来说，这几乎毫无作用，武松仍然是民间的英雄。更令人诧异的是，随着时间的流逝而反观历史，即使"文化大革命"时期两部最著名的芭蕾舞剧《白毛女》和《红色娘子军》，如果除去其中的现代革命色彩，可以说主线仍然是复仇的故事。

复仇在文学作品中得到如此广泛、持久的呈现，必定有其深厚的人性基础和复杂的社会根源。如果没有稳定的人性基础，仅仅是社会的原因，复仇就不会在诸多不同社会中持续出现，乃至各国统治者长期的严刑峻法也难以彻底禁止，持久的意识形态宣传也难以改变。事实上，即使今天，司法制度的基础动力仍是人们的复仇本能，如果受害人或其亲人没有复仇意识，司法审判就很难启动，司法程序——即使有——也会完全不同；受害人或其亲人总是比一般人更愿意不计报酬地协助警方调查犯罪嫌疑人，要比一般证人更愿出庭作证，甚至要求法院施以重刑，由此才有了目前各国在这一层面上看大同小异的司法制度。③ 若从社会功能的角度来看，如果说今天的复仇少了，那也不是人们的复仇愿望减少了、弱化了，而是有了司法制度这个替代品，人们可以借此更有效地复仇。

这也就提出了复仇的社会因素。如果仅有人性的因素，没有社会的因素，复仇就不可能呈现出如此丰富多样的形态；我们也就很难解释为什么无论中外，似乎总是古代的复仇故事更激动人心，更令人肃然，更引人沉思。

本文并不打算仅仅一般地讨论复仇问题，而是试图将复仇作为一个法律问题，也许更准确地说，作为一个法学理论问题来讨论。

在现代中国社会，特别是在城市人尤其是在受过现代法律训练的法律人心目中，一般来说，复仇被视为违反法律的行为。在当代法学理论中，法律通常被界定为以国家强制力保证实施的普遍的社会规范，代表或至少

---

① 故事分别见于《史记》卷66《伍子胥列传第六》、卷41《越王勾践世家第十一》以及卷86《刺客列传第二十六》。

② 例如魏明伦《潘金莲：剧本和剧评》，生活·读书·新知三联书店，1988。

③ Richard A. Posner, "Retribution and Related Concepts of Punishment," in *Economics of Justice*, Harvard University Press, 1981, p. 213.

应当代表社会的正义；而复仇常常被认为是一种私人行为，最多也仅仅代表了复仇者个人心中的正义。在这种社会/个人的话语以及隐含在这套话语内的意识形态影响下，复仇被简单化打发了。尤其在强调依法治国的今天，似乎讨论复仇更不合时宜了。然而，本文将表明，尽管复仇常常是在国家制定法之外由受害人本人或与受害人有亲密关系的人对侵害者有意施加的迟到的惩罚，满足的是受害人或其亲人的情感需求，但复仇的意义和功能都是社会的；复仇实际是一种社会制度，是一种高度分散执行的社会的制裁制度或控制机制。因此，如果不是把法律等同于集中化使用的合法政治暴力，而是强调法律作为普遍规范的特点以及维护社会秩序的功能，完全可以视复仇为广义的法律制度的一部分。或者，即使坚持法律同国家权力的联系，我们也仍然可以通过考察复仇来重新理解法律的缘起。

本文将论证复仇制度的诸多核心要素至今仍然是实践中的传统法律[①]必须具有的。复仇并不像今天大多数人（包括绝大多数法学家）认为的那样，是野蛮、人类不文明的产物；恰恰相反，复仇，特别是制度化的复仇，其实是一种文明、理性的产物。在很长的历史时期内，人类的文明、理智越是发达，复仇越残酷；而就当时的历史语境而言，复仇制度的完善程度在一定层面上反映的是文明的发达程度。尽管今天复仇已大大减少，但这种变化与狭义的文明——无论是仁慈、善良、道德、人性、理性、启蒙、人权还是狭义的文化都无关，最主要应归功于社会经济、政治的结构性变迁。由于这种变迁，复仇失去了其原先具有的广泛且重要的社会功能，失去了其与当时社会的兼容性。在任何意义上，这些有关复仇问题的探讨都具有法学理论的意义。

本文的研究理论框架主要来源于波斯纳法官的两个关于复仇制度的重要研究以及制度经济学的理论框架，[②] 甚至从文学作品来研究复仇和法律

---

① 主要是刑法和民法，因此宪法、行政法、经济规制以及程序法除外。后者主要是同权力集中化行使相联系的，因此，在古代罗马就属于另一个范畴；在哈耶克看来，更多属于立法的范畴。参见 Friedrich A. Hayek, *Law, Legilation and liberty*, Vol. 1, University of Chicago Press, 1973。

② Richard A. Posner, "Retribution and Related Concepts of Punishment," in *Economics of Justice*, Harvard University Press, 1981, p. 213；同时参见该书第 6、7 章；以及 Richard Posner, "Revenge as Legal Prototype and literary Genre," in *Law and Literature*, Harvard University Press, 1998。

这一点也受到波斯纳的启发。但本文不是波斯纳复仇研究的"翻版"或重述，不仅我利用的材料是中国的，更重要的是我试图展示复仇制度在中国的衰落、中央集权的政治权力在中国兴起的历史逻辑，并分析考察与此联系的一系列微观制度和意识形态的变迁。许多法理学问题都是跨文化的，但是解决这些问题的手段或制度却会因各社会的条件不同而有很大不同。因此，研究中国传统社会中的复仇问题，最主要的是理解在中国传统社会条件下这个问题是如何处理的，并努力开掘其法理学的意蕴，换一种说法，即开掘法理学的"本土资源"。本文在一定程度上确实指出了中国古代复仇制度的一些特点，以及复仇在中国衰落的独特社会背景，与波斯纳借助古希腊悲剧所展示的理论逻辑有显著不同。①

本文主要借助的是中国元代的一部著名复仇戏剧，元代戏曲作家纪君祥的《赵氏孤儿大报仇》（以下简称《赵氏孤儿》），② 故事大致如下。

晋国大臣屠岸贾发动宫廷政变，谋害另一重臣赵盾，"将赵盾三百口满门良贱，诛尽杀绝"（第 1476 页）。赵盾子赵朔身为驸马，被逼自杀，临死前嘱咐有孕在身的公主："若是你添个女儿，更无话说；若是个小厮儿呵……待他长立成人，与俺父母雪冤报仇也。"（第 1477 页）公主果然生下一子，名为赵氏孤儿。屠岸贾得知，图谋"削草除根"。赵盾门人程婴偷偷将赵氏孤儿带出宫，隐藏起来。屠岸贾得知，要将国内半岁之下一月之上的婴儿均杀尽。程婴同赵盾的旧友、昔日宰相公孙杵臼商议保护赵氏孤儿。程婴将自己的刚出生的儿子伪作赵氏孤儿，交由公孙杵臼照看，然后程婴诈向屠岸贾告密。程婴之子和公孙杵臼因此身亡。真赵氏孤儿被屠岸贾收为养子，与程婴一起安全地活下来了。20 年后，赵氏孤儿长大成

---

① 依据波斯纳对《奥瑞斯提亚》三部曲包括《阿伽门农》、《奠酒人》和《复仇女神》的分析，在古希腊，复仇的废除，主要是因为严格的为亲人复仇的逻辑有时会导致自己对自己复仇。阿伽门农曾为特洛伊战争牺牲了自己的女儿；阿的妻子为女儿复仇谋杀了阿伽门农；他们的儿子奥雷斯特斯为父亲复仇又杀死了母亲；依据复仇的规则，奥雷斯特斯最后有义务为母亲对自己复仇。严格的复仇义务因此导致了一种无法解说的两难。最终在雅典娜的主持下在雅典成立了法院——意味着公权力的诞生——审理此案，宣布奥雷斯特斯无罪。见 Posner, *law and literature*, Harvard University Press, 1998, p.61。部分见《埃斯库罗斯悲剧集》，陈中梅译，辽宁教育出版社，1999，第 285 页以下。

② 《赵氏孤儿大报仇》，载臧懋循编《元曲选》第 4 册，中华书局，1958，1476 页以下。此后该书的引文页码均置于文中。元曲中另一部著名复仇戏剧是《说专诸伍员吹箫》，载臧懋循编《元曲选》第 2 册，中华书局，1958，第 647 页以下。

人，经程婴痛诉往事，并借助君主之令，赵氏孤儿发动兵变，同样杀了屠岸贾全家。赵氏家族恢复了其原先的社会地位。

该剧取材于春秋时期晋国发生的一件宫廷事变，[①] 在《史记》中，司马迁有过更为生动的文学化的描述。[②] 王国维称该剧"即列之于世界大悲剧中，亦无愧色"。[③] 欧洲启蒙运动时期该剧曾被翻译成多种西文介绍到西方，据说得到了西方当时许多思想家的喜爱。[④] 出于必须，本文偶尔也附带地讨论一下其他相关的复仇故事和事件。

不过，本文不仅仅关心这个故事，还关心司马迁和纪君祥各自如何讲述这个故事。我想考察作者所处的社会如何影响了作者对这个故事的理解和叙述，并进而影响受众对故事的理解；从中，我们有可能进一步理解复仇制度的微妙历史变化。由于戏剧更强调戏剧性，戏剧故事与历史记载自然会且应当有差别。但是，将《赵氏孤儿》同司马迁笔下的故事相比，除人物的名字、身份有些改动外，戏剧删除了许多生动细节，例如，公孙杵臼与程婴密谋的细节；赵氏孤儿复位后，程婴毅然自杀的情节。除了程婴以自己儿子替代赵氏孤儿（《史记》说的是"谋取他人婴儿"）这一点似乎强化了戏剧性，剧中主要人物程婴和公孙杵臼视死如归、大义凛然的性格已经有了很大改变，变得有太多的市民气息。该剧的另一个特点是更为道德化了，落入了奸臣当道、忠良受害，幸得义士相助，忠良后代最终得以雪冤报仇的民间故事的老套里。这种取舍和改编，从戏剧效果上看属败笔，从作品的美学效果上考察更令人费解，似乎只能感叹纪君祥太缺乏文学鉴赏力和戏剧感。但是，我将从社会政治法律制度的视角对此提出一种社会学的文学解说，或许能对研究文学作品的社会构成有所启示。

---

① 故事见《左传》宣公二年和成公八年，载古丘明《春秋左传》，顾馨、徐明校点，辽宁教育出版社，1997，第117以下、第150页以下。

② 《史记》卷43《赵世家第十三》，中华书局，1982，第1783页以下。

③ 王国维：《宋元戏曲史》，载干春松、孟彦弘编《王国维学术经典集》（上），江西人民出版社，1997，第282页以下。

④ 有关《赵氏孤儿》的对外翻译和传播，可参见王丽娜《元曲在国外》，特别是第1、2和9节，载《首届元曲国际学术研讨会论文集》，河北人民出版社，1994。文化传播中的这种接受也表明复仇作为一个问题是跨文化的，尽管对这个问题的具体回答往往具有强烈的地方性文化色彩。换言之，这将从另一个侧面支持下面将讨论的复仇基于人的生物学因素的观点。

二　报复和复仇

为了理解复仇的特点，我们首先考察一下一般意义上的报复。在本文中，我将报复界定为受侵犯的生物个体出于生物本能对侵犯者的抗争和反击。不用仔细观察，就可以发现报复在社会生活中广泛存在。当人们受到侵犯时，无论侵犯的是自己的身体、生命、财产、性伴侣还是后裔，甚至是其他不太大的利益，人都会很自然地有一种下意识的反应。除了情绪上表现出气愤，行动上就是惩罚侵犯者。最轻微的是拒绝同其交往，拒绝给予对方要求的援助；或者告知他人不同其交往，这实际上是社区内的"流放"；重一些的，则会以自己可能的力量反击侵犯者，使侵犯者痛苦、受伤甚至死亡。人类的这种激情是如此强烈，有时即使明知自己的力量不够，在旁观者看来，其反击完全是徒劳的，受侵犯者还是会不顾一切地"试图"给侵犯者造成痛苦或伤害；有时，旁观者会说这人"失去了理智"。

这种报复性反应，是生物学上的一种正常现象，是任何生物在自然界生存竞争中的基本需要和本能。任何物种个体没有这种本能，听任其他个体掠夺对于自己之生存或繁衍后代很重要的各类资源，结果或者是死亡，或者是该个体没有后裔，基因无法传递下去；而那些有这种本能的个体的基因不但会延续下去，而且可能增多起来，随着那些不具有这种本能的个体数量的减少或彻底出局，这一物种实际上也就改变了。事实上，在所有的动物中，我们都可以看到这种现象，民间有"兔子急了也咬人"的说法。尽管在人看来，有些确实只是"蜗角之争"，① 但对于蜗牛来说，这种"争"具有生死存亡的意义。这可以说是长期自然选择在所有存活的生物个体身上保留下来的一种生物本能。人类或多或少承载了这样的本能，尽管由于种种原因，我们的这种本能反应在今天也许已弱化了，或被有意淡化和压制了，或形式改变了。

复仇也是一种报复。自卫与复仇确有重大不同。前者一般是"被动"的，而后者往往是"主动"的；前者的主要目的是保存自己，后者则有意要伤害别人。我承认这些差别，也承认这些差别在某些话语分析系统中非

---

① 参见《庄子·杂篇·则阳》。

常重要（例如在现代刑法的"正当防卫"中）。但是，如果从行为主义和功能主义的视角来看，从基于生物学的分析话语系统来看，这种差别并不重要。它们同样是人们受到侵犯后的一种回应，其实际作用都是打击侵犯者，给对方施加某种痛苦，使对方不敢继续或不再侵犯，从而保存自己。用博弈论的话语来说，这都是一方博弈者对于不合作者作出的符合理性的反应。

与作为一般概念的自卫相比，复仇的最突出的外显特点是它的历时性，即先在的侵犯行为与后发的复仇行为之间没有时间上的直接联系。①从"君子报仇，十年不晚"这种说法的流行和普遍，甚至可以看出人们似乎有意强调和突出复仇行为的滞后特点。

为什么会有滞后？主要是理智的参与。如果仅仅为人的生物本能驱动，那么报复就会是当下的、即刻的，仅仅表现为自卫。这种反应不一定需要理智的参与，或主要不是理智盘算的产物，尽管这种本能反应仍然符合目的手段理性。但是，诸如赵氏孤儿这样的复仇，或者我们说某某人"报复心很强"，这种报复就不再仅仅是生物的本能反应了。尽管，最终说来，这种报复仍然为生物本能所驱动，其中却已经有很大成分的"文化"因素在起作用；并且，通常情况是，滞后的时间越久，理智参与的成分就越多。因此，在某些情况下，未尝不可以用时间间隔的长短来衡量理智参与的程度。

复仇的另一个特点是，它由复仇者有意施加，往往有——尽管并不必须有——细密的算计和安排。如果一个人无意中杀死了他的仇人，且不知晓，这至少不能算是完美的或典型的复仇；人们更多会视其为"报应"，是老天使然，"你撞在我枪口上了"。理想型的复仇，必须"让你（或让我）死个明白"。这就意味着，尽管有时间间隔，复仇仍然必须是对被复仇者先前的伤害行为——至少在复仇者看来是——作出的回应。这实际上有两方面的寓意：第一，至少原初的复仇不是出于道德或正义，尽管有可

① 许多读者可能会强调"惨烈"或严重后果是复仇的特点。尽管复仇常常非常惨烈，但惨烈未必是复仇的特点。人们习惯称冷战时期美苏两国都作好了核报复准备，而这种报复一旦发生将极为惨烈。称其为核报复主要是因为这是即刻作出的反应。但是，应当注意，这都只是语词的定义问题。对语词的习惯性使用和界定并不那么严格，并非非黑即白，在一定意义上甚至没有对错好坏高下之分，关键在于如何界定和试图传达什么意思。本文作者是在界定之后的学术意义上使用"报复"和"复仇"两个概念。

能符合流行的道德或正义观，而是出于个人的好恶；第二，复仇必须具有回应性和对称性（行动的对称，而不是严厉程度的对称）。否则，这个行动就不再是复仇，而会被视为新的侵犯。复仇的这两个特点，在一定程度上，后来都成为社会认可的道德和法律的最基本、最核心的要素，如校正正义、司法公平、公平交易等。

这些分析已足以说明，复仇不单纯是生物因素在起作用，并非兽性发作时的野蛮行为，而是有甚至主要是人文因素（理性）在起作用。这是因为，基于个体生物本能的冲动一般仅仅发生在当下；即使人有记忆，时间也会磨去一切，基于生物本能的报复激情会随着时光流淌而逐步减弱、消失。因此，在一些伤害问题上，甚至在一些当时看来无法容忍的伤害上，随着时光流逝，侵犯者与伤害者有时会发生"相逢一笑泯恩仇"的现象；典型的如，当了统帅的韩信没有因当年的"胯下之辱"而复仇。而之所以有"父仇子报"或类似《赵氏孤儿》中程婴的复仇，显然更多是"文化"在起作用，因为，个体所受的伤害无法传递给他人，因具体伤害而激发的具体个人的复仇心理和激情也不可能遗传，能够遗传的仅仅是人类一般的报复本能。如果没有程婴痛诉赵氏孤儿的家史，激发起赵氏孤儿的报复本能，我们很难想象赵氏孤儿会进行复仇。事实上，如果没有程婴，赵氏孤儿甚至根本就不会知道自己的身世。

同样表现了复仇中有文化因素起作用的是，赵氏孤儿对屠岸贾家族也采取灭绝杀尽的方式。这显然不能完全用报复本能这种生物因素来解说清楚，[1] 因为他消灭的是一些并不曾伤害自己或自己亲人的人。这种残酷性显然不是复仇本能所能回答的，而势必有社会文化的参与。

三 从报复到复仇，文明的发展

有文化因素的参与并不仅仅指在赵氏孤儿的复仇中程婴的痛诉家史，而且还指，甚至主要是指，复仇对于任何缺乏有效公权力防止和制裁侵犯行为的社会都有一种特定的功能，即满足了这些社会当时的需要。换言之，复仇对于社会秩序之维护，在当时的条件下，具有一定的积极作用。

---

① 其中还是可能有生物性的因素，即消灭一个群体的基因更可能有利于自己基因的流传。

在这个意义上，不仅复仇本身是一种文化现象，而且复仇对社会广义的文明发展也具有正面的、积极的意义。事实上，即使是纯生物本能驱动的报复也具有这种社会功能。例如，正是由于有这种功能，报复本能才得以通过适者生存在生物竞争中存留下来。

"天地不仁，以万物为刍狗。"① 自然从来不是道德的，或者说，是与道德无关的。从生物学上看，任何物种内部，各个体为了生存和繁衍后代总会进行竞争。竞争不必然意味着同类厮杀，但为了争夺生存空间和物品，利益冲突不可避免，各种侵犯或想象的侵犯也不可避免。② 由于食物对于个体生存具有重要意义，配偶对于生物基因遗传具有重要意义，生物基于本能都会为保护自己的食物或配偶而对掠夺者自卫或报复，以保证自己的生命基因延续下去。在这个意义上，各种生物的这种基于本能的反抗和抗争已经具有了超越个体生存的意义，具有"社会的"意义。它抵抗了生物的灭绝，保持了生物物种的多样性和丰富性，为其后包括人类在内的各种生物的进化创造了一种潜在的可能。

一旦所有存留下来的个体都具备这种报复的本能，在人类这个生物种群中，就实际上创造了一种和平的可能性。出于畏惧报复和报复带来的痛苦、受伤和/或死亡，只要有其他可能（机会成本），个人就不大敢或至少会大大减少侵犯他人。由此可能获得局部的或暂时的和平，创造一个相对稳定的社会生存环境。由于报复提高了通过侵犯获得生活必需品或配偶的成本，这也就迫使个人必须选择其他风险较低其实也是成本较低的方式来获得食物或财产或配偶；这就意味着人们必须在社会生活的其他方面努力寻求发展和相互竞争。因此，尽管报复本身是野蛮的、生物性的，但是，有了这种野蛮作为支撑，人们才可能实现一种博弈论意义上的合作（互不侵犯），迫使自己通过增大蛋糕的方式而不是用不断再分配蛋糕的方

---

① 《老子》章5。另外可参看霍姆斯的观点，"我也看不出有任何理由赋予人比其他万物更大的宇宙的重要性……"，"当人们冷静思考时，我感到没有理由赋予人一种与属于一只狒狒或一粒沙子根本不同的重要性"。参见 Richard Posner, ed., *The Essential Holmes, Selections from the Letters, Speech, Judicial Opinion, and other Writings of Oliver Wendell Holmes, Jr.*, University of Chicago Press, 1992, pp. 107 – 108。

② 我这里说的侵犯是广义的，是行为主义的。请看看 Edward O. Wilson, *Sociology, The New Synthesis*, Harvard University Press, 2000, especially Chapter 11。威尔逊使用的"侵犯"概念还包括诸如统治者对组织成员的管制、雄性动物对雌性动物的追逐和强迫、父母对子女的管教等。

式生活下去。这就使人类进入"文明"。这里的文明不仅仅指和平，还包括人们创造物质和精神财富、创造生产和生活资料的活动。在这个意义上，人类文明说到底是以暴力支撑，并同暴力相伴才得以产生、存在和发展的。

随着人类的理智和文化进一步发展，只要有侵犯行为，从报复本能必然会衍生出复仇，即一种事先预计好的、迟滞发生的但往往更有成功把握的报复。特别是考虑到下面这一点时，这种衍生就更可能也更有必要发生：在日常生活中，并不存在前面讨论时暗中假定的那种理想型的、无差别的个体。现实中存在的是一个个在年龄、性别、体力和智力上都有很大差别的个体。一个未成年的男孩子面对他人的侵犯，同样有生物性报复本能，但如果对手是身强力壮的中年男子，他的反抗就几乎毫无用处。在这种情况下，出于生物本能，他的第一选择更可能是求生，是逃避，放弃自己辛辛苦苦获得的那一点食物。

若仅这一次不抵抗，倒也没有什么大不了；问题只是，如果这个孩子总是采取这种不抵抗政策，不对侵犯作出有效反击，则可能引发更多的侵犯。强壮的中年男子下一次还会率由旧章，甚至会得寸进尺；甚至其他不那么强壮的男子，乃至任何其他人都会侵犯这个孩子，结果是他无法生存下去。在这种情况下，要想生存和安全，就必须有报复，必须有有效的复仇。为此，一些个体会忍受暂时的掠夺和屈辱，"尺蠖之曲，以求伸也"，作好充分的准备，一旦时机成熟，就进行有效的报复。算计、理智由此引入报复中来，出现了迟滞发生的报复——复仇。在这个意义上，复仇是一种由理智精加工出来的产品。如果不把文化等同于诗书风雅，而是把文化视为人们为保证自己生存或更好生存的一种精神活动产品，我们可以说，复仇本身就是一种文化。

理智的介入、文化的发展，并没有使报复变得文明，相反，变得更为惨烈，更为残酷。有效的报复不仅意味着要赶走对手，而且常常意味着，甚至必须消灭对方反报复的能力。换言之，这个男孩必须一次性地对该壮年男子予以致命打击，不给对方以任何还手的机会，不让对手有"尺蠖之曲"的可能。对于人类这个物种来说，这种"知识"是经历了无数次惨烈教训后才逐渐获得的，同样经历了适者生存的生物性选择，即更具这种本能和潜能，或更早理解这一点的，或更"狡猾"的，或报复更残酷的人得以生存下来，把这种经验或本能通过文化的方式或通过生物基因传给了后代。①
对于个体而言，若这一点是后天获得的，这种选择也就一定有理智的参与。

但是，从另一视角看，又正因为从本能的报复发展到了复仇，人们之间
发生激烈冲突的频率也有可能降低。理由如同前面的分析：畏惧报复，特别
是畏惧因文化发展而出现的复仇。因为当有理智参与报复时，体力就不再是
报复能否成功的唯一甚至是主要因素了，弱者打败强者的可能性反倒增大
了。在复仇的威胁下，人势必格外理智起来，必须小心谨慎，注重自我约
束，努力克制自己的冲动，尽量不侵犯他人或注意"不打无把握之仗，不打
无准备之仗"。人因此至少在许多时候会变得"礼貌"、文明起来。

一旦理智变成生存竞争的一个重要因素得以开发，人同样会在这一方
面努力展开竞争性开发，并必然带来许多副产品。在这个意义上，并仅仅
在这个意义上，理智和理性才变成了我们今天所说的、褒义的文明的推动
力。但是，即使如此，我们也不能忘记，这种文明实际上还是以报复为支
撑的；没有报复和复仇的威慑，就没有这种行为的文明和文化的发展。

四 残酷性的升级，群体问题

现实生活中的人都是而且必须在一个或大或小的群体中生活。一个人
的成长，必须有父母或至少是有母亲或其他人的多年照看，此后才可能独
自生活；个体要繁衍和养育后代，也必然会逐渐形成一个小的群体。人从
来不是独立发展起来的，基本都是在一个个分享了基因的亲属群体中生长
和发展起来的。由于分享了共同的基因，据生物学家的研究，人们同样会
由于适者生存的原因下意识地发展起一种有限的利他主义。② 一个个体不
但会保护自己，而且会保护那些分享自己基因（例如，父母亲保护孩子，

---

① "那些运用'战争手段'最有力的社会反倒成为——悲剧性地——最成功的社会"，请看 Edward O. Wilson, *On Human Nature*, Harvard University Press, 1978, pp. 116–117。注意，威尔逊谈的是社会，然而，尽管有这一分析单位的差异，道理却是相同的。

② 社会生物学家称之为包容性利他主义（inclusive altruism）和互惠性利他主义（reciprocal altruism），参见 Edward O. Wilson, *On Human Nature*, Harvard University Press, 1978, Chapter 7; Ernest Mayr, *This is Biology*, *The Science of the Living World*, Harvard University Press, 1997, especially Chapter 12；〔美〕麦特·里德雷《美德的起源：人类本能与协作的进化》，刘珩译，中央编译出版社，2004。

兄弟姐妹的互相帮助）和协助分享基因（例如，男子保护妻子）以及其他血缘关系比较亲近的人。基因分享或血缘关系可以说是初民们结为群体的主要的基石。① 由于群体的存在，群体内部也会进一步实行某种程度的社会分工合作，这促进了社会的发展。

群体的存在使复仇问题变得更为复杂。人类的生存竞争已不再停留在个体之间，而往往出现群体对群体的竞争。由于文化在且只能在群体生活中才得以传承，复仇也因此得到了更多的文化滋养，并因此具有了制度化的可能性和必要性，由于这些因素的介入，一方面，一旦发生侵略和复仇，其规模、残酷性以及时间长度都会升级；另一方面，这意味着和平共处的必要性和可能性也进一步增加了。

且不说"我"有意伤害了其他群体或部落中的某人。由于科学技术不发达，查证故意或非故意的信息费用很高，以及没有中立的和专业的机构裁断，直到近代之前，人类社会长期实行的基本都是严格责任，② 即侵害无论是出于过失还是故意，都必须承担"罪责"。在这种情况下，即使"我"的伤害行为是非故意的，受害者一方也还是会对我予以报复。即使"我"个人力量强大，身体强壮，也很机灵，能够逃脱受害者实施的报复或复仇，甚至可以在对方实施复仇之际将之击毙，但是，至少有几点使得群体中的"我"又比非群体中的"我"更容易受到伤害。

第一，"我"现在要面对的报复者已不再是单个的个体，而是受害者及其亲属所构成的一个群体。在众多人实施的复仇计划中，哪怕"我"个人的力量再大、智慧再高，也无法时时处处有效地进行自我保护。

第二，"我"现在也有亲人和亲属了，他们很容易受到伤害；"我"的群体或部落里的其他人也可能因"我"受到预谋的攻击。甚至，报复者为避免同"我"直接交手，或仅仅是为了增加"我"的痛苦，故意寻找"我"最弱小的亲人或者亲属下手。他们知道，杀死"我"的孩子可能比杀死"我"更令我痛苦。

第三，即使由于"我"所在部落人口相对较多，对方无从下手，"我"

---

① Adam Kuper, *The Chosen Primate*, *Human Nature and Culture Diversity*, Harvard University Press, 1994, pp. 209 – 210. 人类学家发现社会组织的另一个主要基石是地域。

② 参看 Holmes, *The Common Law*, Brown and Company, 1948。在中国古代强调的也是"杀人偿命"，元曲中对此也有反映。

和"我"的亲人因此在一段时间里得到了很好的保护，但文化和理性的介入，也会使"我"以及"我"的亲人感到更不安全。因为，受害人或其亲人未能实现的复仇欲望有可能通过群体传到下一代，由其后代来实施；就如同赵氏孤儿那样，等20年以后再实施复仇。这时，哪怕是屠岸贾知道赵氏孤儿的存在，注意防止复仇，他也不可能在20年间时时处处保持高度警惕，以保护好自己，保护好自己的亲人。

第四，这种文化和理智因素的参与，实际上创造了另一种新的惩罚。如果屠岸贾知道赵氏孤儿还活着，那么他这20年就会天天不得安宁。这不是一种传统意义的对于人类肉体的惩罚，而是一种无法逃避的精神上的惩罚。我们又一次看到理智和文化的因素对于惩罚之参与和强化；我们也看到，一个人的理智越发达，文化越发达，这种惩罚对他的威胁也会越强烈。[1]

面对群体生活中的可能，侵犯者可以有两个基本对策。一种是扩大侵犯规模，在《赵氏孤儿》一剧中表现为"将赵盾三百口满门良贱，诛尽杀绝"（第1476页），哪怕是刚出生的赵氏孤儿，也不放过。这就是通常所说的"斩草除根"。必须注意的是，虽然在《赵氏孤儿》中"斩草除根"可能是出于屠岸贾本人心狠手辣，但采取"斩草除根"策略的人却未必都心地残忍。从理论上看，"斩草除根"主要是针对古代普遍的社会组织制度——家族制——而发展起来的一种理性的行动策略，其根本目的不是多杀人，而是彻底有效地剥夺对方的复仇能力。事实上，今天的许多刑事案件中也会以不同的方式表现出这一点：通常所说的"杀人灭口"，其基本目的并不一定是杀人，而是要剥夺受害者诉诸法律进行复仇的能力。

面对侵犯的扩大和残酷性的增加，相应地，复仇一方也会作出更强烈的反应，甚至势必作出强烈的反应，也会采取灭族性的复仇，赵氏孤儿要"还他（屠岸贾）九族屠"（第1495页）。现代有些学者认为，赵氏孤儿的复仇太过分了；[2] 言外之意是，残害赵氏孤儿一家的仅仅是屠岸贾个人，

---

[1] 这一点在今天的许多案件中也有所表现，并且常常使用。有犯罪分子称，一听到警车响就坐卧不宁。至少有些罪犯首先是在这种巨大精神压力下自己崩溃了，情愿接受法律的惩罚，以求取逃离这种疏而不漏的恢恢天网。

[2] 这是顾学颉的《元人杂剧选》（1956）未收入《赵氏孤儿大报仇》的主要理由。请看顾学颉选注《元人杂剧选》，人民文学出版社，1998，"前言"第11页。

赵氏孤儿不应当还以其人之道。如果仔细分析起来，至少有三个因素要求或迫使赵氏孤儿必须将屠岸贾满门杀绝。

第一个因素就是屠氏家族中的人的复仇愿望和能力。在戏剧中，屠岸贾是一个迫害忠良的奸臣，因此受众很容易认定屠氏罪该万死。但如果从《史记》看，赵、屠两家的冲突更多的是一种权力之争，其背后甚至有晋景公（《赵氏孤儿》中为晋灵公）为维护自己的权力"借刀杀人"——削除宫廷重臣——的影子；司马迁对赵、屠两家恩恩怨怨的记载基本是中性的，没有对赵、屠两家的是非对错作出褒贬评价，笔下流露出来的更多的是对公孙杵臼和程婴的敬重。而如果赵、屠两家的屠杀是权力之争，或是晋景公指示了屠岸贾，那么屠家在道义上是有理由复仇的。

而且，就算屠岸贾真的是一个奸究小人，我们还要问，对谁来说，他是一个小人？对于其妻子、子女和家族来说，屠岸贾也许是伟丈夫，毕竟他曾给家人带来了安全和荣华富贵；而一旦屠岸贾被诛，所有这一切都会丧失。

前面说过，报复更多的是受生物性驱动，而并非什么为"道德"或"正义"所驱动。中国老百姓说，"杀父之仇，不共戴天"；在这句话中，父亲并不是一个社会正义的或道德的象征，只是点明了一种生物性的亲属关系。正是由于这些因素，赵氏孤儿完全应当且能够预见到，仅仅处死屠岸贾，屠氏家族未必不会出一个"屠氏孤儿"有待某一天对赵氏孤儿及其一家实施复仇。哪怕不是激情冲动，而是理性思考，作为凡夫俗子的赵氏孤儿也必须面对现实，为了自己和家人的安全，他必须将屠氏家族"斩草除根"。这里的分析并不是要为任何人或为残酷辩护，只是说，考察历史人物首先不能用我们的或今天的道德标准来判断其行为对错，首先注重的应当是理解他为什么那样做。

出于理智而进行的复仇必须足够残酷还有一个因素：惩罚必须具有相当的力度才具有震慑力。如果一个人偷窃了 500 元，只被罚款 50 元，这种惩罚就没有震慑力，无论对其本人还是对社会的其他人。许多当代法学家会觉得这个类比用在赵氏孤儿的例子中不合适。不合适是因为近代以来个体主义的罪责自负原则已经成了我们思考惩罚问题时无可置疑的公理；但是在历史上，在世界各国的普通人当中，在很长时期内都采取了家族主义或集团主义的责任制。个体主义以及相应的司法责任制在很大程度上是资本主义社会的一个创造。究竟什么是应当承担责任或过错的适当的基本单位，并不是一个自然的、物理的概念，而总是一定社会历史条件下的文化构建。① 如果赵氏孤儿的报复不足够强，仅仅惩罚屠岸贾一个人，也许在我们看来挺"人道"，但对屠氏家族来说，这事实上具有"牺牲一人，保存大家"的意义。这会对社会上其他家庭和家族产生非常不良的影响。这种复仇没有警示的意义，没有制止类似惨剧发生的威慑力，也没有保护家族亲人的威慑力。

复仇必须残酷的第三个因素是制度性的。一旦群体复仇的做法成为当时社会公认的公道做法，获得了"合法性"（legitimacy），成为一种要求人们严格遵循的制度，那么，赵氏孤儿就必须遵循这种做法。否则，他的行为就会失去合法性，他就是不按规矩办事，不是依法办事，而是在违"法"。

群体因素的介入，固然使侵略和复仇的残酷性和规模都升级了，但这并不是唯一的选择，另一种选择还是和平。面对现实，人们不得不更加理智，追求和平，追求同竞争者有最低限度的合作，即互不侵犯，力求相安无事。为了实现这一点，群体的首领不仅不能作出任何错误的或轻率的决策，而且需要在群体内贯彻严格的纪律和规则，甚至必须把强硬的制裁作为支撑来制止任何个体在外寻衅闹事或行为漫不经心。因为任何个人伤害了其他群体的成员，都有可能导致群体、家族或部落之间惨烈的复仇，甚至造成代代相继的血族复仇。有时，即使群体内部作了这种努力，还是难免会出意外，这时，为了避免大规模报复，为了避免群体内无辜者受到报复，肇事者所在群体甚至可能主动将肇事者交给受害者或其亲人处罚，或者将肇事者赶出群体，或者——当社会财富有剩余并且受害者愿意接受时——强迫肇事者作出赔偿。内部的惩罚纪律因此同外部的报复威慑一起促成了

① 在民间，哪怕是今天，人们也常常会说，"父母作了孽，儿孙遭报应"，这在象征意义上至少还隐含着对以家庭为责任单位的某种程度的认可。甚至，即使现代许多国家的官方责任理论上是个体主义的，但是只要看看现实，这种群体连带责任承担的情况仍然普遍存在，无论中外，也无论是在刑法中（法人犯罪，有组织犯罪），还是民法侵权规定中（连带责任），甚至在一些经济法中（反垄断）或国际法中（国际制裁）；或者事实上在某种程度上存在着连带责任的因素，例如父亲作为罪犯入狱，家庭收入减少，妻子和孩子实际生活水平降低，这也是间接地受到惩罚。另外，犯罪时的某个物理上的个体，有可能在惩罚时不视为一个个体，例如怀孕的妇女，哪怕仅仅是一个受精卵，只要可以发现，至少在现代社会都会被视为无辜的，要同其母亲区分开来。

一种更为广泛的和平。

从这种群体内部的组织纪律中我们看到了人类社会最早的公共权力的影子,甚或可以说是最早的行政司法制度的雏形。这一分析表明,法律制度并非理性设计的产物,而是从人们血淋淋的生活中产生出来的。人们要求的司法/正义,不过是人类自然的报复本能的另一种说法。

五　制度化的复仇:一种精制的文化

无论是社会历史的现实,还是现代的博弈论研究都表明,如果要确保对方合作,不搞机会主义,不心存逃脱惩罚的幻想,在多次博弈的前提下,博弈者的唯一最有效的战术就是针锋相对,对于任何不合作都予以坚决的惩罚,但不加大惩罚。[①] 用孔子的说法就是"以直报怨";[②] 《圣经》和《古兰经》中的说法是"以眼还眼,以牙还牙";[③] 用今天的法言法语说则是"罪刑相适应"、"一罪不两罚"。就自我保护或者维护和平而言,潜在的受侵犯者在这场博弈中可以选择的唯一真正有效制止和防止侵略的战略就是,令对方确信,如果他胆敢侵犯,受侵犯者将不作任何其他选择,只会不惜一切代价地予以报复,侵犯者必定将受到同样严厉的惩罚。一旦侵犯者认为自己可能通过某种手段逃脱报复,或是认为对方可能出于短期利益的算计而不会报复,或认为即使报复也不会那么严厉,即对侵犯者来说总体的收入大于总体的成本,那么侵犯者就更可能选择侵犯。因此保持和平的根本条件,用古人的话来说,就是"楚虽三户,亡秦必楚";

---

① 关于博弈论对此问题的一个著名的研究,请看 Robert M. Axelrod, *The Evolution of Cooperation*, Penguin Books, 1990; Thomas Schelling, *The Strategy of Conflict*, Harvard University Press, 1980。

② 《论语·宪问》34。值得注意的是,孔子不主张"以怨报怨",我认为,理由是,怨是情绪化的,在"以怨报怨"的推动下,报复很有可能超过必要的限度;正因如此,孔子主张的是"以直抱怨"。孔子的这一命题不仅是人类长期复仇经验的正确总结,与现代博弈论研究的结论相一致,而且,这也表明作为制度(社会规范)的复仇是一种理智的决定。

③ 《圣经·马太福音》5:38("你们听见有话说,以眼还眼,以牙还牙");《圣经·出埃及记》21:24—25("以眼还眼,以牙还牙,以手还手,以脚还脚,以烙还烙,以伤还伤,以打还打");《圣经·申命记》19:21("你眼不可顾惜,要以命偿命,以眼还眼,以牙还牙,以手还手,以脚还脚");《古兰经》5:45("我在其中为他们规定:以命抵命,以眼赔眼,以鼻割鼻,以耳偿耳,以牙还牙,一切伤都得抵偿")。

用毛主席的话来说，就是"人不犯我，我不犯人；人若犯我，我必犯人"：就是针锋相对。事实上，不少学者都指出，冷战时期美苏两霸能够保证长达40年的和平，很重要的一个原因就是双方都有而且都了解对方也有不顾一切实施核报复的决心。①

由此可见，在没有统一且强有力的公权力维持社会和平和秩序的历史条件下或某个具体社会环境中，复仇实际上变成了一种社会中最根本的制度。在这里，人们不仅在报复本能推动下自发地复仇，而且，为了保证社会内部的和平和秩序，必须强化这种复仇制度。所谓制度就意味着除极端情况外不允许破例。

人提出了对制度的要求，但是，人的生物本能本身并不足以建立制度。如前所述，报复的激情会随着时间流逝而淡化，任何人都不可能几十年如一日地在炽热的复仇激情中生活。当作为文化的复仇出现后，其本身就是对报复本能的一种限制和制约。

而且，由受伤害激发的报复本能往往限于受伤的生物个体，最多只能通过文化方式延伸到最亲近的一些亲属，而且无法遗传。因此，当一个群体的人口增多时，一方面，群体内的个体固然因群体增大而更为安全，但另一方面，群体内人们的血缘关系乃至包容性利他主义也因此淡薄了，即便是在该群体内部，为他人复仇的冲动也会大大衰微，人们会更多算计个人的或家庭的利益。这也意味着，仅仅依靠生物的复仇本能，已不可能保证群体内的人自愿且决意为他人复仇，进而这又意味着以确定的复仇保证的社会和平和安全将岌岌可危。因此，复仇需要制度化，需要成为一种义务。

为了满足这种制度的需求，中国古代社会中逐渐衍生出一系列辅助性实践和制度来强化和激励人们的报复冲动。例如，勾践的卧薪尝胆，置于这一分析框架中，就是一种通过不断自我刺激身体感官来唤起身体对痛苦的记忆，防止复仇激情随时间流逝而淡化的做法。② 尽管这种"身体的技术"被实践证明未必总是有效，实际上不久就被废弃了。③

---

① 例如 Posner, *Law and Literature*, Harvard University Press, 1998, p. 51。
② 《史记》卷41《越王勾践世家第十一》。
③ 证据是"卧薪尝胆"的做法在后代很少实践，这个故事或这种说法实际上转化为关于复仇的一种意识形态，甚至变得与复仇完全无关，而仅仅是"发愤图强"的同义词。

更重要的是诸如"杀父之仇，不共戴天"①、"君子报仇，十年不晚"②的说法，以及民间舆论乃至行政司法官吏对复仇者的高度同情和赞扬，③这些因素共同构建了赞美和鼓励复仇的社会意识形态。这些观念、说法和舆论从社会功能上看都是制度，④ 具有奖惩和指导社会行为的作用，其基本作用是消除或尽可能减少人的生物性复仇因素的不稳定性，防止复仇者的机会主义。在这个意义上，我们甚至可以说，司马迁在《史记》的《赵世家第十三》中对公孙杵臼和程婴的赞美，卧薪尝胆、伍员鞭尸等故事，以及后代一些赞美复仇的故事，包括《赵氏孤儿》一剧本身都既是当时社会有关复仇的意识形态的产物，⑤ 又反过来进一步强化了当时有关复仇的意识形态。

在所有这些支撑性或辅助性的复仇制度中，最具中国特色的可能就是赵氏孤儿故事中程婴和公孙杵臼身上反映出来的门人食客制度。据《史记》记载，公孙杵臼并不是什么朝廷旧臣，他与程婴均为赵氏孤儿之父赵朔的友人或门人。由于与赵盾一家没有血缘关系，当赵朔一家为屠岸贾满门抄斩时，他们得以脱身。而在所谓的赵氏孤儿大报仇中，真正计划、推动和实施这一报仇行为的人主要就是程婴和公孙杵臼，赵氏孤儿在这一过程中可以说仅仅是一个复仇的工具，是令复仇正当化的一个符号。《史记》中把程婴和公孙杵臼描绘得可谓义胆雄风、视死如归。

例如，当赵氏一家被杀时，公孙杵臼问程婴为什么不死，程婴回答："我想看一看公主生的是男孩还是女孩，如果是女孩，那时再死，也不算迟。"

在密谋如何保护赵氏孤儿逃过屠岸贾之搜寻时，公孙杵臼问程婴："死或为赵氏报仇，哪一件更难？"程婴说："为赵氏报仇更难。"公孙杵臼

---

① "父之仇，弗与共戴天"，见《礼记·曲礼上》，崔高维校点，辽宁教育出版社，1997；"父弑，子不复仇，非子也"，见公羊高《春秋公羊传》，顾馨、徐明校点，辽宁教育出版社，1997，第8页。

② 庄公四年曾讨论多少代可以复仇，认为"虽百世可也"。见公羊高《春秋公羊传》，顾馨、徐明校点，辽宁教育出版社，1997，第21页。

③ 瞿同祖：《中国法律与中国社会》，中华书局，1984，第77页以下。

④ 关于意识形态作为制度，见〔美〕道格拉斯·C. 诺斯《经济史上的结构和变革》，厉以平译，商务印书馆，1992。

⑤ 在《左传》中，赵氏家族被屠杀是由君臣矛盾和家庭内讧造成的，没有屠岸贾，也没有公孙杵臼和程婴。司马迁在其"创作"中显然凸显了复仇的意识形态。

接着说："那么就让我做容易的事，由你来承担更艰难的任务吧！"公孙杵臼凛然就义。

当协助赵氏孤儿复仇，恢复赵家地位后，程婴决意自杀，称"我之所以后死，是因为赵氏家族和公孙杵臼认为我能够完成任务，如我不死，他们会以为我没有完成任务"。随后，程婴毅然自杀。

这些被元曲《赵氏孤儿》省略的细节，不仅为这个复仇故事抹上了悲壮色彩，而且充分展示了程婴和公孙杵臼的人格魅力以及对于承诺的信守。这种"士为知己者死"、"一诺千金"的故事在春秋战国时代确实也比较普遍。《史记》中荆轲、高渐离、樊於期（均为复仇者）以及其他一些刺客游侠及相关人物（例如聂政及其姐姐聂嫈）身上都有这种壮士风格。[1]而这些故事在相当程度上都以复仇为中心。

这种为他人而不是为自己或亲人复仇的人物，在我阅读过的不多的西方文学作品中从来不曾见过，在我阅读的中国秦汉之后的历史和文学作品中也很少见。唯有在秦汉特别是在先秦的作品中，这种人物屡屡出现。这种现象，从本文提出的分析框架来看，实际上是附着于复仇制度的。

我仍然以赵氏孤儿的故事为例进行分析。当一个社会非常依赖血缘关系来自卫和复仇时，侵略者在侵略时就会非常注意"斩草除根"，剥夺对手的复仇能力。为了对付这种"斩草除根"的战略，为了保证复仇战略的有效实现，只要个人有财力，一些王公、贵族、权臣就很注意养士。因此，至少在春秋时期，出现了所谓的"急难索士"的现象。[2]史书上记载的齐桓公、齐庄公、鲁庄公、晋国的公卿栾盈、楚国的权臣白公胜、吴国贵族公子光都是其中突出的范例。[3]

通过养士，建立了更广泛的社会联系，形成了更大的利益群体，扩大了政治势力，在充满危机的政治权力角逐中，进可攻，退可守，有利于保证个人、家族和群体的安全。特别是在有危难时，在需要复仇时，这些士当中，只要有几个程婴、公孙杵臼式的人物，就可能帮助自己解脱危难，或者帮助家族完成复仇的使命。这不仅是一般意义上的扩大自己复仇能力的战略，更是一种有效隐藏自己复仇能力的战略。在这种情况下，潜在的侵犯者无法依

---

[1] 《史记》卷86《刺客列传第二十六》。

[2] "难必及子乎，盍亟索士"，见《国语·晋语五》。

[3] 参见陈山《中国武侠史》，生活·读书·新知三联书店上海分店，1992，第16页以下。

据本来很容易辨认的血缘关系的线索来"斩草除根"。要彻底消灭这样一种复仇可能性，侵犯者的信息费用会非常高，高得令"斩草除根"的战略无法实行。这是另一种"狡兔三窟"的战略，一种复仇的战略性储备。

这种战略到了战国时期，在一些大家族中可以说是发展到了顶点。① 当时著名的四公子——孟尝君、平原君、信陵君和春申君，分别是齐、赵、魏、楚国执掌大权的贵族公子，他们每人手下都有数千门人食客，其中都有少数深谋远虑、忠心耿耿甚至不惜"士为知己者死"② 的侠义之士。孟尝君门下的冯谖，平原君门下的毛遂，信陵君门下的侯嬴和朱亥以及春申君门下的朱英，都是著名的门客，留下了一系列广为传播乃至耳熟能详的动人故事。③

一些学者对这种现象的解释是，当时的"养士之风"是"贵族公卿的一种生活方式"。④ 这种解说不是完全没有道理，因为人们的行为确实在一定程度上会相互影响；但要追究起来，这种解说则不能成立，它只是停留在对现象的描述，是一种循环论证。它没有回答为什么这种风气在并仅仅在这一时期特别兴盛。而如果从与之相伴随的一些历史故事来看，门人食客制度更多的是王公权贵的一种进攻或自我保护的措施；如果仅仅从复仇的角度看，这种门人食客制度实际上是复仇制度的极端细致化和精制化。⑤赵氏孤儿的故事就是这样一个典型。

六 复仇制度的弱点和衰落

当复仇发展出这样一种精制的制度，并形成这样一种文化之际，无论是从分析逻辑上看，还是从历史史实上看，它都已经走到了或快走到

---

① "春秋之侠士刺客，犹限于贵族……战国之时……巨公大臣，亦以养士为风尚。"见齐思和《战国制度考》，载齐思和《中国史探研》，河北教育出版社，2000，第219—220 页。
② 《史记》卷86《刺客列传第二十六》。
③ 例如"狡兔三窟"（冯谖）、"毛遂自荐"（毛遂）、"信陵君救赵"（侯嬴、朱亥）的故事。
④ 齐思和：《战国制度考》，载齐思和《中国史探研》，河北教育出版社，2000；王齐：《中国古代的游侠》，商务印书馆国际有限公司，1997，第 8 页以下；陈山：《中国武侠史》，生活·读书·新知三联书店上海分店，1992，第 19 页。
⑤ 我并不认为门人食客制度的产生仅仅是由于复仇，而是说有这样一个因素；或者从功能上看，这一点不可忽视。当然，这还是一种"假说"，还需要进一步的证明和论证。齐思和就曾提到门人食客制度与复仇的联系，"或用之以复仇"，见齐思和《战国制度考》，载齐思和《中国史探研》，河北教育出版社，2000，第219 页。

尽头。

首先，门人食客等复仇制度措施已迫使侵犯者无法彻底排除对手的复仇可能；并且，即使事实上彻底消除了，侵犯者也无法确信自己的彻底。赵氏孤儿的故事本身就显示了，赵氏孤儿的血缘谱系并不是这一复仇中最重要的因素，他起到的仅仅是一个符号的作用，一个复仇的正当化的理由和根据。其中真正起作用的是程婴、公孙杵臼前赴后继、视死如归的复仇愿望和决心。面对这种情况，任何侵犯者都已无法诉诸其他反复仇措施来获得安全以及安全感；他势必要寻求另一种也许是第二等的最好选择——合作。这是通过无数的流血获得的一种经验。

复仇制度走到尽头的另一个因素是，复仇尽管对于复仇者来说"味道好极了"，但是对于社会来说，这种制度的社会成本实在太高。仅在赵氏孤儿的故事中，前后就有赵、屠两家六百多人牺牲了，几乎全部是无辜者。

成本高更表现为这种复仇制度对复仇者的文化品质和训练要求太高了。复仇本出自个体的生物本能，为了求生，但是发展到程婴、公孙杵臼这里，它已经彻底异化了，复仇本身变成了目的，完全违背了人的求生本能。问题还不在于异化，也许当时的社会就要求有这样的异化；事实上，每个接受了文化的人都可以说是异化的。因此，除了把异化作为一种意识形态，异化的概念并没有任何规范意义。在我看来，这里的关键在于，社会中究竟能有几个像程婴、公孙杵臼这样的人？① 有无可能以这样一些人支撑一种制度以及相应的意识形态？

只要简单分析一下司马迁笔下的公孙杵臼"请先死"就可以了。

表面看来，公孙杵臼"请先死"似乎是拈轻怕重，但其实恰恰主要是靠这一句话，司马迁才一字千金地刻画了公孙杵臼光彩照人的侠肝义胆和诚实信义。因为，如果仅就死和复仇两个任务而言，死亡确实容易一些，为赵氏复仇更难，但问题在于以下两点。首先，公孙杵臼提交的死亡是"现货"，而程婴所允诺的复仇是"期货"；现货和期货的兑现值是不同的。其次，公孙杵臼死后，程婴完全可以不兑现其复仇之承诺，

---

① 由此，就文学上讲，将《史记》中的故事同元杂剧《赵氏孤儿》会同分析是很有道理的。即使不考虑《史记》对《左传》的改编这一事实，仅仅就这个故事而言，也完全可以确认《史记》在某种程度上是一种文学创作。

因为不仅没有任何见证人证明这一契约之存在，更没有任何力量可以强制程婴履行自己的承诺。如果公孙杵臼不是对朋友绝对信任，若是他有丝毫其他想法，那他都完全可以"争挑重担"。所谓的"轻担"在这种条件下，实际分量更重。

这一细节不仅展示了公孙杵臼的高贵人格，还为后来展现程婴自尽时的壮美留下了伏笔。复仇成功后，程婴为履行自己的诺言，从容自尽。其实，即使他曾向公孙杵臼作出这种承诺，现在也无人知道，因此无须信守，何况他并不曾作出这样的明确承诺（至少《史记》没有这样写），而且如今赵氏孤儿还哀求他不要自杀。他的死仅仅是要兑现一个单方的承诺，仅仅是要给朋友一个交代，仅仅为了向世人证明自己当初之求生并非贪生，之所以不死并非怕死。这种人格实在是慷慨壮烈、惊心动魄！

但这种人实在是太少了！即使复仇意识形态的训练、教化可以产出这种人，也不可能大量产出，因为训练和教化也不可能从根本上改变人的生物本能。即使假定这种人格有基因的影响，那么携带了这种基因的人群，从生物进化上看也注定会逐渐减少；因为这种基因得以遗传的概率会因为携带这种基因的人太爱冒险而大大降低。而我们从上面的分析可以看出，没有这种人，这种制度就不可能持续下去。

第三个原因是复仇本身的残酷性、无节制性，特别是在古代人口流动很小的社区中，可能导致血族复仇、世代复仇，从而使发展广义的文明缺乏必要的前提条件。复仇的一般特点是由受害者本人或其近亲属执行。受害人带着复仇的激情，既是裁判者，又是执行者，他的复仇往往会超过我们今天认为应当具有的限度。除了对复仇对象可能有所怜悯，复仇者行动起来不受其他的节制。而一旦复仇超过限度，就必然导致对方的再复仇，特别是在复仇已经制度化的社会中。无节制或难以节制的复仇必然会导致血族复仇。此外，这种复仇制的残酷性还表现为无辜者的牺牲，例如屠岸贾家族的婴儿无辜死亡。这种制度可以说对所有希望安全的人都是不能忍受的，他们都会要求复仇制度的变革。

也正是这种痛苦经验，导致了复仇制度的改革和完善。其中影响深远的一条就是为许多法学家错误地同贝卡利亚联系起来的"罪刑法定"和"罪刑相适应"原则，即"以牙还牙，以眼还眼"的原则，也就是"杀人之父，人亦杀其父；杀人之兄，人亦杀其兄"①。这个原则实际是通过这种物理上的对称来严格限定复仇的对象和程度。同时，这也隐含了对血族复仇的限制，出现了"凡报仇雠者，书于士，杀之无罪"②的原则。由于这一原则的社会功用，复仇也因此得到了进一步的正当化和制度化。

第四个——也是最重要的——原因是，由于群体扩大，群体中产生了新的、就获取和平和安全而言成本更低因此更有效率的制度。复仇制度尽管有上述种种弱点，但如果没有新的更为有效的制度作为替代，复仇制度还是不大可能被废除。这个新制度就是保证复仇制度得以运行的群体内部的组织化、纪律化以及群体内部的制裁。

起初，群体扩大的好处之一就是对外的复仇制度的完善和精制化，同时有利于防止群体内部的冲突。但是随着群体越来越大，群体内部的亲缘关系越来越淡化，从生物本能上看，人们也就更缺乏为了他人进行报复的生物冲动。这时，如果没有强有力的内部机制，无法保证人们坚定不移地、前赴后继地、不计代价地实施这种复仇，复仇制度就有崩溃的危险。为了保证这个群体在必要的复仇时齐心合力、前赴后继地实施复仇，就需要一种内部的组织、动员和协调。此外，群体内部同样会有竞争，会有冲突和纠纷，甚至也会有复仇的冲动，都需要予以解决、协调和制止。最后，为了防止不测事件引发复仇，各个群体内也需要这样一个组织机构来强制执行内部的规则，加强内部的约束。正是在这些需求的推动下，群体内出现了公权力或准公权力的萌芽。

与此同时，群体扩大带来的内部和外部的和平，都方便、促成了社会生产力发展带来更多的剩余产品，使得社会有可能进一步分工，而分工带来的效率也会促使社会的文明进一步发展。这时以各种方式获得的剩余产品使得一个小型的公共机构成为可能，群体内部出现了一种新的集权的治理方式，即以内部的纪律、规则和制裁保证内部的和平。这种制度本来是作为支撑和保证复仇制度的辅助制度而出现的，但是一旦成型并随着群体的扩大，这种制度就显现得比复仇制度更为有效，更为安全，更能保证和平。尽管它还只是群体内部的制度，但由于其维系和平和秩序的效率，没

---

① 参见《孟子·尽心下》。孟子说此话更可能是对当时社会复仇的一种描述，而未必是一种规定。因此，可以推断，当时人们已经通过复仇的实践形成了这种复仇的规范或"文化"。
② 《周礼·秋官·朝士》。

有理由不能延伸、扩展开来，作为一种更为普遍的制度，替代原先分散化的个人或小群体的复仇制度。反客为主，李代桃僵，复仇制度的维护者变成了复仇制度的掘墓人。一种新的以中央集权的公权力为中心的治理制度就这样出现了。即使复仇制度仍然存在，但是从各个方面看，它都已不可能同这种新的中央集权的治理制度相抗衡。

事实上，到了春秋战国时期，这种状况已经显现出来，封建制已经开始为中央集权政体逐步取代，"国家"不断被兼并，中国政治权力的统一已经成为基本趋势。在这个意义上，赵氏孤儿的复仇可以说是复仇作为制度死亡前的一次大规模成功实践。复仇很快被禁止，至少不再像在春秋时期那样得到那么多的表彰和赞美。

主张公权力至上的法家从一开始就禁止复仇。商鞅变法中，一条重要的内容就是规定"为私斗者，各以轻重被刑大小"，目的是要使秦国国民"勇于公战，怯于私斗"。① 韩非子也认为"侠以武犯禁"，是国家"所以乱"的最根本的因素之一，因此必须由王权予以严厉打击和禁止。② 先前一直认同、赞美甚至倡导复仇的儒家③也逐渐开始修改其关于复仇的主张，增加了一些限定条件，"在儒家经典中，关于复仇的意见……越到后来，限制越渐增多"。④ 程婴和公孙杵臼这样的复仇人物，很快变成了"过气"的历史人物，从那些具有侠义精神的人中衍生出了专职的"侠客"，甚至出现了可以用金钱标价和购买的刺客和杀手。⑤ 秦始皇很快统一中国，不

① 《史记》卷68《商君列传第八》。
② 《韩非子·五蠹》。
③ "父之仇，弗与共戴天"，见《礼记·曲礼上》，崔高维校点，辽宁教育出版社，1997；"父弑，子不复仇，非子也"，见公羊高《春秋公羊传》，顾馨、徐明校点，辽宁教育出版社，1997，第8页。庄公四年曾讨论多少代可以复仇，认为"虽百世可也"，见公羊高《春秋公羊传》，顾馨、徐明校点，辽宁教育出版社，1997，第21页。
④ 张国华：《中国法律思想史新编》，北京大学出版社，1998，第195页。
⑤ 因此，不能简单地把公孙杵臼、程婴等同于后代的侠客，尽管他们的行为是侠义的。他们的主要身份还是"士"，是侠的先驱，他们为复仇也搞刺杀，但还不是供人购买或聘用的刺客。因此，司马迁不将公孙杵臼和程婴写入《游侠列传》和《刺客列传》是很有道理的。可参见王齐《中国古代的游侠》第2章和第5章，商务印书馆国际有限公司，1997。但这种发展又几乎是不可避免的。因为，表面看来，养士强调的是知遇之恩（"众人遇我，我故众人报之。……国士遇我，我故国士报之"），强调的似乎是精神，是"士为知己者死"，但是这里面实际上已经隐含了一种交易关系，尽管是一种非货币化的交易。这种非货币化的交易很容易流变为货币性的交易。

仅通过中央集权的暴力同私力复仇展开一种"服务"竞争,① 而且收缴民间武器,进一步从物质上剥夺了民间私人复仇的可能,并通过这种"不正当"竞争最终以垄断的方式提供"正义"。因国家公权力所不及而残余社会中的只能是"游侠"了。到了汉代之后,甚至职业游侠也很少了。②

舞台背景一旦更替,正剧就有可能变成闹剧,悲剧就有可能变成喜剧。此后,我们再也没有看到如同赵氏孤儿这样轰轰烈烈、可悲可泣的复仇故事了(而只有为亲人复仇的故事了)。③ 事实上,即使司马迁在《史记》的《游侠列传第六十四》中赞美了敢于以武犯禁的侠客"言必信,行必果",也首先认为他们的行为"不轨于正义"(正义在此当理解为国家的制定法或皇权);同时也已经把汉代的侠分为与"古布衣之侠"不尽相同的"匹夫之侠"、"闾巷之侠"、"乡曲之侠",并严厉谴责"乡曲之侠"。班固的《汉书》虽然还保留着《游侠传》,却称游侠"窃生杀之大权",基本态度已经改变。而班固之后的史书也不再为游侠立传了。④ 支撑复仇制度的那种正统意识形态已经彻底瓦解了。

不仅复仇这种社会现象以及与之相应的社会意识形态,甚至赵氏孤儿这个故事,也不合时宜了。它在司马迁笔下曾如此悲凉慷慨,为司马氏激赏,且得到赞美,⑤ 但在这种社会变迁后,也变得令后人难以理解了。赵氏孤儿复仇大约 500 年后,距司马迁仅仅 60 年(但已经历了汉武帝时期,

---

① "首先,国家用一组服务——我们可以称作保护和公正——来交换岁入。由于提供这些服务有规模经济,当有组织地专门从事这些服务时,所得到的社会总收入要高于社会上每个人保护其各自财产时所得到的社会总收入。其次,国家试图像一个有识别力的垄断者那样行动……最后,由于永远存在能提供同一组服务的潜在的竞争对手,国家是受其选民的机会成本制约的。竞争对手有其他国家,另外还有现存政治经济单位内可能成为统治者的个人。"〔美〕道格拉斯·C. 诺斯:《经济史上的结构和变迁》,厉以平译,商务印书馆,1992,第 24 页(个别字句引者作了调整)。

② 王齐:《中国古代的游侠》,商务印书馆国际有限公司,1997,第 3 页。

③ 晋朝干宝《搜神记》中收集或撰写的干将莫邪复仇故事也许是一个例外,但这个故事的背景仍然是春秋战国时代。

④ 陈平原:《文学史的形成与建构》,广西教育出版社,1998,第 201 页。

⑤ 由于赵氏孤儿的故事仅仅是《赵世家》中的一段历史,司马迁对赵氏孤儿没有发表意见,但是在《伍子胥列传》中,司马迁高度赞美了伍子胥的复仇("烈丈夫"),但仅仅局限于复仇,他根本没有考虑复仇的背景故事中的善恶是非:"怨毒之于人甚矣哉!王者尚不能行之于臣下,况同列乎!向令伍子胥从奢俱死,何异蝼蚁。弃小义,雪大耻,名垂于后世,悲夫!方子胥窘于江上,道乞食,志岂尝须臾忘郢邪?故隐忍就功名,非烈丈夫孰能致此哉?"

中央权力已经得到进一步加强），刘向在《新序》一书中虽然赞扬"程婴、公孙杵臼可谓信交厚士矣"，但也已经无法理解程婴在功成之后为什么一定要立志自杀，认为"婴之自杀下报，亦过矣"。①

在这个历史过程中，我们就可以理解，为什么到了元代，在一个人们早已遗忘复仇对于古人之意义的社会环境中，纪君祥会把这个故事改编成一个忠臣与奸臣斗争的故事，一个充满儒家道德意味的故事。② 最根本的原因也许是，只有这种忠臣的复仇，才是当时的大众文化能够接受的，才能与统治者以及占统治地位的政治法律意识形态兼容，③《赵氏孤儿》也才有可能登上舞台。④ 在剧中，纪君祥不仅没有让程婴自杀，而且塑造了一个相当庸俗、功利，时时提防他人、处处算计他人，因此有点令人反感的程婴。⑤ 元代的市民文化和政法意识形态已经深深地打在作者和民众对历史的理解上了。在这个意义上，纪君祥也许确实不是一个洞察人性的作家，但从另一个角度看，也许恰恰由这一点可以看出，纪君祥又是一个洞察当时世情和观众心理的作家。

七 复仇的消亡？

复仇作为一个制度已经崩溃，但是复仇的现象或事件并没有也从来没

---

① 刘向编著，赵仲邑注《新序详注》，中华书局，1999，第 229 页。

② 关于这一题材演变的介绍分析，可参看茅盾《关于历史和历史剧》，作家出版社，1962，第 80 页。关于这一题材的道德意味的发展，可参看陈中凡《从历史素材到〈赵氏孤儿〉杂剧》，《戏剧报》1961 年第 25 期；吴敢《〈赵氏孤儿〉故事的发展与流传》，载吴敢《曲海说山录》，文化艺术出版社，1996，第 1 页以下；周先慎《〈赵氏孤儿〉对历史素材的改造》，《文史知识》1992 年第 11 期。关于纪君祥把"文武不和"塑造为"忠奸矛盾"的技术分析，请看刘荫柏的《纪君祥〈赵氏孤儿〉及其影响》以及邓绍基、么书仪的《纪君祥的〈赵氏孤儿〉》，均集于张月中主编《元曲通融》，山西古籍出版社，1999，分别在第 2187 页以下、第 2189 页以下。二文都从中国传统的正义观对这种塑造表示了赞同。

③ 元代有"诸乱制词曲为讥议者流"的法律，见《元史·刑法四》。

④ 即使这一点，也随着后来的历史进程推进而不断发生变迁。我在其他论文中对此有更细致的讨论，《德主刑辅的政法制度》（未刊稿）。

⑤ 最典型地表现在，为了防止走漏风声，程婴对有关知情人——赵氏孤儿的母亲、私放程婴将赵氏孤儿带出宫的将军韩厥——的忠诚或坚定性都表现出极大的不信任，最后逼得他们只能当场自杀来明志；甚至，程婴怀疑公孙杵臼能否挺得住。纪君祥笔下的程婴与司马迁笔下的程婴形成了鲜明且强烈的反差。

有消亡，而且也不可能从社会中彻底消失。

赵氏孤儿的故事发生在一个已经有某种公权力的晋国之内，而并非发生在权力高度分散的初民社会。这涉及复仇发生的另一个社会因素，即在一个已经有集中化公权力的群体或社会或国家内部，如果这种公权力由于种种非人为的原因不能有效地深入民众之中，以公道的方式解决其内部成员的纠纷和冲突，或者由于人为把持的原因，受到不公甚或冤屈的人们无法诉诸这种公权力获得公道，那么复仇就仍然会出现。甚至，若当事人由于自身原因无法诉诸这种权力，其也会以复仇的方式追求其所认知的公道。在黑社会组织中，复仇往往更为普遍和残酷；在那些通奸不被认作犯罪的社会和特定群体中，就会有许多因配偶通奸而感到受伤害的人选择"自力救济"；即使在那些通奸被视为犯罪或违法的社会，也还是有人为了自己的名誉而选择"自力救济"而不是诉诸法院。仅仅出现一个作为符号的公权力还不足以自动且完全消除那种产生报复冲动的生物本能，人们放弃个人报复或复仇仅仅因为诉诸公权力有可能更为安全、更为便利、更为有效地满足自己的报复本能。

从这一维度看，《赵氏孤儿》隐含的就是这样一种复仇。在这里，并不是完全没有公权力，但是作为公权力之象征的晋灵公似乎无力或根本就不愿制裁屠岸贾，甚至屠杀赵盾家族的屠岸贾背后就有晋灵公的影子。①赵氏孤儿无法诉诸这个作为复仇制度之替代的公权力，他只能返回去寻求在我们看来更为原始的复仇制度。

如果从这个角度看，尽管秦汉以后复仇一直受到国家制定法的打压甚至严格禁止，但是"私自复仇的风气仍然很盛"，有关复仇的法理争论即

---

① 这一点，尽管没有明说，但在《史记》中可以看得比较清楚。赵氏家族世代为晋国要臣，同时又是国亲（赵朔是景公的姑父），举足轻重，一言九鼎，极有可能威胁晋景公的权力（事实上，此前赵盾就曾废立晋公；多年后赵氏家族也确实成为三家分晋中的一家），因此晋公完全有可能借屠岸贾之手甚至鼓励屠氏灭绝赵氏家族，否则无法理解晋景公在赵氏家族被屠杀后近20年不管不问，直到自己病重。而这时屠岸贾权力愈重，对晋景公的王权构成了一个新的潜在重大威胁，晋景公才考虑去屠岸贾，恢复赵氏家族的名誉地位。而这时赵家权势不大，已不足以对王权构成威胁。正是在这个意义上，赵氏孤儿的故事并非如同纪君祥笔下所表现的是一个忠奸善恶的斗争，而是一场权力斗争。由此，也就更可以看出复仇制度的弱点。

使在官府内也一直持续不休,① 原因就在于没有一个真正有效且强有力的公权力。

甚至,"文化大革命"时期的《白毛女》、《红色娘子军》的复仇故事以及新中国许多关于中国革命的故事,都可以说是属于《赵氏孤儿》类型的复仇故事。就白毛女而言,父亲自杀,自己被强奸,恋人大春被逼逃走;就大春而言,恋人被夺,被迫离乡;而这种冤屈竟没有一个地方可以说理,没有一个强有力的公权力来公道处理。很自然,他们发出了"我是舀不干的水,我是扑不灭的火,我不死,我要活,我要报仇"以及"千年仇要报,万年冤要申"的呼唤,并借助共产党、八路军的力量,实现了这种复仇。

《红色娘子军》的故事略有不同,其复仇主线更为单纯,却更为深刻。吴琼花的成长,用革命话语说,就是如何把个人的报仇同革命的事业联系起来的问题;用复仇的话语说,就是如何压制个人炙热的复仇愿望以保证群体的复仇行动成功,或在复仇问题上如何协调个人与群体之关系的问题。在这个意义上,这是一个复仇冲动受到文化约束而升华的故事,是一个强调制度性复仇的故事。但是,吴琼花的复仇同样产生于她没有地方伸张正义。

至于为什么无法获得正义,无论是白毛女还是吴琼花的故事,都涉及我在上面提到过的非人为和人为的两种原因。在传统中国,中央政府的实际统治力,由于国家财政力量和行政力量的局限,基本上无法深入白毛女生活的穷乡僻壤,更无法延伸到吴琼花生活的椰林边陲。在这个意义上,她们都生活在一个名义上有公权力提供正义但实际上无法接近这种司法/正义制度的社会中,因此,个人化的复仇势必发生。但是在另一种意义上,她们也可以说是生活在一种为强权者(黄世仁和南霸天)一手遮天把持了公权力的社会中,她们不可能相信司法的公正性。她们走投无路,也只能诉诸复仇。

因此,尽管作为一种制度的复仇已经随着历史过去了,但是,从《赵氏孤儿》以及像《白毛女》和《红色娘子军》这样的戏剧中,我们也可

---

① 参见瞿同祖《中国法律与中国社会》,中华书局,1984,第 75 页以下;张国华《中国法律思想史新编》,北京大学出版社,1998,第 196 页以下。

以看到一个统一、公正、为所有受伤害者可接近的司法公权力对于社会和平安定的重要性。如果这个条件不能满足，那么复仇事件就可能发生。即使在当代中国也完全可能发生。① 在这一层面上，赵氏孤儿的故事仍然提醒我们在当代中国加强法治的必要性和迫切性。

---

① 一个著名的例子就是，1979 年 9 月 29 日，受到各种诽谤诬蔑的新疆建设兵团石河子团女护士蒋爱珍，寻求公权力救济不得，报复杀人；1979 年 10 月《人民日报》刊载了题为《蒋爱珍为什么杀人?》的调查报告，在读者中引发了一场大讨论。读者普遍对蒋爱珍寄予同情，要求饶她不死。最后蒋爱珍被判 15 年有期徒刑。

自我救济的权利[*]

贺海仁[**]

摘 要： 权利救济是在权利被侵害后对权利的恢复、修复、补偿、赔偿或对侵权的矫正，它是一项实现权利的权利、争取权利的权利。权利救济是自我救济的权利，即权利人或权利主体对其权利的自我判断和自我实现的资格和能力。私力救济、公力救济和自力救济，是自我救济权利的三种外在表现形式。从自我救济权利出发，当代权利救济问题的实质是以自我救济权利为基点整合公力救济和自力救济。塑造合格的权利主体、倡导司法节制观和建构正义的社会结构有助于权利救济理论在中国的发展。

关键词： 权利救济、自我救济、法治社会

一 作为权利的救济

（一） 救济和权利救济

汉语中，"救济"一词通常具有救援、救治、救助或援助等含义，指对那些陷入困境的人实施物质意义上的帮助，以使受救济的人摆脱困境或

---

   * 本文原载于《法学研究》2005 年第 4 期。

  ** 贺海仁，发文时为中国社会科学院社会学研究所博士后研究人员，现为中国社会科学院法学研究所研究员。

暂时脱离险境,① 例如失业救济、救灾救济、急难救济、妇幼救济、医疗救济、社会救济等。从救济得以存在的基础来说,它们中有的基于法律的直接规定,有的基于人道主义原则,有的基于特定共同体长期共同生活所积淀下来的惯例或习俗。从救济存在的结构来说,它们都具有"救济者—被救济者"、"给付—接受"的基本要素。在权利、义务语词的最广泛意义上,即作为法定权利(义务)、道德权利(义务)或者习俗权利(义务),它们也可以成立"救济者的救济义务—被救济者的救济权利"这样的关系。

除上述含义外,"救济"一词还具有恢复、修复、补偿、赔偿、矫正等含义,例如司法救济、法律救济、公力救济等。这种意义上的救济,通常以某种权利的存在和被侵害为前提,是对权利的救济,即在权利被侵害后对权利的恢复、修复、补偿、赔偿或对侵权的矫正,故常称为权利救济。

权利救济是一种特殊的救济。其特殊性,首要表现在权利和救济的关联上:"权利和救济这样的普通词构成了对语……更准确的分析可以这样来表述:法律制度赋予特定关系中的当事人以两种权利和义务:第一与第二权利和义务,前者如取得所购买的货物和取得货物的价款,后者如强制对方交货,或强制对方就未交货一事给付赔款;或在另一方面,强制对方支付货物的价款或强制对方就拒收货物给予赔偿。虽然只有在第一权利未被自愿或被令人满意地满足的情况下,第二权利或救济权利才能发挥作用,但要求对方履行义务的权利,或要求对方就未履行义务或不适当履行义务给予救济的权利,却都是真正的法定权利。相应地,救济是一种纠正或减轻性质的权利,这种权利在可能的范围内会矫正由法律关系中的他方当事人违反义务行为造成的后果。"② 也就是说,首先,权利救济本身也是一项权利,是相对于实体权利的"第二权利",是矫正或补正权利的权利、实现权利的权利;其次,这种救济权针对的是违反义务的不正当行为,且

---

① 救济,指"用金钱或物资帮助灾区或生活困难的人",其复合词"救济费"、"救济粮"、"救济难民"等也是汉语中常用的词,参见中国社会科学院语言研究所词典编辑室编《现代汉语词典(汉英双语)》(2002年增补本),商务印书馆,2002。

② 〔英〕戴维·M. 沃克:《牛津法律大辞典》,北京社会与科技发展研究所组织翻译,光明日报出版社,1988,第764页。

该不正当行为已经造成对权利的侵害或损害；第三，这种救济权是法定权利，具有强制性。

上述关于权利救济的理解，主要是从其法律属性出发的，它解释了权利救济所具有的法律权利属性，明确了救济权相对于原权利的地位和功能。然而，这种理解还只是初步的，要揭示权利救济的性质，还必须结合权利理论对之进一步探讨。

（二）权利救济是自我救济的权利

对权利救济的现有研究，往往从功能主义救济观和权利保护救济观两种视角出发。前者主要从社会纠纷解决机制（例如诉讼、仲裁、调解等）方面给予技术和结构上的整合，[①] 后者主要在功能主义救济观基础上将对权利的保护明确为救济的目标。[②] 如果说功能主义救济观解决的是权利救济的合法性以及具有实证规范意义的分析价值，权利保护救济观则为这种工具意义上的救济理念和制度设计指明了方向。从这个意义上讲，"权利救济"作为一个专门的法学术语，包含了对权利进行救济和根据权利进行救济两个基本方面。前者是指为了维护和实现权利而进行的救济；后者是根据权利，而不是简单的慈善、秩序、治理、报应、功德等的救济，它"无需谋取，也不是奖赏"。[③] 由此，从权利角度理解权利救济概念，是一条必由路径。

从权利理论出发，本文认为，权利救济作为一种权利，是自我救济的权利，即权利人或权利主体对其权利的自我判断和自我实现的资格和能力。这不仅与上述权利救济作为一种权利的法律属性相关，更是基于权利的主体性和权利的完美性。

1. 权利的主体性和人的完整性

人的概念，在不同的学科中有不同的称谓，如哲学中的主体、法律中的

---

① 参见范愉《非诉讼纠纷解决机制研究》，中国人民大学出版社，2000；强世功编《调解、法制与现代性：中国调解制度研究》，中国法制出版社，2001；何兵《纠纷解决机制之重构》，《中外法学》2002 年第 1 期；〔美〕博西格诺等《法律之门》，邓子滨译，华夏出版社，2002，第 631 以下。

② 参见〔德〕鲁道夫·冯·耶林《为权利而斗争》，胡宝海译，载梁慧星主编《为权利而斗争——梁慧星先生主编之现代世界法学名著集》，中国法制出版社，2000；北京大学法学院人权研究中心编《司法公正与权利保障》，中国法制出版社，2001。

③ 〔美〕L. 亨金：《权利的时代》，信春鹰、吴玉章、李林译，知识出版社，1997，第 3 页。

人、社会学中的代理人和心理学中的自我等，它们都从不同的侧面表达了人的主体属性。在西方启蒙运动和自由主义权利观念的支配下，人获得了自主的、能动的自治性主体地位，以此摆脱中世纪神学观念的束缚和封建人身依附的桎梏，如同政治国家一样，人也获得了"主权"的权利。权利被视为个人主权范围的领地，他人不得干涉、干预和侵犯，似乎忽然之间在欧洲大陆出现了与它们的人口数量相对应的"堡垒"，一个人就是一个坚固的、牢不可破的"堡垒"。① 同时，获得解放的人被赋予理性的力量，人依靠理性不仅成为"衡量万物的尺度"，更重要的是，他成为自己的主人。康德的发言被认为具有经典性，他说："只有一种天赋的权利，即与生俱来的自由。自由是独立于别人的强制意志，而且根据普遍的法则，它能够和所有人的自由并存，它是每个人由于他的人性而具有的独一无二的、原生的、与生俱来的权利。……根据这种品质，通过权利的概念，他应当是他自己的主人。"② 权利的概念使人具备了做人的资格，这仅仅是因为人有了"天赋的权利"。"天赋的权利又可称为'内在地我的和你的'；因为外在的权利必然总是后得的。"③ 既然如此，人通过权利而具有主体性。"主体性（Subjektivität）是一个基本的概念，在一定意义上又是一个基础主义的概念。主体性保障的是自明性和肯定性……同时，主体性还具有一种普遍主义和个体主义的意义。任何一个人都要受到所有人的同等尊重。与此同时，他又是判断所有人各自的幸福要求的源泉和终极权威。"④ 从人到权利主体的转化，赋予人行动的自由和依据，保持了人的自主地位，是人的完整性的体现。对权利的任何形式的侵犯，都上升到对人的"内在性"的侵犯，是对人的完整性的破坏。⑤ 作为

---

① "起碉堡作用的权利"是雅赛对权利自由主义的概括，他说，"如果所有这些权利都是一个个的碉堡，既保障人们拥有他们所已经拥有的，又给他们保留好他们不如此就拥有不了的，那么，可以预言，随着时间的推移和人们眼界的开阔，社会注定要有越来越多的碉堡，碉堡后面，我们会有越来越多的特定的利益得到庇护"。参见〔英〕安东尼·德·雅赛《重申自由主义》，陈茅、徐力源、刘春瑞等译，中国社会科学出版社，1997，第 55 页。

② 〔德〕康德：《法的形而上学原理——权利的科学》，沈叔平译，商务印书馆，1991，第 50 页。

③ 〔德〕康德：《法的形而上学原理——权利的科学》，沈叔平译，商务印书馆，1991，第 49 页。

④ 〔德〕尤尔根·哈贝马斯：《后民族结构》，曹卫东译，上海人民出版社，2002，第 180 页。

⑤ 不过，"它并不意味着人权不能被剥夺，而是认为如果人的权利被剥夺，那么剩下的生命就不是完整的生命了"。参见〔英〕R. J. 文森特《人权与国际关系》，凌迪、黄列译，知识出版社，1998，第 14 页。

权利的救济总是与人的生存安全和生活质量的连续性状态相关联，这是对人的自身生命和生活持久的和不被外界中断、扭曲、破坏或毁灭的一种最低限度的生存保障方式。

2. 自我实现的自由和权利的完美性

权利救济的概念，如同自由的概念一样，是体现或表达权利实现问题的最有利的范畴。在黑格尔看来，人的主体性是通过人在精神上是自由的这一命题来完成的，即精神之所以自由而且能够自由，是因为精神依靠它自身存在和发展，而不会如同物质一样依附他物生存和发展。"'精神'的这种依靠自己的存在，就是自我意识——意识到自己的存在。意识中有两件事必须分别清楚：第一，我知道；第二，我知道什么。在自我意识里，这两者混合为一，因为'精神'知道它自己。它是自己的本性的判断，同时它又是一种自己回到自己，自己实现自己，自己造就自己，在本身潜伏的东西的一种活动。"① 因此，权利主体不仅意识到权利的存在，也使自己在权利遭到否定时有自我决定和自我实现的自由。在这个意义上，权利救济只不过是自我救济的外在的形式。换句话说，权利救济在本质上属于权利主体自我救济的自由。权利既然属于人或公民，救济主体也应当属于相应的人或公民，二者的内在统一性使救济成为权利的不可剥离的属性。由此看来，权利或救济的主体性原则是认知主体在权利的实践领域的自我意识、自我肯定和自我实现的指涉性概念，是权利主体和救济主体的同一性概念。权利主体与救济主体同一性原则表明权利主体和救济主体是权利在不同领域的再现，是在权利观念和权利实践领域的有机结合，体现了权利的完美性。当权利主体与救济主体处于不同的领域成为不同的或者并列的主体时，权利主体与救济主体的同一性便受到挑战，但这不意味着二者的有机状态的破坏，因为即使在权利主体与救济主体分离并且成为不同的主体时，如果救济主体不过是权利主体的另外表达，那一定意义上的有机状态也是可以成立的。真正使同一性原则遭到破坏的是，权利主体失去了恢复被否定的权利的自主权能。权利主体与救济主体的同一性不同于权利主体与义务主体的同一性。对于后者而言，权利主体对义务的承担可能恰恰是自主性的体现。而且，权利主体对义务的承担是他享有权利的条件，为

---

① 〔德〕黑格尔：《历史哲学》，王造时译，上海书店出版社，2001，第 17 页。

保障权利的实现提供了便利。

二 自我救济权利的三种形态

权利救济是自我救济的权利。从历史上看，自我救济主要有三种表现形态：首先是私力救济体现出权利救济的原初状态，其后有作为替代形式的公力救济，而自力救济的出现则是权利救济在更高层次上的历史回归。

（一）私力救济、公力救济和自力救济的概念

私力救济、公力救济和自力救济作为单独的概念早已存在于法律理论和实践当中。但是，它们究竟是来源于外文相应的翻译对语，还是汉语中的自有词语，有待进一步考察。在大陆法的概念中，法语中的 Justice privee、德语中的 Selbsthilfe，大致可翻译为私力救济或自助行为，后者与英文中的 Self-help① 的表达有相近之处。按照徐国栋先生的理解，在《学说汇纂》中只有 Remedium praetoris（裁判官的救济），该词大致与"公力救济"相当，但在古罗马时代，自力救济发达，公力救济疲软，前者作为常态，没有必要为它专立词语，所以自力救济是近代公力救济社会才有的一个词。② 不过，这仅仅是推测，尚需得到证实。

在学术界或法律实践中，对私力救济和公力救济的二元划分属于主流，至多在自助行为的定性和归属上仍存在一些分歧。例如，布莱克斯通就把权利救济分为司法救济和非司法救济两大类。司法救济主要是指诉诸司法的救济，被认为是最为有效和正当的救济，而非司法救济则被界定为一种超越司法或反常的救济（an extrajudicial or eccentrical remedy），其中包括自卫（the defense of one's self）、无暴力的取回或收回动产或不动产

---

① "自助的字面意思就是一个个体为自己而施行制裁的诸多努力。这一复合词也作为——尽管有些误导——传统的法律和社会学标签用来指由朋友、亲属、流言、治安队员以及其他非科层的第三方执行者施行的制裁。"参见〔美〕罗伯特·C. 埃里克森《无需法律的秩序——邻人如何解决纠纷》，苏力译，中国政法大学出版社，2003，第159页注21。

② 参见徐国栋先生对"私力救济"一词翻译的答复，http//law. xmu. edu. cn/romanlaw/sub6 - 1，htm。

（recaption）、自行消除或取缔妨碍（the abatement，or removal，of nuisances）、扣押财物（distraining cattle or goods for nonpayment of rent，or other duties）等。① 此外，人们往往混同使用自力救济和私力救济：或者将自力救济视为私力救济的组成部分，或者相反。其逻辑是，虽然私力救济是陈腐的落后的观念或行为，但私力救济的合理性一面不容抹杀。

权利救济的二分法过分强调私力（或自力）救济与公力救济之间的对立和差异，忽视了二者之间内在的历史关联，这使得对私力（或自力）救济合理性的研究常常陷入困境，造成不可调和的矛盾。把自力救济从私力救济的领域分离出来，并分别规定它们各自的属性和理论特征，有助于还原历史事物的本来面目。更为重要的是，不仅使自力救济作为一个相对独立的救济形态存在，而且使之成为与私力救济、公力救济相并列的权利救济形态，这既有助于加深对私力救济和公力救济的理解和认识，也可以在一定程度上扩展权利救济发展理论的视野。以下简述私力救济、公力救济和自力救济概念在本文中的应用，并以表格形式简要描述其各自的主要表现形式（具体参见表1至表3）。

（1）私力救济。在历史上，它有自初民社会延续至今的复仇作支撑，有中国传统社会中的侠客观念为表象；在政治哲学中，它有武装斗争、起义、革命等予以解说；在司法程序中，它有以程序正义为依托而以个体规则的形式出现的本人审判（在中国社会中，它可以以潜规则的面目出现）；在文化理论中，它有诸如温柔抵抗的大众文化和以全面否定现代性为标志的后现代主义提供根据以及在国际社会中频频出现的战争为表现；等等。

（2）公力救济。公共裁判机构所实施的几乎所有的解决冲突的方法，一般均可称为公力救济，如放逐、神法裁判、仲裁、行政裁决、司法判决等。此外，一种被称为自助行为的救济在内容上虽然属于私力救济，但由于受到法律制度的支持，而成为私力救济和公力救济最为典型的结合形式，如刑法中的正当防卫、紧急避险，国际法中的国家自卫以及民法领域的自助行为等。自助行为是特殊意义上的公力救济，它所适用的条件仅限于法律上的授权和特定情形。

---

① 参见 William Blackstone，*Commentaries on the Laws of England*，London，1809，pp. 1 – 16。

（3）自力救济。自力救济从积极和消极两个方面化解了社会生活中的冲突。从积极面看，有法庭内外的调解、和解、主动采取补救措施、积极履行义务、避免损失扩大等；从消极面看，有忍让、逃避、包容、宽恕等。

表1　私力救济的几种主要表现形式

消极的私力救济	积极的私力救济
逃避或迁移	报复或复仇
疏远	革命、起义或反叛
辞职	议论人或破坏财物
隐退	大众文化意义上的游击行为
自杀*	骚扰、嘲笑或非难
	发动战争

＊关于自杀的私力救济的形式参考了布莱克将其作为自我帮助的提法，参见〔美〕布莱克《社会学视野中的司法》，郭星华等译，法律出版社，2002，第82页。

表2　公力救济的几种主要表现形式

消极的公力救济	积极的公力救济
刑法中的正当防卫	诉讼、仲裁或神法裁判
刑法中的紧急避险	流放或放逐
国际法中的国家自卫	工会、政党或非政府组织的行动
民法中的自助行为	违宪审查
	正当程序
	法律援助
	联合国人权委员会的行动
	"京控"、"上访"、"议会监督官"
	社会保障机制

表3　自力救济的几种主要表现形式

消极的自力救济	积极的自力救济
放弃权利	调解
忍让	和解
宽容或饶恕	对话或商谈
决斗	当事人暂时搁置争议

（二）私力救济、公力救济和自力救济的辩证关系

私力救济、公力救济和自力救济这三种类型的划分与其说是定义的需要，毋宁说是一种历史的社会事实。私力救济的显著标志是，权利主体将自己或自己认可的标准作为判断案件是非曲直的标准，它或许恰好是公共规则的一部分或者为公共规则所承认，但这种契合仍然是偶然的、任意的产物，并不能改变其私力救济的性质。私力救济不能简单地与基于私利目的的救济、私下行为的救济画等号。在追求实体正义的过程中，私力救济的权利主体更多地体现在对案件是非曲直的自我判断基础上。权利主体依照自己的意志和规则在案件中分配权利义务，人人是自己案件的法官，它追求的是个人化正义。"所谓个人化正义是指解决纠纷具有下列三种特别风格中的一种或全部。首先是，纠纷之解决是根据法官个人在案件中的利害关系，例如是父亲、投资者或者其他有利害关系的一方（顺便说一句，这就是复仇正义的特点之一）。其次，纠纷解决是按照争议双方的个性、身份、外貌或其他个人特点进行的，而不是按照他们诉讼本身的（非个人化的）优劣进行的。第三，得出的是实质正义而不是形式正义；即以一种看来对案件特点最佳的方式，而不是运用一般规则来解决纠纷。"① 为此，私力救济也出现在公共裁判机构存在的场合中。如果作为"他者"的裁判者受制于一方权利主体，并且将一方权利主体的判断标准作为处理案件的标准，那么，这仍然是私力救济的形态。当然，这与作为"他者"的裁判者依照公共规则、经过审慎判断后采纳了一方权利救济的主张是有区别的。应当注意的是，私力救济是权利救济形态中的一个概念，因此，私力救济首先应当以权利或人权为预设，并且这样的权利或人权遭到了事实上的侵犯。这种预设的重要性在于，私力救济尽管常常体现出铁与血的"力量的逻辑"，却与需要克服的任何形式的侵犯行为相区别，当行为不是以救济为目的，或者说，不是以恢复自己的应得或应有为目标的，就应将其排斥在私力救济的范围之外。私力救济的概念不承认人类生物圈内的弱肉强食的法则。在这一前提下，我们从语义上分析私力救济的基本含义才不至于引起误解。

---

① 〔美〕理查德·A. 波斯纳：《法理学问题》，苏力译，中国政法大学出版社，2002，第397页。

公力救济是在否弃私力救济的基础上产生的由公共规则支配的制度性救济。在西方法学理论中，自然法学家的社会契约理论神化了这一点。①历史实践表明，私力救济逐渐退出历史舞台是由残酷的人类生存和斗争的现实决定的，而不是什么哲学思维演绎和理论所预设的结果。②庞德坚持认为，对私力救济的限制是包括了救济制度在内的法律目的的发展规律，他说："尽管对个人的侵犯影响了一般安全中的社会利益，但是人们在法律秩序初始阶段极感兴趣的方面却肯定是这样一种局面，即血亲组织社会中对个人的这种侵犯会引发私斗或械斗。因此，当时法律秩序的首要问题乃是缩小自行救助的范围和限制自行矫正。最终，法律秩序可以用和平的救济措施取代私人的自行矫正方式。"③从私力救济走向公力救济，使权利救济的结构发生了重大转变。当人的自然权利被否定或受到损害时，人应当能够通过一个权威的公共裁判机构获得救济，而那种具有私力性质的自助式救济则被否定。不过，这种否定不是对私力救济的简单抛弃，而是它的替代形式，是一种新型的自我救济。因为，不论是自己行使私力救济权还是委托他人或一个机构行使，都是为了使自己被否定的权利得到公平的救济。公力救济的标志是设立公共裁判机构，该机构应当根据法律对人们之间的冲突进行裁决。此外，不论是自愿的（社会契约）还是被迫的（社会矛盾不可调和）之前设，权利主体与救济主体在事实上都产生了分离，救济主体也被赋予新的力量，这种力量就是权力。因此，权力的出发点是对权利实施必要的救济，当权力失去它的这种目标时，权力就成为新的侵权形式。当然，由权力造成的对权利的侵害需要采取新的救济形式。

---

① "我也可以承认，公民政府是针对自然状态的种种不方便情况而设置的正当救济办法。人们充当自己案件的裁判者，这方面的不利之处确实很大，因为我们很容易设想，一个加害自己兄弟的不义之徒就不会那样有正义感宣告自己有罪。"参见〔英〕洛克《政府论》（下篇），叶启芳、瞿菊农译，商务印书馆，1964，第10页。
② "国家是表示：这个社会陷入了不可解决的自我矛盾，分裂为不可调和的对立面而又无力摆脱这些对立面。而为了使这些对立面，这些经济利益互相冲突的阶级，不致在无谓的斗争中把自己和社会消灭，就需要有一种表面上驾于社会之上的力量，这种力量应当抑制冲突，把冲突保持在'秩序'的范围以内；这种……力量，就是国家。"见恩格斯《家庭、私有制和国家的起源》，载《马克思恩格斯选集》第4卷，人民出版社，1972，第166页。
③ 〔美〕罗斯科·庞德：《法理学》（第1卷），邓正来译，中国政法大学出版社，2004，第376页。

　　自力救济既不依赖于权利主体一方的规则和行为，也摆脱了"他者"的中间环节，径直在权利主体之间确立冲突的规则。这是一种试图调和程序正义和实体正义的努力，形成的是一种共同的正义。自力救济并不排除专业代理，事实上，在社会分工理论的指导下，专业代理广泛地存在于各种形式的自力救济形式中。这表明，在自力救济的当事人之间不是没有其他的主体存在，只不过其他的主体必须成为自力救济的一方权利主体的组成部分，而不是凌驾于一方或双方当事人之上的"他者"。私力救济因为常常强调个体正义或结果的实体正义而被否弃，与此相反，公力救济（特别是司法救济）则因其程序形式主义而受到严厉的谴责。恢复私力救济，是一种历史倒退，因为主张实体正义的路径不必以牺牲法治的公共规则为前提；继续把守现代的、以司法救济为中心的权利救济制度，则是保守主义在这一领域的体现。需要复兴自力救济，当然，复兴不是简单地向以往历史的复归，而是在更高水准上达到辩证的综合。复兴是一项重建的事业，"是把一种理论拆开，用新的形式重新加以组合，以便更好地达到这种理论所确定的目标"。① 在此，不妨把私力救济理论和公力救济理论拆开，用新的形式将权利救济重新组合。我们认为，自力救济理论便是这样一种组合后的新形式，其目标是使权利主体既成为解决冲突的规则的制定者，又成为执行者。权利救济的三种类型的比较见表4。

表4　权利救济的三种类型

	私力救济	公力救济	自力救济
社会状态	非常态	非常态	常态
来源	个体意志	公共意志	共同意志
根据	个体规则	公共规则	共同规则
目标	实体正义	程序正义	共同正义

　　如果说私力救济是一反命题，为负；那么公力救济就是正命题，为正；自力救济则是对这两个命题的综合，应为合。这种黑格尔式的视角有助于把握权利救济的历史性以及渊源，有助于确立权利救济理论体系，而

---

① 〔德〕尤尔根·哈贝马斯：《重建历史唯物主义》，郭官义译，社会科学文献出版社，2000，第3页。

一旦这一体系显示出其基本轮廓，再从体系的角度去看待这些概念，那么，这些概念就会在不失其基本含义的同时又具有新意。①

三　没有司法的法治社会：从公力救济到自力救济

公力救济取代私力救济，并没有否定私力救济本身所蕴含的自我救济的权利，毋宁说探究如何发展自我救济的权利是公力救济出现的历史原因。公力救济在如何体现自我救济的权利上，采纳了与私力救济不同的全新理论和制度。在近现代西方，它们是社会契约论或人民主权论支持下的议会制度、三权分立制度及其法治、司法规则。如果这些原理、制度和规则能够忠实地执行它们的固定路线而不偏离轨道，并且一以贯之地履行替代私力救济时的誓言和承诺，换句话说，在实现人的自我救济权利方面，它们是当之无愧的代表和完美形式，那么，自我救济的权利是依然保存于权利主体自身，还是部分保留部分委托或全部委托出去，就成为无关紧要的枝节问题了。自力救济理论否定了公力救济特别是司法救济中的绝对形式主义，打破了公力救济的完美性，要求公力救济检讨、修正、改良、改革它的行为法则和工具性理念，因此在强化而不是否定公力救济应体现自我救济权利方面，自力救济理论与当前司法改革或改革司法的主张是一致的。然而，如果公力救济已蜕变为法兰克福学派所批判的工具理性，如果人们潜在自觉或不自觉地因为完全依赖于公力救济（特别是司法救济）而丧失了自我救济的精神，自力救济理论就需要与现代意义上的司法改革或改革司法论决裂，在始终把握自我救济权利的轨道上，冲出公力救济的铁牢，为权利救济的未来寻找新的出路。

由于司法救济是公力救济的主要表现形式，自力救济与公力救济的关系，可以求证于自力救济与司法救济的关系。对司法的功能（哪怕是最为基本的功能），如果不从强制性角度去认识和解读，而仅仅强调它在程序中的正义性质或实体上分配权利义务的妥当性，就看不到蛰伏于司法背后

---

① 艾兰指出："概念一旦系统化，便发展为具有别的层次的意义与蕴涵的抽象概念。"参见〔美〕艾兰《水之道与德之端——中国早期哲学思想的本喻》，张海晏译，上海人民出版社，2002，第25页。

的暴力力量。现代社会的法治理论是近现代自由主义理论的产物，即使是最为纯粹的自由观，也无法不为"最低限度的强制"赋予必要的地位。哈耶克认为自由是"人的一种状态"，"在此状态中，一些人对另一些人所施以的强制（coercion），在社会中被减至最小可能之限度"。① 显然，强制对于自由而言是必要的，只是"一个政府为了达致上述目的而必须使用的强制，应减至最小限度，而且应通过众所周知的一般性规则对其加以限制的方法而尽可能地减少这种强制的危害，以致于在大多数情势中，个人永不致遭受强制，除非他已然将自己置于他知道会被强制的境况之中。甚至在必须采取强制的场合，也应当通过把强制限制于有限的并可预见的职责范围，或者至少通过使强制独立于他人的专断意志，而使它不致造成它本具有的最具危害的影响"。② 上述论断是哈耶克在极其谨慎的情况下作出的。他一方面阐述了自由的基本要素，另一方面使用了本身无法明确的诸多限制词，例如"必须使用"、"最小限度"、"众所周知"、"一般性规则"、"尽可能地"、"有限的"、"可预见的"等。

　　然而，尽管司法强制是被规制的强制，但它也是一种暴力，就其结果而言，它与其他类型的暴力并无二致。私力救济行为中所使用的暴力是显而易见的，只是由于它在公力救济社会中的"非法"性质而遭到否定。司法救济的暴力性表现在它的合法层面上，这一切都是由于国家垄断了暴力的权力而具有了正当性。韦伯说："国家是这样一个人类团体，它在一定疆域之内（成功地）宣布了对正当使用暴力的垄断权。"③ 现代社会的司法越来越典型地体现了国家的这种独特的权力。

　　在司法救济的过程中，司法强制不仅维护了司法本身的尊严和秩序，也对司法救济的结果提供了正当性根据，仅在此过程当中，司法强制的必要性才是合理的。然而，程序正义、裁判的说理性等因素的导入并不能替代司法的强制性，也就是说，司法救济的有效性从来都是以司法强制性为保障的，程序正义或裁判的说理性只是为这种强制性的运用提供了进一步

---

① 〔英〕弗里德利希·冯·哈耶克：《自由秩序原理》，邓正来译，生活·读书·新知三联书店，1997，第 3 页。
② 〔英〕弗里德利希·冯·哈耶克：《自由秩序原理》，邓正来译，生活·读书·新知三联书店，1997，第 17 页。
③ 〔德〕马克斯·韦伯：《学术与政治：韦伯的两篇演说》，冯克利译，生活·读书·新知三联书店，1998，第 55 页。

的合法根据。"人类社会的历史，就是追求社会强制与公正的努力不断失败的历史，究其失败的原因，通常是由于完全致力于消除强制的因素，或者是由于过分地依靠强制的因素。"① 如果把尼布尔的这段话运用到司法强制和司法公正的关系上，那么，人类社会的确依然面临着要么从形式上消除司法强制，要么完全依赖于司法强制的巨大矛盾之中。人们相信司法的力量，或许是因为司法具有大众看得见的正义形式，但谁能否认司法的威慑力量呢？因此，在司法领域中处理司法强制和司法正义的关系，只不过是司法强制如何体现司法正义，或者说，司法正义如何再现司法强制的问题。解决这一悖论的途径之一就是要跳出司法救济中心主义设置的"城堡"，而转向法治规则指导下的自力救济。尽管这一任务非常艰巨，但唯有如此，才能看到前进道路上的曙光。

自力救济理论展示了权利救济理论发展的理论空间。私力救济社会可以称为"没有法治的法官社会"、公力救济社会则可以称为"有法治的法官社会"。在私力救济社会，就典型形式而言，人人是自己案件或与自己有利害关系的案件的裁判者或审判者，或者说，人们具有使自己成为自己案件的法官的现实条件和可能性，这或者出于人的私利本性，或者出于特定的意识形态，或者出于人的理智上的幼稚，但不论怎样，这一切都可以归结为个体规则而不是法治规则。在公力救济社会中，由于人们沉湎于或无意识地依赖司法救济，往往把一切纠纷都推向法院，从而使法治社会变为法官社会成为可能。这当然可以视为另外意义上的"法官社会"。自力救济理论实际上就是一方面要使法治规则有所发展，另一方面要使没有司法的法治社会成为可能。但这种"可能"可能吗？这一问题无疑是很难回答的，自力救济理论目前也只能提供一个方向、一个线索。当然，没有司法的法治社会的观点不会导向马克思主义所设想的没有法律的共产主义社会，也不会导向儒学理想家眼中的无讼社会，也与布莱克所设计的"电子司法"毫不相干。② 没有司法

---

① 〔美〕莱茵霍尔德·尼布尔：《道德的人与不道德的社会》，蒋庆等译，贵州人民出版社，1998，第16页。

② 在试图解决审判过程中的社会歧视问题时，布莱克预言了"电子司法"时代的来临，他说："法律将进入一个崭新的阶段，由法官和陪审团决定的审判，将和通过严刑拷问决定结果以及通过决斗决定对错一样进入法的历史。除非我们能够达到法律进化的最高阶段，否则我们将不可避免地经历计算机审判的时代。"参见〔美〕唐·布莱克《社会学视野中的司法》，郭星华等译，法律出版社，2002，第75页。

的法治社会的命题也并不是主张消灭司法进而取缔国家强制力的无政府主义，它意味着司法救济真正作为最后的救济手段，仅对那些对公法领域的救济和重大的、疑难的不能通过自力救济解决的问题进行裁判。在更多的场景中，司法救济只是一个默默无闻的旁观者，而不是显赫的、活跃于日常生活中的裁判者。此外，不论法治社会是已经终结的或已经走到头的历史断言，还是尚需要进一步完成的历史任务，把法治与司法连接起来的做法更多地体现在以普通法为模式的社会中，而在采纳法治的普遍性价值的其他社会，法治与司法的必然联系总是会遇到巨大的挑战。此外，权利救济理论应当是具有未来前景的开放系统，在把握人的自由、人的主体性、人的自主和自治等方面，自力救济理论无疑属于需要进一步发展的现代性理论。

四　权利救济在中国的前景

权利救济在中国的发展应当从三个方面来体认。一是通过传统文化资源与现代权利理论的有机结合，将儒家的"为仁由己"的道德人格转化为"权利由己"的现代主体；二是继续强化公力救济特别是司法救济的现代化转型，但其重点在于使司法救济更好地体现自我救济的精神，突出权利主体在解决纠纷过程中的资格、能力和信心，而不是打造全职权能的体现工具理性精神的法官社会；三是从正义的社会结构的角度着眼，为消除任何形式的私力救济奠定基础。为了对上述三个方面作出解说，我们引入相关的三个概念，它们都是在权利哲学领域中正在被深度处理的命题。这三个概念是：自本民权、司法节制和正义的社会结构。这三个概念论域宏大精深，在本文中显然不能得到详尽处理，这里只能略述三个概念所蕴含的精神，作为自我救济的权利在中国发展的背景理论资源。

（一）自本民权说与合格的权利主体

以民为本的民本论与为民之所本的新民本论是在中国文化和现实的语境下探讨民本主义的主要理论。二者都讲本，但对本的根据有不同的理解。以民为本强调民是本，得民即得天下，失民则失天下，但没有进一步说明为什么民是本。或许"天道观"和"民本观"之间可以相通，即视民为天，视民心为天意，但由于中国传统文化没有西方社会哲学思维中颇为分明的"二分法"传统，[①] 在天、道、民（人）之间并没有明显的等级结构，故而传统的民本说也可以称为天本说或道本说。新的民本说以启蒙话语重新审视了自先秦以来的民本思想和学说，试图把民本理念转化为民权理念，把民本政治转化为民权政治，把民本诉求改造为民权诉求。从民本到民权，不仅回答了民为本的道理，即以民权为民之所本的根据，而且颠覆了以民为本的传统精神，这就是从他本的民本论到自本的民本论的转化。显然，继续论证如何完成这一转化工作无疑离题太远，需要观照的是自本的民权论与权利话语的结合及其追求。

自本民权说首先把握了先秦儒家的真精神，又吸收了自由主义权利哲学的要旨。但是，这种结合不是机械地融合。自"五四运动"以来，儒家与自由主义的关系被认为是格格不入的，儒家思想被认为是中国实现现代化的障碍。20 世纪 80 年代之后，对二者之间关系的论证发生了巨大变化，先是由对中国传统文化的同情性了解开始，后迅速转向对二者优越点的组合。[②] 但是，这种一厢情愿的说法受到了众多质疑。[③] 其实，如果抛开"全盘西化"、"本位文化"或"中体西用"等西学东渐思维逻辑，并且不再把差别视为一种短缺或不足，而是作双向思考，平行关注，则也不失为一种角度、一种立场和一种态度。

民本论的资源，既不在于它有可以利用的具有社群主义倾向的历史性和整体观，也不在于它在具体社会角色的合理分配和运作方面能够独树一帜，而在于，在培养仁人主体的道德人格方面强调了人的自主、自立和自治。儒家道德主体的自主、自立和自治由一系列概念和行为组成。在道德主体的具体称谓上，君子、士、仁者、贤者、大人、大丈夫以及圣人可以

---

① "西方哲学上本体界与现象界之分，宗教上天国与人间之分，社会思想上乌托邦与现实之分，在中国传统中虽然可以找到踪迹，但毕竟不占主导地位。中国的两个世界则是相互交涉、离中有合、合中有离的。"参见余英时《中国思想传统的现代诠释》，江苏人民出版社，2003，第 7 页。

② 参见邓小军《儒家思想与民主思想的逻辑结合》，四川人民出版社，1995。

③ 参见哈佛燕京学社、三联书店主编《儒家与自由主义》，生活·读书·新知三联书店，2001；蒋庆《政治儒学——当代儒学的转向、特质与发展》，生活·读书·新知三联书店，2003，第 250 页以下。

互通,① 而"修身"、"修己"②、"克己"③、"由己"④、"自省"⑤ 等均表达了道德主体的实践含义,但仅有人的自我修炼和自我觉醒,只达到了尽己,尚不能推己。"夫子之道,忠恕而已矣。"⑥ 朱子《集注》曰:"尽之谓忠,推己之谓恕。"消极意义上的恕是"己所不欲,勿施于人",⑦ 积极意义上的恕是"己欲立而立人,己欲达而达人"。⑧ 儒家从尽己出发,达致推己,以忠恕之道赋予人规范的道德主体,申言为仁由己,找到了实现理想道德人格的实用方法。

自由主义权利哲学赋予抽象的人和公民以自由主体之名,强调权利的享有和使用在权利主体本身,即权利由己,在创造、积累和完善人权和公民权的理论和制度方面奠定了深厚的基础。

自本民权观立足于中国传统社会的民本思想,又借助于现代社会的权利话语,二者的结合点在于权利在民、权利在人。民既是人民的民、民众的民,也是抽象的原子意义上的人,是具体的活生生的每一个人。换句话说,民的概念是人、公民和各种角色的统一体,相应地,民权就是人权、公民权和角色权的综合。因此在主体意义上,民权就是一个自主性的概念,体现了民和人的自治自济。

(二) 司法节制

从历史的阶段性而言,司法救济既要担当起否定各种形式的私力救济的重任,又要在体现自我救济的特性上有所作为。在继续完成从私力救济向公力救济的转向方面,强化而不是削弱司法救济仍是重要的。例如,从制度上消解暴力型的各种私力救济形式和改造消极意义上的自力救济,如退让、无原则的各种私了、回避诉讼、忍让等。此外,如前所述,私力救济与公力救济之间的区别不在于是否设立了公共裁判机构,而在于是否依

---

① 余英时:《中国思想传统的现代诠释》,江苏人民出版社,2003,第7页。
② 《论语·宪问》。
③ 《论语·颜渊》。
④ 《论语·颜渊》。
⑤ 《论语·里仁》。
⑥ 《论语·里仁》。
⑦ 《论语·卫灵公》。
⑧ 《论语·雍也》。

照公共规则对案件的是非曲直作出公平的判断。在现代社会，它直接指向公共裁判机构是否依照法治规则运作。如果公共裁判机构背离了法治规则或缺乏法治规则的指引，就会抹杀私力救济和公力救济的界限。

观照当下的中国，既要弃绝形形色色、繁杂不一的私力救济，又要防止矫枉过正走向法官社会。为此，就需要以整全的开放思路，找到一种适度而必要的司法救济观。所谓适度而必要的司法救济观，是介于消极的司法救济观和积极的司法救济观之间的状态。消极的司法救济观是单纯的政治社会的工具，是丧失了对立性和中立性的司法救济。在中国传统社会，例如在汉初，司法在很大程度上成为国家推行以儒家思想为核心的全能教义的工具。在法西斯时代的德国，法官以荒谬的生物血统理论为依据的判决显示了真正意义上的恐怖。① 积极的司法救济观，是现代性法治的必然结果，现代司法不仅在解决社会纠纷方面当仁不让，而且还以实现社会正义为己任。在赋予司法更多的社会职能的过程中，司法不仅成为正式的纠纷解决机制的代名词，而且在试图收编和改造非纠纷解决机制方面越走越远。司法在垄断和控制了几乎所有社会纠纷解决机制的同时，相应地也垄断和控制了正义。至于说这种正义是法律之内的正义，还是超越实在法的正义，则在所不问。消极和积极的司法救济观尽管在理念、基础和目标上存有较大的差异，但在强化他者救济，否认或消解人的自我救济方面仍有共性。

倡导适度的司法救济观，首先应当从权利救济的历时性结构中作出定性，使司法救济作为一个发展中的事物保持它的必要的、基本的功能，与此同时，在彰显自力救济的过程中成为自力救济的补充而不是相反。这就是说，权利救济不会按照现代性法治的逻辑走向司法救济中心主义下的法官社会。

（三）正义的社会结构

实际上，在权利救济的发展过程中，确立正义的社会结构是一项重要的基础事业。救济问题，是关于受害人的救济问题。现代权利救济问题，

---

① 参见〔德〕英戈·穆勒《恐怖的法官——纳粹时期的司法》，王勇译，中国政法大学出版社，2000。

则是关于受害人的权利救济问题。现代意义上的受害人通常是被称为原告（plaintiff）、申请人（applicant）、苦主（complainant）、请愿人（petitioner）等的权利主体。

受害人通常是指基于某种社会的或自然的原因遭受损害的人。损害既包括物质上的损害，也包括精神上的损害，如身体遭到伤害、财产受到损失、人格遭受凌辱等；受害人既包括直接承受上述损害后果的人，也包括间接承受这些损害后果的人，后者如具有亲缘关系的亲属等。此外，特定的人群、民族、国家乃至人类社会整体都会在这样那样的原因下以受害人的身份出现。因此，受害人是一个特殊的社会主体，是因外来的打击、破坏、侵扰、干预等而使正常的生活秩序、生活进程受阻、中断的个体和人群。

在不同的社会和文化中，对受害人的判断标准是不同的。在一个社会中被认为是受害人，在另外一个社会中可能不被认为是受害人。确实，对受害人的判断标准具有多元化性质。然而，这样的解说不能否认受害人存在的事实。在此归纳三种类型的受害人。一是自然灾害，如地震、火灾、洪水、火山爆发、飓风等以及先天的生理缺陷（失明、失聪、智力障碍、肢体残缺等）导致的对人的正常生活秩序构成侵害或阻碍而成为受害人的人。二是因自然原因之外的因素而成为受害人的人。由于人的过失或故意的行为，而使受害人遭受财产损失、肢体残缺、人格损害等。事实上，即便不是加害人的有意的图谋，日常生活中的疏忽大意、理性不及等也会造成上述后果。三是社会基本结构的不公正从一开始就剥夺了社会中一部分人最为基本的生存条件，例如，基于社会的歧视，如文化、种族、性别、职业、肤色、语言、财产、出身等，而使社会中的一部分成员丧失了"做人"的资格。第一种情形下的受害人，可以通过富有同情心的人道主义或施舍得到救济或部分救济，可以与权利和正义的社会无关。第二种情形下的受害人，可以依据惯例、人道或纯粹的实在法得到救济，也不是必然与权利和正义的社会有关联。然而，由社会基本结构的不正义所造成的受害人的救济问题早已超出了惯例、人道和实在法的职能范围。正义的社会要求任何一个个体都要受到公平的对待，使每一个人不因为他或她的个体差异而失去享有或应当享有的权利。无论什么样的社会制度，都应当确保人的受平等对待的道德资格，"只有在一个符合道德成员资格的政治社会中自我管理才有可能"①。权利的不可侵犯性原则如果不是建立在承认人的这种道德资格即人权基础上就不会成立。罗尔斯承认,如果不是在一个正义或基本正义的社会结构内谈论权利,他的基本理念和制度构想就失去了前提。当然,我们不是要建立罗尔斯在"无知之幕"下的适合西方民主社会的正义结构,而是要谋求既承接历史又有所创新的自己的正义制度,以此作为中国的权利救济发展理论和实践的基础和出发点。

五　结语

本文通过对自我救济权利的分析,试图提出一种权利救济发展理论的雏形。就自我救济的权利这一概念而言,本文强调的是其所代表的精神与方向。自我救济的概念与近现代以来倡导的自我实现、自治、自我解放等主体性概念相关,是一个典型的自由主义权利哲学的命题。自由主义权利哲学在解决权利的来源、权利与国家的关系等方面提供了理论基础,但是,自由主义权利哲学往往忽视了权利生成和发展过程中所受制的历史和文化条件,割裂了个人与社会、自我与传统的真实关系。权利救济理论如果一味地寻着这一思路展开去,就很难说有什么作为。权利救济在任何情况下都是指权利已经被否定的事实和状态,这是一个实践性概念,是一个人与人之间相互关系的实践性概念。这意味着,权利救济的历史转型既需要坚持自由主义哲学的基本立场,同时也要观照历史、文化和社会的具体境况,使本文所论证的自力救济不仅可欲,而且可能。尽管如此,对权利救济的结构及其转型的研究仍需要更多的社会资源和理论作为支撑,有关权利救济的概念性工具之间的关系以及对自我救济的精神的论证等仍有待进一步深化。

----

① 〔美〕罗纳德·德沃金:《自由的法:对美国宪法的道德解读》,刘丽君译,上海人民出版社,2001,第30页。

图书在版编目（CIP）数据

　权利哲学的当代展开／黄涛主编．－－ 北京：社会
科学文献出版社，2023.11
　（《法学研究》专题选辑）
　ISBN 978 - 7 - 5228 - 1247 - 2

　Ⅰ.①权…　Ⅱ.①黄…　Ⅲ.①权利 - 法哲学 - 研究
Ⅳ.①D903

　中国版本图书馆 CIP 数据核字（2022）第 240199 号

《法学研究》专题选辑
权利哲学的当代展开

主　　编／黄　涛

出 版 人／冀祥德
责任编辑／芮素平
文稿编辑／程丽霞
责任印制／王京美

出　　版／社会科学文献出版社·联合出版中心（010）59367281
　　　　　　地址：北京市北三环中路甲 29 号院华龙大厦　邮编：100029
　　　　　　网址：www.ssap.com.cn
发　　行／社会科学文献出版社（010）59367028
印　　装／三河市龙林印务有限公司

规　　格／开　本：787mm × 1092mm　1/16
　　　　　　印　张：17　字　数：275 千字
版　　次／2023 年 11 月第 1 版　2023 年 11 月第 1 次印刷
书　　号／ISBN 978 - 7 - 5228 - 1247 - 2
定　　价／118.00 元

读者服务电话：4008918866